D1859421

खुशवंत सिंह

खुशवंत सिंह का जन्म 15 अगस्त, 1915 को हडाली (अब पाकिस्तान में) में हुआ। उन्होंने लाहौर से स्नातक0 किया तथा किंग्स कॉलेज, लंदन से एल.एल.बी. की उपाधि ली।

उन्होंने 1939 से 1947 तक लाहौर हाईकोर्ट में वकालत की। विभाजन के बाद भारत की 'राजनायिक सेवा' के अन्तर्गत कनाडा में 'इन्फ़ॉर्मेशन अफ़सर' तथा इंग्लैंड में भारतीय उच्चायुक्त के 'प्रेस अटैची' रहे। कुछ वर्षों तक प्रिंस्टन तथा स्वर्थमोर विश्वविद्यालय में अध्यापन भी किया। भारत लौटकर नौ वर्षों तक 'द इलस्ट्रेटेड वीकली ऑफ़ इंडिया' तथा तीन वर्षों तक 'हिन्दुस्तान टाइम्स' का सम्पादन किया। 1980 में राज्यसभा के सदस्य मनोनीत हुए। 1974 में 'पद्मभूषण' की उपाधि मिली, जिसे 'ऑपरेशन ब्लू स्टार' से विरोध जताते हुए लौटा दिया। 2007 में उन्हें 'पद्मविभूषण' से अलंकृत किया गया।

उनकी प्रमुख कृतियाँ हैं–'पाकिस्तान मेल', 'मेरा लहुलूहान पंजाब', 'सच प्यार और थोड़ी सी शरारत', 'मृत्यु मेरे द्वार पर', 'प्रतिनिधि कहानियाँ', 'हिस्ट्री ऑफ सिख्स' के दो खंड तथा 'रंजीत सिंह'। अनेक लेखमालाओं के अतिरिक्त उन्होंने उर्दू और पंजाबी में कई अनुवाद भी किए।

'हिन्दुस्तान टाइम्स' तथा 'संडे' के लिए नियमित रूप से क्रमश: 'विद मैलिस टुवड्र्स वन एंड ऑल' एवं 'गॉसिप, स्वीट एंड सावर' लिखते रहे तथा 'पेंगुइन इंडिया' में सलाहकार सम्पादक के पद पर भी कार्यरत रहे।

20 मार्च, 2014 को उनका निधन हुआ।

पाकिस्तान मेल

खुशवंत सिंह

अनुवाद
उषा महाजन

राजकमल पेपरबैक्स

पहला पुस्तकालय संस्करण
राजकमल प्रकाशन प्राइवेट लिमिटेड द्वारा
1991 में प्रकाशित

राजकमल पेपरबैक्स मे
पहला संस्करण : 1994
सत्ताईसवाँ संस्करण : 2026

राजकमल पेपरबैक्स : उत्कृष्ट साहित्य के जनसुलभ संस्करण

राजकमल प्रकाशन प्रा.लि.
1-बी, नेताजी सुभाष मार्ग, दरियागंज
नई दिल्ली-110 002
द्वारा प्रकाशित

शाखाएँ : अशोक राजपथ, साइंस कॉलेज के सामने, पटना-800 006
पहली मंजिल, दरबारी बिल्डिंग, महात्मा गांधी मार्ग, प्रयागराज-211 001
1, अनमोल सोराबजी सन्तुक लेन, धोबी तलाव, मरीन लाइंस, मुम्बई-400 002
वेबसाइट : www.rajkamalprakashan.com
ई-मेल : info@rajkamalprakashan.com

बी.के. ऑफसेट
नवीन शाहदरा, दिल्ली-110 032
द्वारा मुद्रित

मूल्य : ₹299

PAKISTAN MAIL
Novel by Khushwant Singh
Translated by Usha Mahajan

ISBN : 978-81-267-0426-2

माला दयाल के लिए

खुशवन्त सिंह, जिसने 'ट्रेन टु पाकिस्तान' लिखी

बचपन से ही सुख-वैभव में पले, विदेशों में पढ़े व्यक्ति का, पहले वकालत और फिर इंग्लैंड में उच्च राजनयिक पद को स्वेच्छा से ठुकराकर स्वतन्त्र लेखन जैसे अनिश्चित और संघर्षमय कार्य में आ जुटना समझ में न आनेवाली बात तो थी ही। एक दिन बातों ही बातों में उनसे पूछा तो बोले—

सन् 1950-51 की बात है। मैं लन्दन में भारतीय हाई कमिश्नर का प्रेस अटैची लगा हुआ था। पिछले चार सालों के राजनयिक जीवन में कॉकटेल पार्टियों, लंच, डिनर और रिसेप्शनों से मैं ऊब चुका था। तत्कालीन हाई कमिश्नर से मेरे सम्बन्ध भी कटु से कटुतर होते चले जा रहे थे। एक सुबह मैंने अपने आप से कहा कि बस, अब बहुत हो चुका। उसी दिन मैंने अपने जीवन का एक महत्त्वपूर्ण निर्णय ले लिया। मैंने नौकरी से इस्तीफा दे दिया और पूर्णकालिक लेखक बनने की ठान ली। तब तक सैटर्न प्रेस, लन्दन से मेरा पहला कहानी-संग्रह 'मार्क ऑफ विष्नु' छप चुका था।

नौकरी छोड़ने के बाद लन्दन के हाइगेट में किराए का एक फ्लैट लेकर मैंने लिखना शुरू किया। मैंने सिख इतिहास के दो खंड लिखे जो 'एलेन एंड अनविन' से 'द सिख्स' नाम से छपे। इसी दौरान मैंने सिखों की प्रातःकालीन प्रार्थना 'जपजी' का भी अंग्रेजी अनुवाद किया जो 'प्राब्स्थायन' से छपा।

नौकरी के चार सालों में जो भी कमाया था, इन दिनों में खर्च हो गया और सन् 1951 की गर्मियों में मैं दिल्ली लौट आया। दिल्ली में मुझे अपने पिता के घर उन्हीं की मेहरबानी पर निर्भर करना पड़ रहा था। सभी मुझे पागल समझ रहे थे कि मैंने इतनी अच्छी नौकरी

को नाहक ही लात मार दी। पढ़ाई-लिखाई में भी कभी इतना अच्छा नहीं रहा कि वे मान पाते कि लेखक के रूप में मैं कभी सफल भी हो पाऊँगा। दिन-रात परिवार के लोगों के ताने और दोस्तों की खिल्लियाँ सुनते-सुनते मैं इतना तंग आ गया कि जी हुआ दिल्ली छोड़कर कहीं भाग जाऊँ। भोपाल में मेरे पिता की एक आइसक्रीम फैक्ट्री थी, फलों का बाग और झील के किनारे एक घर था। मैं वहीं चला गया। वहाँ मैंने भारत के विभाजन पर एक उपन्यास लिखना शुरू किया। निपट अकेला था वहाँ। दिन-भर लिखता रहता। बीच-बीच में जंगलों की लम्बी सैर को निकल जाता। शाम को रम या जिन पीकर सो रहता। तीन महीनों में उपन्यास का ड्राफ्ट तैयार हो गया और मैं दिल्ली लौट आया।

उन दिनों मेरा आत्मविश्वास बिलकुल डाँवाडोल था। पिता से पैसे माँग-माँगकर गुजारा कर रहा था। बच्चों की फीस के पैसे बीवी दे रही थी। बेमन से ही तब मैंने ऑल इंडिया रेडियो की नौकरी पकड़ ली। यहाँ करने-धरने को कुछ था नहीं। बस एक ही तसल्ली थी कि इन दिनों मेरी नीरद चौधरी से काफी दोस्ती हो गई। वे हमारे लिए स्क्रिप्ट लिखा करते थे। रूथ प्रावर झाबवाला से भी मैं तभी मिला। वे अक्सर हमारे पास 'टॉक्स' की रेकॉर्डिंग के लिए आया करती थीं।

एक अंग्रेज राजनयिक वाल्टर बेल की पत्नी टैटी मेरे उपन्यास को टाइप करने के लिए राजी हो गई। तभी न्यूयार्क की 'ग्रोव प्रेस' ने भारत में लिखे गए सर्वश्रेष्ठ उपन्यास के लिए एक हजार डॉलर के इनाम की घोषणा की। मैंने अपने उपन्यास को 'ग्रोव प्रेस' को भेजने का निश्चय कर लिया। टैटी बेल ने मुझे बहुत निरुत्साहित किया कि भेजना बेकार है, केवल पोस्टेज बर्बाद करनेवाली बात होगी। पर मैंने उसके बावजूद उपन्यास की पांडुलिपि 'ग्रोव प्रेस' को भेज दी।

इस बीच यूनेस्को के तत्कालीन डायरेक्टर जनरल डॉ. लूथर इवांस ने मुझे अपने 'मास कम्यूनिकेशन डिवीजन' के सहायक प्रमुख के रूप में नौकरी करने की पेशकश की, जिसे मैंने स्वीकार कर लिया

और एक बार फिर अपने बीवी-बच्चों के साथ यूरोप को रवाना हो गया। पेरिस में रहते हुए मुझे अपने प्रवास का सर्वाधिक सुखद अनुभव तब हुआ जब मुझे पता चला कि मेरे उपन्यास को 'ग्रोव प्रेस अवार्ड' से सम्मानित किया गया है।

इसे ग्रोव प्रेस ने 'मनो माजरा' शीर्षक से तथा इंग्लैंड के चैटो एंड विंडस ने 'ट्रेन टु पाकिस्तान' के नाम से छापा। 'ग्रोव प्रेस' ने भी इसका द्वितीय संस्करण 'ट्रेन टु पाकिस्तान' नाम से ही निकाला।

यह उपन्यास मेरी सर्वाधिक प्रिय रचना है, क्योंकि इसी ने मुझे लेखक के रूप में असली पहचान दी, शोहरत दी। बाद में इसका कई भाषाओं में अनुवाद हुआ।

आज से चालीस वर्ष पहले लिखे इस उपन्यास का अनुवाद करना मेरे लिए जितना कठिन रहा, उतना ही सरल भी। कठिन इसलिए कि बँटवारे की इस व्यथा-कथा को लिखते लेखक के तत्कालीन मूड को पकड़ने में मैं इतना रम जाती कि रह-रहकर जी भर आता। सरल इसलिए कि बेशक खुशवन्त जी ने इसे लिखा तो अंग्रेजी भाषा में ही था, किन्तु उपन्यास की आत्मा में तो हमारे ही जाने-पहचाने लोगों का दुख-दर्द बसा था, हमारे ही स्वभाव, हमारी ही आदतें, हमारे ही व्यवहार और हमारी ही मिट्टी की गन्ध बसी थी।

बहरहाल, उपन्यास आपके सामने है। संवेदना के धरातल पर जिस तरह इसने मेरे अन्तस को झिंझोड़ा, आपके मन के साथ भी इसका वैसा ही तादात्म्य स्थापित हो सके, यही कामना है।

—उषा महाजन
28 अगस्त, 1990

**8146, सेक्टर-बी, पॉकेट-11,
नेल्सन मंडेला रोड, वसन्त कुंज,
नई दिल्ली-110037**

पाकिस्तान मेल

1947 की गर्मियाँ आम गर्मियों की तरह नहीं थीं। उस साल हिन्दुस्तान के मौसम में भी एक दूसरी ही तर्ज थी। सामान्य से कुछ अधिक गर्म, शुष्क और धूलभरा। गर्मियाँ लम्बी भी हो चली थीं। किसी को याद नहीं आ रहा था कि किस साल मानसून ने आने में इतनी देर की थी। हफ्तों से छुटपुट बादल सिर्फ घिर-घिरकर छिटकते रहे थे। बारिश तो हुई ही नहीं। लोगों ने कहना शुरू किया कि ईश्वर उनको उनके पापों की ही सजा दे रहा था।

कुछ लोगों के लिए तो ऐसा सोचना जायज भी था कि उन्होंने पाप किए थे। पिछली गर्मियों में, देश को हिन्दू भारत और मुस्लिम पाकिस्तान में बाँटने की प्रस्तावित रपट से कलकत्ते में साम्प्रदायिक दंगे भड़क उठे थे और कुछ ही महीने के भीतर मरनेवालों की संख्या हजारों में जा पहुँची थी। मुसलमानों ने कहा कि यह हिन्दुओं की योजना थी और मारकाट पहले उन्होंने ही शुरू की। हिन्दुओं ने यही आरोप मुसलमानों पर लगाया। असलियत यह थी कि मारकाट दोनों तरफ से बराबर हुई थी। दोनों तरफ से गोलियाँ चलाई गई थीं। दोनों ने छुरे घोंपे थे, भाले और बल्लम चलाए थे। दोनों ने बलात्कार किए थे। दोनों ने एक-दूसरे पर कहर बरपाया था।

कलकत्ते से बढ़कर दंगे उत्तर, पूर्व और पश्चिम की ओर फैलने लगे; पूर्वी बंगाल में नोआखाली तक, जहाँ मुसलमानों ने हिन्दुओं का कत्ल किया और इधर बिहार तक, जहाँ हिन्दुओं ने मुसलमानों का। मुल्ले लोग पंजाब और सरहदी सूबों में बिहार में मारे गए मुसलमानों की खोपड़ियाँ सन्दूकों में भर-भरकर घूमने लगे। सदियों से देश के उत्तर-पश्चिमी सरहदी इलाकों में रहते आ रहे हिन्दू और सिख अपना घर-बार छोड़ सुरक्षा के लिए पूरब की तरफ हिन्दू और सिखों की बहुतायतवाले इलाकों की तरफ भागने लगे। कोई पैदल ही चल पड़े, कोई बैलगाड़ियों में, कोई ठसाठस भरी लारियों में लदे, तो कोई रेलगाड़ियों से लटके या उनकी छतों पर पटे। रास्तों में उनकी मुठभेड़ें वैसे ही त्रस्त मुसलमानों से हुईं, जो सुरक्षा के लिए पश्चिम की तरफ भाग रहे थे। दंगे भगदड़ में बदल गए थे।

1947 की गर्मियों तक, जबकि पाकिस्तान के नए राज्य के निर्माण की विधिवत घोषणा की जा चुकी थी, लगभग एक करोड़ लोग—हिन्दू, मुसलमान और सिख—इसी भगदड़ में फँसे थे। मानसून के आगमन तक दस लाख के करीब लोग मारे जा चुके थे। पूरे उत्तर भारत में हथियार तने हुए थे, लोग भयत्रस्त थे और लुक-छिप रहे थे। शान्ति के एकाकी अवशिष्ट मरुद्वीप थे दूर सरहद पर पड़नेवाले छिटके-छितरे छोटे-छोटे दुर्गम गाँव। इन्हीं गाँवों में से एक था 'मनो-माजरा'।

मनो-माजरा एक छोटी-सी जगह है। यहाँ सिर्फ तीन पक्की इमारतें हैं। इनमें से एक तो है महाजन लाला रामलाल का घर। अन्य दो में से एक है सिखों का गुरुद्वारा और दूसरी मुसलमानों की मस्जिद। ये तीनों पक्की इमारतें एक साँझी तिकोनी जमीन को घेरती हैं, जिसके बीचोबीच एक पीपल का पेड़ है। गाँव के बाकी सारे घर हैं चपटी छतोंवाली मिट्टी की झोंपड़ियाँ, जिनमें ठिगनी दीवारों से घिरे आँगन हैं। इन झोंपड़ियों के अगले हिस्से सँकरी गलियों के बीच खुलते हैं। नुक्कड़ों पर जाकर गलियाँ पगडंडियों में परिवर्तित हो जाती हैं और फिर निकटवर्ती खेतों में सिमटकर बिला जाती हैं। गाँव के पश्चिमी किनारे पर एक पोखरा पड़ता है। चारों ओर कीकर के पेड़ों से घिरा। केवल सत्तर परिवारों का गाँव है यह मनो-माजरा और बस एक, लाला रामलाल का परिवार ही हिन्दुओं का परिवार है यहाँ। बाकी के सारे या तो सिख हैं या मुसलमान। तादाद में लगभग बराबर-बराबर। जमीनें सारी सिखों

की हैं, मुसलमान सब काश्तकार हैं और भूस्वामियों के साथ मिलकर खेती-बाड़ी करते हैं। कुछ परिवार भंगियों के हैं, जिनके धर्म के बारे में बताना मुश्किल है। मुसलमान उन्हें अपना हिस्सा समझते हैं, फिर भी जब अमेरिकन मिशनरी मनो-माजरा में आते हैं तो ये खाकी रंग की सोला टोपियाँ लगा लेते हैं। कभी यही लोग हारमोनियम की तर्ज पर अपनी औरतों के साथ मिलकर भजन भी गाने लगते हैं। कभी-कभी ये गुरुद्वारे भी हो आते हैं।

लेकिन मनो-माजरा में एक ऐसी भी चीज है जिसके आगे वहाँ का हर बाशिन्दा श्रद्धा से झुकता है। लाला रामलाल भी। पोखरे के करीब कीकर के पेड़ के नीचे बलुआ पत्थर का एक तीन फीट ऊँचा सीधा खड़ा शिलाखंड है। यह स्थानीय लोगों का आराध्य देव है। हिन्दू क्या, सिख क्या, मुसलमान क्या और ईसाई क्या—जिस किसी को भी, जब कभी इसकी विशेष अनुकम्पा की अपेक्षा होती है, चोरी-छिपे इसका जीर्णोद्धार करवाते रहते हैं।

यद्यपि कहा जाता है कि मनो-माजरा सतलज नदी के किनारे बसा हुआ है, पर असल में यह नदी से आधा किलोमीटर दूर है। हिन्दुस्तान में, वैसे भी, कोई गाँव नदी के ज्यादा करीब बसने की धृष्टता कर भी नहीं सकता। मौसम के मुताबिक नदियों का रुख भी बदलता रहता है और बिना कोई पूर्वसूचना दिए वे अपने रास्ते बदल लेती हैं। सतलज पंजाब की सबसे बड़ी नदी है। मानसून शुरू होने पर इसका पानी बढ़ने लगता है और अपने विस्तृत रेतीले तल पर फैलता हुआ दोनों छोरों के तटबन्धों पर उफनने लगता है। इसका पंकिल उपद्रव तब मील-मील चौड़ा फैल जाता है। बाढ़ें जब थम चुकती हैं तो नदी अनगिनत उथली धाराओं में विभक्त हो जाती है जो छोटे-छोटे दलदली द्वीपों के गिर्द मन्द-मन्द बहने लगती हैं।

मनो-माजरा से करीब एक मील उत्तर की तरफ सतलज पर एक रेलवे लाइन का पुल पड़ता है। यह एक बृहद् पुल है। इसके अठारह बड़े-बड़े मेहराब एक खम्भे से दूसरे खम्भे तक लहरों की भाँति फैले हुए हैं। रेलवे लाइन के लिए पुश्ता बनाने को इसके दोनों किनारों पर पत्थरों के तटबन्ध हैं। पूरब की तरफ तो पुल का पुश्ता गाँव के रेलवे स्टेशन तक बढ़ता चला गया है।

मनो-माजरा अपने रेलवे स्टेशन के लिए ही जाना जाता है। पुल पर एक

समय में सिर्फ एक ही ट्रेन के गुजरने की लाइनें हैं अतः स्टेशन की अनेक लाइनों पर कम महत्त्वपूर्ण गाड़ियाँ बड़ी गाड़ियों के गुजरने की प्रतीक्षा में खड़ी रहती हैं।

मुसाफिरों के खाने-पीने की चीजें, पान, सिगरेट, चाय, बिस्कुट और मिठाइयाँ आदि बेचनेवाले दुकानदारों और फेरीवालों ने स्टेशन के इर्द-गिर्द ही एक छोटी-सी बस्ती बसा रखी है। इसलिए स्टेशन पर दिन-रात चहल-पहल मची रहती है और इसीलिए रेलवे कर्मचारी अपने आपको बहुत महत्त्वपूर्ण भी समझने लगे हैं। लेकिन असलियत यह है कि स्टेशन मास्टर अपने दफ्तर के कबूतरखाने में खुद ही टिकटें भी बेचता है और फिर निकास मार्ग पर टिकट चेकर के रूप में खड़ा टिकटें भी 'चेक' करता है। अपनी मेज पर पड़े टेलीग्राफ यन्त्र पर वही बेचारा सन्देश भेजता और लेता है। हाँ, जब उसे पहचाननेवाले लोग स्टेशन पर होते हैं तो वह प्लेटफार्म पर निकल आता है और उन गाड़ियों को हरी झंडी दिखाने लगता है जिन्हें वैसे भी वहाँ नहीं रुकना होता। उसका इकलौता सहायक प्लेटफार्म पर अपने काँच के केबिन में बैठा दोनों तरफ के सिगनलों को नियन्त्रित करनेवाले लीवरों पर अपना हस्तकौशल दिखलाता रहता है और पटरियों पर लगे हस्त-संकेतों को बदल-बदल शंटिंग करते हुए इंजनों को पटरियाँ बदलवाता रहता है। शाम को वही सहायक पूरे प्लेटफार्म की लैम्पों को जलाता है। अल्यूमीनियम की भारी लैम्पों को उठाकर वही सिगनलों पर लेकर जाता है और लाल तथा हरे काँच के पीछे कुंडों में फँसाता है। यह काम भी उसी का है कि सुबह वह उन्हें वापस लाए और प्लेटफार्म की बत्तियों को भी बुझाए।

मनो-माजरा में सभी रेलगाड़ियाँ नहीं रुकतीं। एक्सप्रेस गाड़ियाँ तो बिलकुल ही नहीं। अनेक मन्दगामी गाड़ियों में से केवल दो ही गाड़ियाँ कुछ मिनटों के लिए यहाँ रुकती हैं। एक तो दिल्ली से लाहौर जानेवाली और दूसरी शाम को रुकती है—लाहौर से दिल्ली आनेवाली। अन्य गाड़ियाँ केवल लाइनक्लियर होने की प्रतीक्षा में ही यहाँ ठहरती हैं। मालगाड़ियाँ अक्सर नियमित रूप से आती हैं। यद्यपि मनो-माजरा से न तो माल लदता है, न ही उतारा जाता है पर इसके स्टेशन की पटरियाँ वैगनों की लम्बी कतारों से पटी रहती हैं। गुजरनेवाली हरेक मालगाड़ी वैगनें छोड़ने या जोड़ने के लिए यहाँ घंटों गुजार देती हैं। अँधेरा घिरते ही सारे गाँव पर एक निस्तब्ध शान्ति घिर

आती है। लेकिन खामोशी के बीच इंजनों की छुक-छुक और सीटियों की आवाजें, पटरियों की गड़गड़ाहटें और लोहे के कपलिंगों की टकराहटें रात-भर सुनाई देती रहती हैं।

इन सबने मिलकर मनो-माजरा के लोगों को गाड़ियों के प्रति बहुत सचेत बना दिया है। सब जानते हैं कि भोर होने से पहले लाहौर को जानेवाली मेलगाड़ी यहाँ से गुजरती है। पुल से गुजरते हुए ड्राइवर बेनागा दो लम्बी सीटियाँ देता है। क्षण भर में ही सारा मनो-माजरा जाग उठता है। कीकर के पेड़ों पर कौए काँव-काँव करने लगते हैं। चमगादड़ लम्बी-लम्बी टोलियों में चुपचाप पीपल के पेड़ पर वापस लौटकर अपने-अपने बसेरों के लिए लड़ने लगते हैं। मस्जिद के मुल्ले को भी खबर हो जाती है कि सुबह की अजान का वक्त हो गया। जल्दी-जल्दी हाथ-मुँह धोकर वह पश्चिम में मक्का की तरफ मुँह करके खड़ा हो जाता है और अपने कानों में उँगलियाँ ठूँस ऊँचे गुंजायमान सुर में अजान देनी शुरू करता है—'अल्लाहो-अकबर।' गुरुद्वारे का भाई मुल्ले के अजान देने तक बिस्तर में ही पड़ा रहता है। अजान सुनकर ही वह उठता है और गुरुद्वारे के अहाते के कुएँ से बाल्टी-भर पानी निकाल अपने ऊपर उँड़ेलने लगता है। बदन पर पानी छिड़कते हुए वह एक सुर में गुरुग्रन्थ साहब का जाप भी जारी रखता है।

दिल्ली से आनेवाली साढ़े दस बजेवाली पैसेंजर गाड़ी के आते-आते मनो-माजरा के लोग अपनी आम घिसी-पिटी दिनचर्या में खप चुके होते हैं। आदमी खेतों में, औरतें अपने घर-गृहस्थी के कामों में। बच्चे मवेशियों को चराने नदी की ओर निकल जाते हैं। गालियों की बौछारें छोड़ते किसान अपने बैलों के पुट्ठों पर अंकुश मार-मार उन्हें गोल-गोल चक्करों में घुमाते हैं और रहट चरमरा उठते हैं। चोंचों में तिनके लिए चिड़ियाँ घरों की छतों के आर-पार उड़ रही होती हैं। लावारिस कुत्ते मिट्टी की ऊँची दीवारों की छाँह तलाशने लगते हैं। चमगादड़ अपनी नोंक-झोंक बन्द कर पंख समेट नींद के आसरे लुढ़क चुकते हैं।

दोपहर बादवाली एक्सप्रेस गाड़ी जाती है तो सारा मनो-माजरा विश्राम के लिए तैयार बैठा होता है। मर्द और बच्चे भोजन और विश्राम के लिए घर लौट आते हैं। खा-पीकर मर्द पीपल के पेड़ तले इकट्ठे होने लगते हैं। लकड़ी के तख्तों पर बैठे-बैठे गपशप करते वहीं ऊँघने भी लगते हैं। लड़के

अपनी भैंसों की पीठों पर चढ़े पोखरे में उतर जाते हैं और मटीले पानी में ही छपकियाँ लगाने लगते हैं। लड़कियाँ पेड़ों के नीचे बैठी खेलती रहती हैं। औरतें एक-दूसरे के सिरों की मालिश करती या जुँएँ निकालती दुनिया-भर की बातें करती रहती हैं कि कहाँ किसके घर में कोई पैदा हुआ, कहाँ किसके घर में मौत हुई या फिर किसकी शादी किसके साथ होनी तय हुई।

लाहौरवाली शाम की पैसेंजर गाड़ी के आने तक लोग फिर से काम में लग चुके होते हैं। पशुओं को इकट्ठा करके उनको बाड़े में हाँक दिया जाता है। दूध दुहने के बाद उन्हें रात-भर के लिए खूँटों से बँधा रखते हैं। औरतें शाम का खाना बनाने में जुटी हुई होती हैं। लोग अपने घरों की छतों पर इकट्ठे होने लगते हैं। अक्सर गर्मियों में लोग छतों पर ही सोते हैं। यहीं चारपाइयों पर बैठे वे अपना रात का खाना खाते हैं—सब्जी-रोटी, और फिर पीतल के बड़े-बड़े गिलासों में गरमागरम दूध। सोने का सिगनल मिलने तक गपशप चलती रहती है। मालगाड़ी की सीटी की आवाज पर वे आपस में कहते हैं, "आ गई मालगाड़ी!" जैसे कह रहे हों, 'गुड नाइट।' मुल्ला फिर जोर से चिल्लाकर अपनी अजान देता है, 'अल्लाहो-अकबर।' और वफादार मुसलमान अपनी छतों पर खड़े सिर झुका देते हैं, 'आमीन।' गुरुद्वारे में बैठे ऊँघते हुए वृद्ध मर्दों और औरतों के जमघट के सम्मुख भाई अपना रात का पाठ कर रहा होता है। कीकर के पेड़ों से कौओं की धीमी-धीमी काँव-काँव भी सुनाई दे रही होती है। शाम होते ही छोटे-छोटे चमगादड़ इधर-उधर घूमते दिखाई देने लगते हैं और बड़ेवाले लम्बी-लम्बी उड़ानें भरते ऊपर आकाश में उड़ जाते हैं। मालगाड़ी स्टेशन पर देर तक खड़ी रहती है। उसका इंजन यार्ड की पटरियों पर डब्बों की शंटिंग करता रहता है। मालगाड़ी के छूटने तक बच्चे सो चुके होते हैं, बड़े सोने के लिए गाड़ी के पुल पर पहुँचनेवाली गड़गड़ाहट का इन्तजार करते हैं। उसके बाद तो फिर मनो-माजरा मानो बिलकुल ही सो जाता है। कहीं कोई शब्दनाद नहीं, सिवाय वहाँ से गुजरनेवाली गाड़ियों की गड़गड़ाहट और उन पर भौंकते कुत्तों के शोर के।

1947 की गर्मियों तक सब ऐसे ही चलता था।

उसी वर्ष के अगस्त माह की एक घनी रात में, मनो-माजरा के करीब के ही एक कीकर के कुंज से पाँच आदमी निकले और दबे कदमों नदी की ओर

बढ़ने लगे। वे लोग डाकू थे। पेशेवर डकैत। और उनमें से एक को छोड़ बाकी सारे हथियारयाफ्ता थे। दो के पास भाले थे। बाकी दो के कन्धों पर छोटी बन्दूकें लटक रही थीं। पाँचवें के हाथ में बैटरीवाली क्रोमप्लेटेड टॉर्च थी। नदी के किनारे पहुँचकर उसने टॉर्च जलाई और फिर झट से बुझा दी।

"हम यहीं इन्तजार करते हैं।" डकैतों के टॉर्चधारी सरदार ने कहा।

नीचे बालू पर वह धप्प से बैठ गया। बाकी चार भी अपने हथियारों पर झुके उसके इर्द-गिर्द पंजों के बल बैठ गए। टॉर्चवाले आदमी ने एक भालेवाले से पूछा, "जग्गा के लिए चूड़ियाँ तुम्हीं लाए हो ना?"

"हाँ! लाल और नीले रंग की एक दर्जन काँच की चूड़ियाँ! गाँव की कोई भी छोरी देखते ही इन पर मर मिटेगी!"

"लेकिन जग्गा के नाक नहीं चढ़ेंगी।" बन्दूकधारियों में से एक बोला।

सरदार हँसा। उसने टॉर्च को हवा में उछाला और फिर लोक लिया। वह फिर हँसा। उसने टॉर्च को अपने मुँह तक बढ़ाया और बटन दबा दिया। भीतर रोशनी पड़ने से उसकी गालें गुलाबी हो चमकने लगीं।

"जग्गा अपनी उस जुलाहे की लौंडिया को देगा ये चूड़ियाँ," भालेवाला दूसरा डकैत बोला, "खूब फबेंगी उस बड़ी-बड़ी हिरनी-सी आँखोंवाली पर! और क्या गजब की आम-सी छोटी-छोटी छातियाँ हैं उसकी! छोकरी का नाम क्या है भला?"

सरदार ने टॉर्च को बुझाकर अपने मुँह से परे किया और बोला, "नूराँ।"

"आहो!" भालेवाले ने हामी भरी, "नूराँ। बसन्त के मेले में देखा था उसे। चुस्त कमीज से बदन कैसे उभरा पड़ा था, और चोटियों में घुँघरू खनक रहे थे। और उसके रेशमी कपड़ों की सरसराहट! हाय ऽऽऽ!"

"हाय!" चूड़ीवाले मालाधारी ने आहें भरी, "हाय, हाय!"

"जग्गा की तो चाँदी होगी," बन्दूकधारी जो अब तक चुप बैठा था, आहें भरते हुए कहने लगा, "दिन में तो ऐसी भोली-भाली लगती है जैसे दूध के दाँत भी न गिरे हों। पर रात को आँखों में अंजन लगा-लगा घूमती है।"

"अरे, अंजन तो आँखों के लिए भली ही होती है," एक ने फिकरा कसा, "ठंडक पहुँचाती है आँखों को।"

"दूसरों की आँखों को भी ठंडक पहुँचाती है, यार," बन्दूकधारी बोला, "और उनके कलेजों में जो आग भड़क रही होती है, उसको भी!"

बाकी के ठहाके लगाने लगे। उनमें से एक जरा तनकर बैठ गया। "सुनो" उसने कहा, "मालगाड़ी आ रही है!"

वे हँसते-हँसते एकदम ही चुप हो गए और आती हुई गाड़ी की दिशा में देखने लगे। गाड़ी घड़घड़ाकर रुक गई। माल-डिब्बे चरमराए। थोड़ी देर के बाद देखा, इंजन शंटिंग कर रहा था। किनारे की पटरियों पर लगे माल-डिब्बों के जुड़ने से जोर का शब्द होता था। फिर इंजन मालगाड़ी के साथ वापस जा लगा।

"अब चलना चाहिए रामलाल के पास।" सरदार ने कहा और चलने के लिए उठ खड़ा हुआ।

अपने कपड़ों से रेत झाड़ते हुए उसके साथी भी उठ खड़े हुए। एक पंक्ति में खड़े होकर उन सबने प्रार्थना के लिए हाथ जोड़ दिए। फिर बन्दूकधारियों में से एक सामने आया और कुछ बुदबुदाने लगा। उसने बुदबुदाना बन्द किया तो वे सब घुटने मोड़कर धरती पर मत्था टेकने लगे। वे तब खड़े हुए और अपनी पग्गों के लटकते सिरों से उन्होंने अपने चेहरे ढाँप लिए। सिर्फ उनकी आँखें ही नंगी थीं। इंजन ने दो लम्बी सीटियाँ लगाईं और मालगाड़ी पुल की ओर बढ़ने लगी।

"अब?" सरदार बोला।

बाकी के उसके पीछे हो लिए। मेड़ों से होते हुए वे खेतों के पार पहुँच गए। मालगाड़ी के पुल तक पहुँचते-पहुँचते डकैत पोखरे के पार जा चुके थे और अब गाँव के बीचोबीच पड़ती गली में चल रहे थे।

वे लाला रामलाल के घर के बाहर खड़े थे। सरदार ने एक बन्दूकधारी को इशारा किया। इशारा पाकर वह आगे बढ़ा और अपनी बन्दूक के कुन्दे से दरवाजे को जोर-जोर से खड़काने लगा।

"ओए!" वह चिल्लाया, "लाला!"

भीतर से कोई जवाब नहीं मिला। गाँव के कुत्तों ने आगन्तुकों को घेर लिया और उन पर भौंकने लगे। डाकुओं में से एक ने अपने भाले की नोक से एक कुत्ते पर प्रहार किया। दूसरे ने हवा में गोली दागी। कुत्ते रिरियाते हुए भाग खड़े हुए और कुछ दूर जाकर और भी जोर-जोर से भौंकने लगे।

डाकू अपने हथियारों के साथ दरवाजा पीटने लगे। एक ने भाले से ऐसा ठोंका की भाला दरवाजे के आर-पार ही हो गया, "खोल बे हरामी की

औलाद! नहीं तो सारे के सारों को मौत के घाट उतार देंगे।''

एक जनाना आवाज ने अन्दर से जवाब दिया, ''इतनी रात गए कौन है भाई? लाला जी घर पर नहीं हैं। शहर गए हुए हैं।''

''खोल तो सही दरवाजा। बताते हैं कि कौन हैं हम। नहीं तो अभी तोड़े ही देते हैं इसे।'' सरदार हुंकारा।

''कह तो रहे हैं कि लाला जी घर पर नहीं हैं। चाबियाँ वे अपने साथ ले गए हैं। घर में कुछ नहीं है।''

डकैतों ने दरवाजे पर अपने कन्धे भिड़ाए और थापी की तरह उस पर वार करने लगे। भीतर की तरफ लगी लकड़ी की चिटकनी चरमराई और दरवाजा टूट गया। एक बन्दूकधारी दरवाजे पर खड़ा हो गया और बाकी चार भीतर घुस गए। कमरे के एक कोने में दो औरतें भय से दुबकी बैठी थीं। मोटी-मोटी आँखोंवाला सात-आठ साल का एक लड़का उनमें से एक औरत के साथ चिपटा हुआ था, जो उम्र में दूसरी से छोटी लग रही थी।

''तुम्हें रब्ब का वास्ता, जो भी हमारे पास है सब ले लो। हमारे जेवर-गहने, जो चाहो ले जाओ।'' उसी बड़ी उम्रवाली औरत ने अनुनय की। सोने-चाँदी की चूड़ियाँ, पायजेबें, झुमके सब उतारकर उसने उनके आगे कर दिए।

डाकुओं में से एक ने झपटकर उसके हाथ से सब छीन लिए।

''लाला कहाँ है?''

''गुरु की सौं! लाला घर में नहीं हैं। हमारे पास जो कुछ था, सब तो तुमने ले लिया। लाला के पास तुम्हें देने को और क्या होगा?''

आँगन में चार चारपाइयाँ एक कतार में बिछी थीं। बन्दूकवाले आदमी ने दादी की गोद से बच्चे को छीन लिया और बन्दूक की नली बच्चे के सिर पर सटा दी। दोनों औरतें उसके पाँवों में पड़कर गिड़गिड़ाने लगीं।

''ना मारीं वे भाई। तैनूँ गुरु दा वास्ता, ना मारीं।''

बन्दूकधारी ने औरतों को झटककर परे किया और लड़के से पूछा, ''कहाँ है तेरा बाप?''

लड़का भय से काँपने लगा। वह हकलाते हुए बोला, ''उधर...उप्पर!''

बन्दूकवाले आदमी ने बच्चे को वापस बुढ़िया की गोद में धकेला और बाकी साथियों के साथ आँगन में निकल गया। सीढ़ियाँ चढ़कर वे ऊपर

आए। ऊपर छत पर सिर्फ एक कमरा था। तुरन्त ही उन्होंने दरवाजे पर अपने कन्धों से दम लगाया और दरवाजा तोड़ डाला। कमरा एक पर एक धरे स्टील के बक्सों से पटा पड़ा था। दो चारपाइयाँ थीं। चारपाइयों पर गोल करके लपेटी हुई ढेरों रजाइयाँ पड़ी थीं। उन्होंने कमरे में ऊपर-नीचे टॉर्च की रोशनी फेंकी। लाला एक चारपाई के नीचे छिपा हुआ था।

"गुरु की सौं, लाला घर में नहीं हैं।" एक ने औरतों का स्वाँग भरते हुए कहा और लाला रामलाल के पैर पकड़कर उसे बाहर घसीटा।

लाला ने बाँहों से अपना चेहरा ढँक लिया और डर के मारे रिरियाने लगा।

"तिजोरी की चाबियाँ कहाँ हैं?" सरदार ने उसकी पीठ पर लात मारते हुए पूछा।

"सोना-चाँदी, नगदी-जेवर, बही-खाते जो चाहो ले जाओ भाई, पर किसी को मारना नहीं!" लाला ने गिड़गिड़ाते हुए दोनों हाथों से उसके पाँव धर लिए।

सरदार ने कड़ककर फिर पूछा, "तेरी तिजोरी की चाबियाँ कहाँ हैं? बोल?" फर्श पर पसरे लाला को उसने एक लात जमाई। भय से थर-थर काँपता वह उठकर बैठ गया।

जेब से नोटों की एक गड्डी निकाल वह डाकुओं में बाँटने लगा, "घर में बस यही है। सारा तुम लोग ले लो।"

"हम पूछते हैं तेरी तिजोरी की चाबियाँ कहाँ हैं?"

"तिजोरी में अब कुछ भी नहीं बचा है। सिर्फ मेरे बही-खाते हैं। जो भी मेरे पास था मैंने सब तुम्हारे आगे रख दिया है। जो हैं सब ले लो। पर रब्ब के वास्ते मुझे बख्श दो!" रामलाल ने डकैतों के सरदार के घुटने थाम लिए और सुबकने लगा, "रब्ब के वास्ते, गुरु के नाम पर बख्श दो मुझे..."

उनमें से एक ने लाले को खींचकर सरदार की टाँगों से परे किया और बन्दूक का कुन्दा उसके मुँह पर दे मारा।

"हाय, हाय!" रामलाल चिल्ला-चिल्लाकर कराहने लगा। थूका तो मुँह से खून आने लगा।

आँगन में औरतों ने उसकी चीखें सुनीं तो वे भी चिल्लाने लगीं, "डाकू, डाकू!"

चारों ओर से कुत्तों के भौंकने की आवाजें आने लगीं। पर क्या मजाल कि गाँव का एक बन्दा भी अपने घर से बाहर फटका तक हो।

अपने घर की छत पर लाला बेतरह पिट रहा था। बन्दूकों के कुन्दों से, भालों के हत्थों से, लातों-मुक्कों से। उकड़ूँ होकर बैठा वह चिल्लाता और खून थूकता जा रहा था। उसके आगे के दो दाँत भी टूट गए थे। पर लाला था कि अब भी उन्हें तिजोरी की चाबियाँ देने से इनकार करता रहा। आखिरकार उनमें से एक ने भाले की नोक लाले की छाती में घोंप दी। एक तेज दर्दनाक चीख के साथ लाला धराशायी हो गया। छाती से खून की फुहार फूट पड़ी। डाकू बाहर निकल आए। उनमें से एक ने हवा में गोली दागी। औरतों का चिल्लाना एकदम रुक गया। कुत्तों का भौंकना भी थम गया। सारा गाँव निस्तब्धता में डूब गया।

डाकू छत से कूदकर गली में आ गए। नदी की ओर बढ़ते हुए वे गाँववालों को ललकारने लगे, "निकलो! निकल आओ घरों से अगर दम है तो! निकलो, सालो, निकलो और अपनी माँ-बहनों को..."

किसी तरफ से कोई प्रत्युत्तर नहीं आया। मनो-माजरा में शब्द मानो जड़ हो गए। कहीं से कोई आवाज नहीं उठी। डकैत हँसते, चिल्लाते गली से गुजरते हुए गाँव के अन्तिम छोर पर आकर एक छोटी-सी झोंपड़ी के पास रुक गए। सरदार ने भालेवाले को संकेत कर कहा, "यही घर है जग्गा का। हम जो तोहफा लाए हैं जग्गा के लिए, दे दो उसे। काँच की चूड़ियाँ!"

भालेवाले ने अपनी टेंट में से चूड़ियों का बंडल निकाला और दीवार के उस पार फेंक दिया। आँगन से काँच के टूटने की दबी-दबी आवाज आई।

"ओए जग्गया!" अपने साथी की ओर आँख मारते हुए वह आवाज ऊँची उठाते हुए कहने लगा, "पहन ले ये चूड़ियाँ! और हथेलियों पे रचा ले मेंहदी!"

दूसरे ने एक और फिकरा कसा, "या पहना आ उस जुलाहे की बेटी को!"

"हाय," होंठों पर जीभ फेरते हुए डकैत चुम्बन की अश्लील आवाजें निकालने लगे, "हाय, हाय!"

फब्तियाँ कसते हँसते हुए वे नदी की ओर बढ़ रहे थे। जगत सिंह की

ओर से कोई जवाब उन्हें नहीं मिला था। उसने सुना ही कहाँ था! जग्गा घर में था ही कहाँ!

घंटा भर हुआ, जगत सिंह घर से निकला था। रातवाली मालगाड़ी की आवाज सुनते ही वह समझ गया था कि अब घर से निकलने में कोई खतरेवाली बात नहीं थी। उसके घर से निकलने और डाकुओं के गाँव में घुसने के लिए मालगाड़ी ने ही संकेत का काम किया था। दूर से, उसकी पहली सीटी सुनते ही वह धीरे से अपनी मंजी से उठा। पगड़ी सिर पर लपेटी, आँगन के कोने में भूसे के ढेर में से भाला निकाला और फिर वैसे ही पंजों के बल चुपके से अपनी खाट तक लौट आया। उसने अपने जूते हाथ में उठाए और धीरे से घर से बाहर निकल आया।

"अरे, कहाँ जा रहा है?"

जगत सिंह रुका। बेबे थी।

"खेतों को जा रहा हूँ," वह बोला, "कल रात जंगली सूअरों ने खेतों में जो कोहराम मचाया..."

"सूअर?" बेबे बोली, "अरे, ज्यादा चालाक मत बन। जानता नहीं कि तू जमानत पर छूटा हुआ है। शाम के बाद गाँव छोड़ना तेरे को मना है। और वह भी भाला लेकर? किसी दुश्मन की आँख पड़ गई ना, तो खबर कर देगा पुलिस को और वापस ठूँस दिया जाएगा तू हवालात में..." वह लगभग रिरियाने लगी, "और तब पुत्तर, कौन देखेगा इन फसलों को और इन ढोर-डंगरों को...?"

"अरे, अभी आता हूँ। घबराने की कोई बात नहीं। सारा गाँव सोया पड़ा है।"

"नहीं," उसकी माँ ने फिर से रोना-गिड़गिड़ाना शुरू कर दिया।

"चुप कर," वह बोला, "तू ही जताएगी पड़ोसियों को। चुप कर, कुछ नहीं होगा मुझे।"

"जा...जा जहाँ तेरा जी चाहे। कुएँ में कूदने का जी चाहे तो कूद जा के। बाप की तरह फाँसी लगवाना चाहे, तो जा तू भी लग फाँसी। मेरी तो किस्मत में ही रोना बदा है।" माथा पीटते हुए वह अपनी तकदीर को कोसने लगी।

दरवाजा खोलकर जगत सिंह ने दोनों तरफ देखा। कहीं कोई नहीं दीख पड़ा। दीवारों के किनारे-किनारे चलते हुए वह गली के छोर पर तालाब के निकट जा पहुँचा। उसने देखा सारसों के सलेटी आकार दलदल में मेंढकों की तलाश में इधर-उधर सरक रहे थे। शायद उसके कदमों की आहट सुनकर वे तनिक देर को थमे। जगत सिंह पल-भर को दीवार के सहारे साँस रोके खड़ा हो गया। सारस आश्वस्त हो गए तो वह खेतों से होकर नदी तक जाती पगडंडी पर बढ़ने लगा। सूखे रेतीले खेतों को पार कर वह नदी के किनारे पहुँचा। भाले को जमीन में गाड़कर वहीं रेत पर पीठ के बल लेट गया और तारों को निहारने लगा। आकाशगंगा से टूटकर एक उल्का अपने पीछे चाँदी की चूनर-सी छोड़ती काले आकाश से नीचे आ गिरी। अचानक उसकी आँखों को किन्हीं दो हाथों ने ढाँप लिया।

''बोलो तो कौन?''

जगत सिंह ने अपने हाथ सिर के पीछे किए और टटोलने लगा। लड़की ने चालबाजी करने की कोशिश की। जगत सिंह ने आँखों को ढाँपनेवाले हाथों को थमा। बाँहों से होते हुए उसके हाथ लड़की के कन्धों और चेहरे तक जा पहुँचे। उसने उसकी गालें सहलाई, फिर आँखें और फिर नासिका, जिन्हें छूने का वह अभ्यस्त था। वह उसके होंठों से खेलने लगा, ताकि लड़की उसकी अँगुलियों को चूमने लगे। लड़की ने अपना मुँह खोला और जोर से उसकी अँगुलियों को काट खाया। जगत सिंह ने झटके से अपने हाथ हटा लिए। तेजी से उसने लड़की के चेहरे को अपने दोनों हाथों में लिया और अपने चेहरे पर टिका लिया। अपनी बाँहों से उसकी कमर को घेर जगत सिंह ने उसे हवा में उछाल दिया। हाथ-पैर मारती वह अपने आपको उससे छुड़ाने की कोशिश करने लगी। वह उसे तब तक गोल-गोल घुमाता रहा जब तक बाँहें थक नहीं गई। नीचे उतारा तो वह नीचे था और लड़की उसके ऊपर।

लड़की ने उसके चेहरे पर जोर की एक थप्पड़ जड़ दी।

''पराई लड़की पर हाथ डालते शर्म नहीं आती। घर में माँ-बहनें नहीं हैं क्या? शर्म-लाज कुछ नहीं है तुझमें? कोई शक नहीं कि पुलिस के रजिस्टर में तेरा नाम एक छँटे हुए गुंडे की हैसियत के नाम से दर्ज है। मैं भी इंस्पेक्टर साहब को बताऊँगी कि तू निरा बदमाश है।''

''मैं सिर्फ तेरे साथ ही बदमाश हूँ, नूराँ! हम दोनों को जेल की एक ही

कोठरी में बन्द कर दिया जाए तो कैसा रहे!''

''तुझे अब बड़ी बातें बनानी आ गई हैं। मेरे को अब अपने वास्ते किसी और को ढूँढ़ना पड़ेगा।''

जगत सिंह ने लड़की की गर्दन में बाँहें डाल दीं और उसे इतना कसके आलिंगनबद्ध किया कि उसकी साँस रुकने लगी। उसके मुँह से बोल तक नहीं निकल पा रहे थे। शब्द उसके गले में अटक-अटककर रह जाते रहे। उसने हिम्मत हार दी और पस्त होकर अपना चेहरा जग्गा के कन्धों पर टिका दिया। जगत सिंह ने अपनी बाईं बाँह पर टिकाकर उसे अपनी बगल में लिटा लिया और दाएँ हाथ से उसके चेहरे और बालों को सहलाने लगा।

मालगाड़ी के इंजन ने दो बार सीटी मारी और फक-फक करता पुल की ओर बढ़ने लगा। बगुले 'क्राक, क्राक' की ध्वनि करते हुए पोखरे से उड़-उड़कर नदी की तरफ जाने लगे। मालगाड़ी के पुल से गुजरने के बहुत बाद तक, जबकि उसका 'फप-फप' का शब्द भी शान्त हो चुका था, बगुले बारी-बारी से 'क्राक-क्राक' करते रहे।

जगत सिंह का स्पर्श कामातुर होता जा रहा था। उसका हाथ लड़की के चेहरे से हटकर उसके वक्ष और कटि पर फिसलने लगा था। जग्गे की साँसें धीमी और उत्तेजक होने लगी थीं। उसका हाथ फिसलकर लड़की के सीने को छू गया था, मानो भूल से ही। लड़की ने झटकाकर पुनः उसे यथास्थान कर दिया। लड़की की गर्दन के नीचे से अपनी बाईं बाँह निकालकर जगत सिंह ने उसके झटकते हुए हाथ को थाम लिया। उसकी दूसरी बाँह तो वैसे ही जगत सिंह के नीचे थी। लड़की अब पूरी तरह लाचार हो गई थी।

''नहीं, नहीं! मेरा हाथ छोड़ो! नहीं ऽऽऽ, मैं तेरे से फिर कभी बात नहीं करूँगी।'' उसके क्षुधित मुख से बचने के लिए वह तेजी से अपने सिर को इधर-से-उधर झटकने लगी।

जगत सिंह ने अपना हाथ लड़की की कमीज के भीतर डाल दिया और उसके अरक्षित उभारों को छूने लगा। उसके खुरदरे हाथ लड़की के सीने से लेकर कमर तक फिसलते रहे।

लड़की छटपटाती और विरोध करती रही।

''नहीं, नहीं, नहीं! मेहरबानी करके छोड़ दे मेरे को। अल्ला का कुफ्र पड़े तुझ पर। छोड़ मेरा हाथ। ऐसे करेगा तो कभी तुझसे मिलने नहीं आऊँगी।''

जगत सिंह के हाथ ने उसकी सलवार के इजारबन्द का छोर ढूँढ़ ही लिया और एक झटके के साथ उसे खींच डाला।

''नहीं!'' लड़की भारी आवाज में चिल्लाई।

तभी अचानक कहीं से गोली छूटने की आवाज ने रात्रि की नीरवता को चीर डाला। बगुले 'क्राक-क्राक' करते फिर तालाब से उड़ने लगे। कीकर के पेड़ों पर कौए काँव-काँव कर उठे। रात्रि की गहनता को भेदती जगत सिंह की दृष्टि गाँव की ओर उठी। लड़की ने धीरे से स्वयं को उसके बन्धन से मुक्त किया और अपने कपड़े ठीक करने लगी। कौए धीरे-धीरे फिर कीकर के पेड़ों पर वापस जा बैठे। बगुले नदी के पार उड़ चले। केवल कुत्तों के भौंकने की आवाजें आती रहीं।

''लगता है गोली चलने की आवाज थी,'' जगत सिंह का ध्यान फेरने की कोशिश में लड़की तनिक हड़बड़ाई-सी कहने लगी, ''गाँव की ओर से ही आई थी न?''

''पता नहीं! पर तू क्यों भाग रही है? अब सब ठंडा पड़ गया है।'' जगत सिंह ने उसे अपनी बगल में वापस खींच लिया।

''सुन, सुन, मजाक का वक्त नहीं है। गाँव में शायद खून-खराबा हो रहा है। मेरा अब्बू जग जाएगा तो जान की आफत हो जाएगी। पूछेगा, मैं कहाँ थी! क्या जवाब दूँगी, बोल? मेरे को अभी वापस लौटना चाहिए।''

''नहीं, तू नहीं जाएगी। मैं नहीं जाने दूँगा तुझे। कह देना, किसी सहेली के साथ थी।''

''पागलों की-सी बातें मत करो। कैसे भला...?''

जगत सिंह ने अपने मुँह से उसका मुँह बन्द कर दिया। अपना सारा भार उसने लड़की पर डाल दिया। वह कुछ बोल सके, उससे पहले ही उसने फिर से उसकी सलवार का इजारबन्द खोल दिया।

''मेरे को छोड़! मेरे को छोड़!...''

जगत सिंह के पाशविक बल के आगे संघर्ष करना बेकार था और सम्भवतः वह चाहती भी नहीं थी। उसकी दुनिया साँसों की क्रमबद्ध आवाजाही और उत्तप्त शरीरों से उठती उष्ण गन्ध तक सीमित होकर रह गई थी। जग्गे के होंठ उसकी आँखों और गालों को गीला कर रहे थे। उसकी जिह्वा उसके कर्णलोपों को चूम रही थी। उन्माद की अवस्था में लड़की ने

उसकी बिरली दाढ़ी में अपने नाखून खोभ दिए और उसकी नाक पर काट खाया। ऊपर, नभ पर फैले तारे उसे भँवर में गोलाकार घूमते-से नजर आने लगे और फिर मानो मेरी-गो-राउंड की तरह धीरे-धीरे लौटकर अपने स्थान पर आ रुके। धीरे-धीरे सब कुछ यथावत् वापस लौट आया। अपने ऊपर उसे उस बेजान-से जिस्म का बोझ महसूस हुआ। बालों में रेत गुँथी पड़ी थी। हवा उसकी नंगी टाँगों और बाँहों पर फिसल रही थी। अनगिनत तारे मानो घूर-घूरकर उसका छिद्रान्वेषण कर रहे थे। उसने जगत सिंह को धकेलकर परे किया। वह उठकर उसकी बगल में आ लेटा।

"बस तुझे तो यही चाहिए था न! अब तो तसल्ली हो गई। हो तो किसान ही न! बस बीज ही बोना आता है तुझे। दुनिया में कयामत भी आ जाए, तुझे क्या! गाँव में गोलियाँ चल रही हैं और तू..."

"कहीं कोई गोली-वोली नहीं चल रही। ऐसे ही तुझे वहम है।" जगत सिंह ने उसकी ओर देखे बिना ही उकताते हुए कहा।

क्रन्दन की क्षीण ध्वनियाँ यहाँ नदी-तट तक भी सुनाई दे रही थीं। दोनों उठकर बैठ गए। एक के बाद एक दो धमाके हुए। कीकर के दरख्तों से कौए जोर-जोर से काँव-काँव करते हुए उड़ने लगे।

लड़की ने रोना शुरू किया।

"गाँव में कुछ जरूर हो रहा है। मेरा अब्बू जग जाएगा। उसको पता चल गया ना कि मैं बाहर गई हुई थी तो बस, मार ही छड्डेगा मुझे।"

जगत सिंह का ध्यान उसकी तरफ नहीं था। उसे समझ नहीं आ रहा था कि क्या करे। उसे चिन्ता लगी थी कि अगर लोगों को पता चल गया कि वह गाँव से बाहर था तो पुलिस उसके पीछे जरूर पड़ेगी। पर उसे अपनी उतनी फिक्र नहीं थी जितनी कि लड़की की। वह, हो सकता है फिर कभी न आए। कह भी तो रही थी, "अब मैं कभी नहीं आऊँगी तेरे पास। अल्ला मेरे को इस बार माफ कर दे बस, तो फिर कभी तेरी शक्ल भी न देखूँ..."

"चुप करती है कि दूँ एक लफ्फड़?"

लड़की सुबकने लगी। उसे विश्वास नहीं हो रहा था कि यह वही शख्स था जो घड़ी-भर पहले उससे प्यार कर रहा था।

"चुप्प! कोई आ रहा है शायद!" अपने मजबूत पंजे से लड़की का मुँह

ढाँपते हुए वह बुदबुदाया।

दोनों चुपचाप लेटे रहे, अँधेरे में घूरते। भाले और बन्दूकों से लैस पाँच आदमी उनके कुछ करीब से ही निकल गए। उन्होंने अपने चेहरों से नकाब उतार रखे थे और बतियाते हुए चल रहे थे।

''डाकू हैं! तू जानता है इनको?'' लड़की ने फुसफुसाकर पूछा।

''हाँ,'' जग्गे ने कहा, ''वह जो टॉर्चवाला है न, वह मल्ली है।'' बोलते-बोलते जग्गे के जबड़े कसने लगे, ''बहनचोद! सैकड़ों बार कहा इससे कि यह डकैतियों का वक्त नहीं। और यह कम्बख्त अपने गिरोह को मेरे ही गाँव में ले आया। मैं भी ठिकाने लगाऊँगा इसको।''

डाकू नदी की ओर बढ़े और फिर कुछेक मील दक्षिण की तरफ घाट की ओर मुड़ गए। टिटहरी के जोड़े की त्रस्त चीत्कार रात्रि की निस्तब्धता को भेद गई, ''टीट-टिट्टी-टिट्टी-हूट, टी-टी-हूट, टी-टी-हूट, टिट-टिट-टी-हूट...''

''तू पुलिस को तो खबर करेगा ना?''

जगत सिंह ठिठियाकर हँसने लगा, ''चल्ल, वापस चल्लिए। नहीं तो लोगों को पता चल जाएगा कि मैं गाँव में नहीं था।''

दोनों मनो-माजरा की तरफ हो लिए। मर्द आगे था, लड़की पीछे। रोने-पीटने की आवाजें और कुत्तों का भौंकना वे सुन सकते थे। छतों पर औरतें चीख-चीखकर एक-दूसरे से बोल रही थीं। लगता था, सारा गाँव ही जागा पड़ा था। जगत सिंह पोखरे के पास रुक गया और लड़की से कुछ कहने को मुड़ा।

''नूरू, कल आएगी ना?'' उसने खुशामदी से पूछा।

''तुझे कल की पड़ी है और मेरे को तो अपनी जान की पड़ी है। मेरा कतल भी हो जाए तो भी तू तो मौज ही करेगा।''

''अरे मेरे रहते कोई तुझे छू के तो देखे! मनो-माजरा का कोई एक बन्दा भी तेरी ओर आँख तो उठा के देखे, जग्गा उसे छोड़ेगा नहीं। ऐसे ही तो मैं बदमाश नहीं कहलाता!'' जग्गा अक्खड़ता से बोला, ''अगर कुछ होता है तो तू मुझे कल बताना, नहीं तो परसों। ये जो भी मुसीबत आई हुई है, इसके टलने के बाद। मालगाड़ी चली जाए तब आ जाना! हाँ?''

''ना, ना!'' लड़की का जवाब आया, ''क्या कहूँगी अब मैं अपने अब्बू को? इतना शोर-शराबा सुनकर तो जाग ही गया होगा वह!''

"अरी, कह देना ना कि बाहर गई थी। पेट ठीक नहीं था या ऐसा-वैसा ही कोई और बहाना। और कहना कि गोलियों की आवाज सुनकर तू वहीं छुप गई। डाकू जाते तब न आती! तो बोल, नूरू, आएगी ना परसों?"

"ना।" उसने दोहराया, पर इस बार तनिक धीरे से। सोच रही थी शायद बहाने से काम चल ही जाएगा। वैसे भी तो अब्बा की नजर कमजोर ही थी। उसे कहाँ उसकी रेशमी कमीज या आँखों में लगी काजल दिखाई देनेवाली थी! नूराँ अँधेरे को चीरती बढ़ने लगी। उसने मन-ही-मन पक्का इरादा कर लिया था कि अब कभी जग्गा को मिलने नहीं जाएगी।

जगत सिंह गली से होता हुआ अपने घर के पास पहुँचा। किवाड़ खुला ही था। गाँव के सैकड़ों लोग आँगन में खड़े उसकी माँ से बात कर रहे थे। वह चुपचाप वापस मुड़ा और नदी की ओर लौटने लगा।

दफ्तरशाही हलकों में मनो-माजरा का एक खास रुतबा है। कारण, यहाँ रेलवे पुल के उत्तर की तरफ सरकारी अफसरों के ठहरने के लिए एक रेस्ट हाउस है। चारों तरफ ठिगनी दीवारोंवाली चहारदीवारी और उसके ठीक बीचोबीच है यह खाकी ईंटों का बना चपटी छतवाला बँगला। बँगले का बरामदा नदी की तरफ पड़ता है। गेट से लेकर बरामदे तक एक चौड़ा-सा रास्ता जाता है। बाकी की सारी खुली जगह में गार्डन है। आड़ी बिछी ईंटों की एक रेखा रास्ते और गार्डन को विभाजित करती है। गार्डन भी कैसा? जमी हुई मिट्टी की समतल सतह पर घास का एक तिनका तक नहीं। सिर्फ बरामदे के खम्भों के पास और बँगले के पिछवाड़े नौकरों के क्वार्टरों की लाइन के आगे चमेली की कुछ ठूँठ सरीखी झाड़ियाँ लगी हुई हैं। रेस्ट हाउस, दरअसल, पुल के निर्माण में लगे इंजीनियर के लिए बनवाया गया था। पर पुल के बन जाने के बाद यह सभी वरिष्ठ अफसरों की साँझी मिल्कियत बन गया।

इसके लोकप्रिय होने का विशेष कारण है इसका नदी के करीब होना। चारों तरफ पैंपास घास और ढाक का जंगल विस्तार। सुबह से लेकर शाम तक तीतरों की अपने जोड़ों के लिए पुकार। सर्दियों में जब नदी सिकुड़कर सँकरी हो जाती है तो इसके बनाए दलदलों और तलैयों में नरकटों के जंगल उग आते हैं। हंसों, जंगली बत्तखों और मुर्गाबियों से यह सारी जगहें आबाद हो जाती हैं। इन्हीं दिनों बड़े पोखरों में रोहू, मल्ली और महशीर मछलियाँ

खूब तादाद में हो जाती हैं।

सर्दियों के सारे महीने अफसर अपने दौरे इस तरह तय करते हैं कि कुछेक दिन मनो-माजरा के गेस्ट हाउस में भी बिता सकें। इससे बढ़कर भला क्या होगा कि सुबह तड़के ही जलपक्षियों को देखो, दिन में तीतरों को और दोपहर में मछलियों को। शाम होते ही फिर से झुंड की झुंड बत्तखें तालाबों में तैरती नजर आती हैं। रोमानी किस्म के अफसर ज्यादातर बसन्त के मौसम में आते हैं। उनका भी अपना रहस्य है। विचारों में डूबे हुए व्हिस्की पीते रहो और सामने ताकते रहो, अस्त होते सूर्य की नदी पर तिरती लालिमा को लजाती ढाक के पत्तों की सन्तरी आभा को। दलदलों से उठती मेंढकों की टरटराहटें और पुल की मेहराबों से उभरते चाँद की चाँदनी में नरकटों के जंगलों पर टिमटिमाती जुगनुओं की जगमगाहटें, मानो जिन्दगी यहीं सिमटकर रह गई हो।

गर्मियों में मनो-माजरा के इस गेस्ट हाउस में सिर्फ वे ही आते हैं जिन्हें एकान्त प्रिय हो। पर वर्षा ऋतु के आगमन के साथ आगन्तुकों की संख्या बेहद बढ़ जाती है। सतलज के उफनते पानी को देखना भी अपने आप में एक शानदार और अनूठा अनुभव है।

जिस दिन मनो-माजरा में डाका पड़ा, उसी दिन सुबह एक खास मेहमान के स्वागत के लिए इसे सजाया जा रहा था। जमादार ने गुसलखानों को धोया था, कमरों को बुहारा था और सड़कों पर पानी का छिड़काव किया था। बैरे और उसकी बीवी ने मिलकर फर्नीचर वगैरह की झाड़पोंछ की थी। जमादार लड़के ने छत से लटकते कपड़े के पंखे की रस्सी को खोलकर दीवार के छेद से सरकाते हुए बरामदे की तरफ लटका दिया था। पंखे को डोलाना तो बरामदे से ही था ना। रसोईघर से मुर्गी पकने की गन्ध आ रही थी।

ग्यारह बजे के करीब साइकिलों पर सवार एक सब-इंस्पेक्टर और दो कांस्टेबल बँगले में चल रहे बन्दोबस्त का मुआयना करने के लिए पधारे। उनके बाद दो अर्दली भी आए। अर्दलियों ने कमर पर लाल पट्टोंवाले सफेद यूनीफार्म और चौड़े फीतोंवाली सफेद पगड़ियाँ पहन रखी थीं। पगड़ियों के फीतों पर पंजाब सरकार के चिह्न स्वरूप पीतल के बिल्ले टँके थे—प्रान्त की पाँच नदियों की प्रतीक पाँच वक्र रेखाओं के ऊपर उदित होते सूरजवाले। इन सरकारी मुलाजिमों के साथ गाँव के कुछ और भी लोग सामान-असबाब और

सरकारी कागजात रखनेवाली चमकीले काले बक्से उठाए वहाँ उपस्थित थे।

तकरीबन घंटे-भर बाद सलेटी रंग की एक लम्बी-चौड़ी मोटरगाड़ी वहाँ आकर रुकी। सामने की सीट से उतरकर एक अर्दली ने तपाक से अपने आका के लिए पीछे का दरवाजा खोला। सब-इंस्पेक्टर और कांस्टेबलों ने सावधान की अवस्था में खड़े होकर सैल्यूट मारा। ग्रामवासी सम्मान प्रदर्शित करते हुए सरककर थोड़ी दूरी पर जाकर खड़े हो गए। बैरे ने मुख्य बैठक को जाता जाली का दरवाजा खोला। जिले के डिप्टी कमिश्नर और मजिस्ट्रेट मिस्टर हुकुमचन्द ने अपनी भारी-भरकम काया कार से बाहर निकाली। आज सवेरे से ही वे सफर पर थे, इसलिए काफी थके-थके से लग रहे थे। निचले होंठ पर धरे सिगरेट से निकलते धुएँ के लच्छे उनकी आँखों तक फैल रहे थे। द्राएँ हाथ में सिगरेट का डिब्बा और माचिस पकड़े धीरे-धीरे चलते हुए वह सब-इंस्पेक्टर के निकट पहुँचे। उन्होंने अपनेपन से उसकी पीठ थपथपाई। सब-इंस्पेक्टर वैसे ही सावधान की मुद्रा में चुपचाप खड़ा रहा।

"आइए, इंस्पेक्टर साहब, आइए।" हुकुमचन्द ने कहा। इंस्पेक्टर का दायाँ हाथ पकड़कर वे उसे कमरे के भीतर ले गए। डिप्टी कमिश्नर का अपना नौकर और गेस्ट हाउस का बैरा पीछे-पीछे हो लिए। गाड़ी से साहब का सामान निकालने के लिए ड्राइवर के साथ कांस्टेबल भी लग गए।

हुकुमचन्द सीधे गुसलखाने में घुसे और मुँह धोकर तौलिए से पोंछते हुए बाहर निकले। सब-इंस्पेक्टर उनके आते ही फिर खड़ा हो गया।

"बैठो, बैठो।" उन्होंने कहा।

तौलिए को बिस्तर पर फेंकते हुए वे आरामकुर्सी में धँस गए। दीवार के छेद से आगे-पीछे होती रस्सी के सहारे छत पर लटका पंखा झूल रहा था। एक अर्दली ने मजिस्ट्रेट के जूते खोले और उनके मोजे उतारकर पैरों को मलना शुरू कर दिया। हुकुमचन्द ने सिगरेट का डिब्बा खोलकर सब-इंस्पेक्टर के आगे बढ़ाया। सब-इंस्पेक्टर ने पहले मजिस्ट्रेट का सिगरेट जलाया, फिर अपना। हुकुमचन्द के सिगरेट पीने का अन्दाज ही उसकी जात बता रहा था कि वह निम्न-मध्यमवर्ग से था। वह बड़े जोरों से कश ले रहा था और अपनी अँगुलियों को झटका-झटकाकर राख झाड़ रहा था। युवा सब-इंस्पेक्टर का अन्दाज निस्सन्देह परिष्कृत था।

"वेल, इंस्पेक्टर साहब, कैसा चल रहा है?"

सब-इंस्पेक्टर ने हाथ जोड़ दिए, "सर, आपकी दुआ से ऊपरवाले की कृपा है।"

"इधर तो कोई मजहबी दंगे नहीं हुए?"

"नहीं सर, अब तक तो हम बचे हुए ही हैं। पाकिस्तान से हिन्दू और सिख रिफ्यूजियों के कुछ जत्थे इधर आए हैं और कुछ मुसलमान यहाँ से उधर भी गए हैं, पर ऐसी कोई खास घटना तो यहाँ नहीं हुई।"

"सरहद के इस तरफ तुम्हारे यहाँ सिखों की लाशों के जत्थे नहीं पहुँचे ना! अमृतसर में पहुँच रहे हैं। उधर से आती ट्रेनों में एक शख्स भी जिन्दा नहीं। उधर बड़ी मार-काट चल रही है।" हुकुमचन्द ने दोनों हाथों के पंजों को कसा और फिर बेबसी की मुद्रा में अपनी जाँघों पर ला पटका। सिगरेट से निकली चिंगारी उनकी पतलून पर पड़ी तो सब-इंस्पेक्टर ने अद्‌भुत फुर्ती के साथ उसे झाड़कर बुझा दिया।

"तुम जानते हो कि" मजिस्ट्रेट फिर बोला, "सिखों ने भी बदले में मुसलमान शरणार्थियों की एक रेलगाड़ी पर हल्ला बोला और तकरीबन हजार-एक लाशों से भरकर उसे सरहद के उस पार रवाना किया? इंजिन के आगे उन्होंने लिख दिया, 'पाकिस्तान के नाम तोहफा!"

सब-इंस्पेक्टर विचारमग्न होकर नीचे ताकने लगा और बोला, "लोग तो यही कहते हैं कि उस तरफ कत्लेआम रोकने का सिर्फ यही एक कारगर तरीका है। मर्द के बदले मर्द, औरत के बदले औरत और बच्चे के बदले बच्चा। लेकिन हम हिन्दू ऐसा नहीं कर पाते। हम लोग यह मारकाट का खेल नहीं खेल सकते। खुली लड़ाई हो तो फिर देखें, हम किसी से कम नहीं। सुना है हमारे आर.एस.एस. के लड़के हर शहर में मुसलमानों के जत्थों का मुकाबला कर रहे हैं। एक सिख ही आगे नहीं बढ़ रहे। पता नहीं उनकी मर्दानगी को क्या हो गया है? बातें तो बड़ी-बड़ी करते हैं। यहीं देखिए न, सरहद के इन सिखों के गाँवों में मुसलमान कैसे चैन से बैठे हैं। कुछ नहीं होता यहाँ! मनो-माजरा जैसे गाँव के बीचोबीच सुबह और शाम मुल्ला जोर-जोर से अजान देता है। आप सिखों से पूछो कि क्यों वे ऐसा होने दे रहे हैं? तो वे कहेंगे कि मुसलमान तो हमारे भाई हैं। मुझे तो पूरा यकीन है कि उन्हें उनसे पैसे मिलते होंगे।"

हुकुमचन्द ने अपने गंजे सिर पर अँगुलियाँ फेरीं, "यहाँ के मुसलमानों

की माली हालत कैसी है?"

"नहीं सर, खास नहीं। ज्यादातर तो जुलाहे या कुम्हार ही हैं।"

"पर, चन्दननगर तो, सुना है, अच्छा पुलिस स्टेशन है। बहुत सारे कत्ल होते हैं यहाँ। इसके मातहत इलाकों में, गैरकानूनी शराब भी बनती है और कहते हैं यहाँ के सिख काफी मालदार हैं। तुमसे पहलेवाले अफसरों ने तो शहरों में घर भी बनाए हुए हैं।"

"सर, आप तो मेरा मजाक उड़ा रहे हैं।"

"देखो, मुझे इससे कोई मतलब नहीं कि तुम क्या लेते-लिवाते हो। सभी लेते हैं। लेकिन जरा सोच-समझकर। और थोड़ा होशियारी से। नई सरकार यह सब ठप्प करने की बातें कर रही है। पर कुछ ही महीनों में इनका सारा जोश ठंडा पड़ जाना है और सब कुछ पहले की तरह हो जाना है। अरे रातों-रात सारा कुछ थोड़ा ही बदला जा सकता है।"

"ये कौन होते हैं बातें बनानेवाले। दिल्ली से आनेवाली किसी से भी पूछिए। वह आपको बताएगा कि गांधी के ये चेले कैसे पैसा बना रहे हैं। आँखें बन्द करके योगियों की तरह एक पैर पर खड़े तपस्या करते दिखते हैं, पर जैसे ही कोई मछली करीब आई कि हड़प!"

हुकुमचन्द ने पैरं मलनेवाले नौकर को बीयर लाने का आदेश दिया। और जैसे ही वह गया, उन्होंने सब-इंस्पेक्टर के घुटनों पर हाथ मारा।

"तुम तो बच्चों की तरह बिना सोचे-समझे बोलते हो। इसी कारण किसी दिन मुसीबत में फँस जाओगे। तुम्हारा सिद्धान्त तो होना चाहिए कि देखो सब, पर बोलो कुछ नहीं। दुनिया इतनी तेजी से बदल रही है कि अगर तुम किसी एक ही नजरिए का दामन थामे रहोगे, तो आगे नहीं बढ़ सकते। अगर तुम्हारा किसी चीज पर दृढ़ विश्वास भी है, तो उसे अपने तक ही सीमित रखो।"

सब-इंस्पेक्टर का दिल कृतज्ञता से सराबोर हो गया। लगता था अभी उसे तसल्ली नहीं हुई थी। ऐसी ही उल्टी-सीधी और टिप्पणियाँ करके वह साहब से अपनापे भरी और भी सलाहें लेना चाह रहा था।

"कभी-कभी, सर, अपने आप पर बस ही नहीं रहता। बेहद गुस्सा आता है। दिल्ली में बैठे यह गांधी टोपीधारी पंजाब के बारे में क्या जानें? और सरहद के उस पार पाकिस्तान में क्या हो रहा है, इन्हें क्या? उनके कौन-से

घर-बार लुटे हैं? उनकी माँओं, बहनों, बेटियों और बीवियों के साथ बलात्कार थोड़े हुए हैं! उनकी माँओं, बेटियों और बीवियों को सड़कों पर कत्ल थोड़े किया जा रहा है! सर, क्या आपने सुना है कि शेखूपुरा और गुजराँवाला में मुसलमानों की भीड़ ने सरेबाजार हिन्दू और सिख रिफ्यूजियों के साथ क्या किया? पाकिस्तान पुलिस और आर्मी दोनों ने कत्लेआम में हिस्सा लिया। एक बन्दा तक नहीं बचा। कहते हैं औरतों ने अपने हाथों अपने बच्चों को मार डाला और खुद कुँओं में कूद पड़ीं। कुएँ मुँह तक लाशों से भरे पड़े हैं।''

''हरे राम, हरे राम,'' हुकुमचन्द ने लम्बी साँस लेते हुए कहा, ''मैं जानता हूँ। मैं सब जानता हूँ। हमारी हिन्दू स्त्रियाँ ऐसी ही होती हैं। एकदम पवित्र। किसी पराए मर्द के हाथ लगने से पहले ही अपने आपको खत्म करने को तैयार। हम हिन्दू औरतों पर वार करने के लिए कभी हाथ नहीं उठाते, पर ये मुसलमान! इन्हें औरतों के सम्मान से क्या लेना-देना! पर अब देखना है कि हम क्या कर सकते हैं? यहाँ यह सब शुरू होने में कितनी देर है?''

''मैं तो मनाता हूँ कि यहाँ से लाशों से भरी गाड़ियाँ न ही गुजरें। नहीं जो जवाबी हमलों को रोकना मुश्किल हो जाएगा। इधर तो मुसलमानों के सैकड़ों छोटे-छोटे गाँव हैं। और मनो-माजरा के जैसे सिखों के हर गाँव में भी कुछ मुसलमान परिवार तो होंगे ही! सब-इंस्पेक्टर ने स्थिति का जायजा देते हुए कहा।

हुकुमचन्द ने जोर से सिगरेट का कश लिया और राख झाड़ने के लिए अँगुलियाँ झटकीं।

''हमें हर हालत में कानून और व्यवस्था बनाए रखनी है,'' कुछ रुककर वे बोले, ''अगर हो सके तो मुसलमानों को अमनोचैन से जाने दो। खून-खराबे से किसका भला हुआ है कभी। लूट-पाट और मारकाट तो गुंडे करेंगे और सरकार नाम लगाएगी हमारा। नहीं, इंस्पेक्टर साहब, हमारे अपने खयालात चाहे जो भी हों, हमको कत्ल, लूटपाट और सरकारी सम्पत्ति की नुकसान हर हालत में नहीं होने देना है। वैसे ईश्वर ही जानता है कि अगर मैं सरकारी मुलाजिम न होता तो मैंने इन पाकिस्तानियों के साथ पता नहीं क्या किया होता...''

''जाने दो इनको, पर यह जरूर देखो कि ये अपने साथ कुछ ज्यादा न

ले जा सकें। पाकिस्तान से आनेवाले हिन्दुओं से भी तो इन्होंने रास्ते में सारा कुछ छीन लिया। कुछ भी साथ नहीं लाने दिया उन्हें। पाकिस्तानी मजिस्ट्रेट तो रातों-रात लखपति बन गए। हमारी तरफ भी कइयों ने कुछ कम नहीं किया। किसी का कोई कुछ नहीं बिगाड़ सका है। सिर्फ वहीं के मजिस्ट्रेटों को सस्पैंड या ट्रांसफर किया गया है जिनके मातहत इलाकों में कत्ल और आगजनी वगैरह हुई हो। इसीलिए कह रहा हूँ कि मार-काट बिलकुल नहीं होनी चाहिए। बस इन्हें राजी-खुशी निकल जाने दो।''

बैरा बीयर की बोतल ले आया और मिस्टर हुकुमचन्द तथा सब-इंस्पेक्टर के आगे उसने दो गिलास रख दिए। सब-इंस्पेक्टर ने अपना गिलास उठाकर उस पर हाथ रख दिया, ''नहीं, सर, आपके सामने पीने की जुर्रत भला मैं कैसे कर सकता हूँ?''

''तुम्हें मेरा साथ देना ही पड़ेगा। यह मेरा ऑर्डर है।'' मजिस्ट्रेट ने दबंगता से उसके विरोध को नकार दिया। ''बेयरा, इंस्पेक्टर साहब का गिलास भर दो और इनके लिए भी लंच लगाओ।''

सब-इंस्पेक्टर ने बैरा के सामने गिलास बढ़ा दिया, ''अगर आपका ऑर्डर है, तब तो मैं इसको न मानने की हिम्मत नहीं कर सकता, साहब।'' वह तनिक सहज होने लगा। अपनी पगड़ी खोलकर उसने मेज पर रख दी। यह पगड़ी सिखों की पग्गों-जैसी नहीं थी, जिसे खोलने के बाद हर बार फिर से बाँधना पड़े। दरअसल यह एक नीले रंग की टोपी-से आकार के गिर्द तीन मीटर मांड लगी मलमल को लपेटकर बनाई गई पगड़ी थी जिसे हैट की तरह, जब जी चाहे पहना या उतारा जा सकता था।

''मनो-माजरा में हालात कैसे हैं?''

''अभी तक तो सब ठीक ही चल रहा है, सर! लम्बरदार बेनागा मुझे रिपोर्ट देता है। आज के दिन तक इस गाँव में कोई भी शरणार्थी नहीं आया है। मुझे तो इतना भी यकीन है कि मनो-माजरा के लोग तो अभी यह भी नहीं जानते कि अंग्रेज हिन्दुस्तान छोड़कर जा चुके हैं और मुल्क पाकिस्तान और हिन्दुस्तान दो हिस्सों में बँट चुका है। यहाँ के कुछ लोग गांधी के बारे में तो जानते होंगे पर मुझे शक है कि जिन्ना का नाम किसी ने यहाँ सुना तक भी हो।''

''दैट इज़ गुड। मनो-माजरा पर नजर रखना। इधर सरहद पर यही

सबसे महत्त्वपूर्ण गाँव है। यही पुल के इतने करीब है। अच्छा, बताओ तो, इस गाँव में कोई गुंडे-वुंडे भी रहते हैं क्या?"

"सर, सिर्फ एक ही है। जग्गा नाम है उसका। आपने ही उसे गाँव से बाहर निकलने की मनाही दे रखी है। लम्बरदार के पास वह हर रोज हाजिरी भरता है। हफ्ते में एक बार पुलिस स्टेशन पर भी शक्ल दिखाने आता है।"

"जग्गा? कौन जग्गा?"

"आपको याद होगा, सर, जगत सिंह, डाकू आलम सिंह का बेटा। वही आलम सिंह जिसे दो साल हुए फाँसी लगी थी। उसी का लड़का है यह जग्गा। इस सारे इलाके में यही सबसे लम्बा मर्द है। छह फुट चार इंच ऊँचा! और जिस्म! पूरा साँड-का-साँड!"

"अरे हाँ, याद आया। क्या बात है, आजकल उसका कोई कारनामा नहीं सुना। नहीं तो हर महीने किसी-न-किसी मामले में उसे पकड़कर मेरे सामने लाया जाता था।"

सब-इंस्पेक्टर मुस्कराया, "सर, पंजाब पुलिस जो कर न सकी, वह सोलह साल की एक हसीन लड़की की निगाहों के जादू ने कर दिखाया है।"

हुकुमचन्द की उत्सुकता जगी, "इश्क-विश्क का चक्कर है क्या?"

"जी सर, किसी मुसलमान जुलाहे की बेटी है। है तो साँवली, पर क्या कजरारी आँखें हैं। बस वही जग्गे को इस गाँव में टिकाए हुए है। और मजाल है कि कोई मुसलमानों के खिलाफ एक लफ्ज भी बोल सके इस गाँव में। लड़की का अन्धा बाप यहाँ की मस्जिद का मुल्ला है।"

लंच लगने तक दोनों पीते रहे और सिगरेट के कश लेते रहे। दोपहर देर तक खाने-पीने के साथ जिले के हालात पर विचार-विमर्श का सिलसिला जारी रहा। भारी भोजन और बीयर के कारण हुकुमचन्द उनींदे हो रहे थे। दोपहर की धूप की चकाचौंध से बचने के लिए बरामदे की चिकें गिरा दी गईं। छत पर लटका कपड़े का पंखा आगे-पीछे होता हुआ चरमरा रहा था। हुकुमचन्द की पलकें नींद से भारी होने लगी थीं। उन्होंने अपना चाँदी का टूथपिक निकाला और दाँत खोदने लगे और दाँतों से मैल निकालकर मेजपोश में पोंछते रहे। सब-इंस्पेक्टर ने लक्ष्य किया कि अब नींद पर साहब का काबू नहीं रहा था, सो वह उठकर चलने के लिए तैयार हो गया।

"अब आज्ञा दें, सर।"

"अगर आराम करना चाहो, तो यहीं किसी कमरे में..."

"आपकी बड़ी मेहरबानी, साहब, पर मुझे जरा स्टेशन पर एकाध काम था। दो कांस्टेबल यहाँ छोड़े जा रहा हूँ। अगर आपको मेरी जरूरत लगे तो इनके हाथ बुला भेजिएगा, सर!"

"वेल," मजिस्ट्रेट ने तनिक हिचकिचाते हुए पूछा, "शाम का कुछ बन्दोबस्त किया है कि..."

"ऐसा कैसे हो सकता था, साहब, कि मुझे इसका खयाल नहीं रहता। बड़ा जबरदस्त इन्तजाम किया है, सर। अगर लड़की पसन्द न आए तो आप मुझे नौकरी से निकाल दें। ड्राइवर को बता दूँगा, कहाँ से लेकर आना है उसे।"

सब इंस्पेक्टर ने सलाम ठोंकी और चला गया। मजिस्ट्रेट साहब पलँग पर टाँगें पसारकर नींद की आगोश में हो लिए।

बँगले से जाती मोटरगाड़ी की आवाज से हुकुमचन्द की नींद टूटी। चिकें उठाकर गोल करके खम्भों के बीच बाँध दी गई थीं। बरामदे की झक दीवारें साँझ के सूरज की डूबती लौ में सन्तरी हुई जा रही थीं। जमादार लड़का हाथ में पंखे की रस्सी थामे-थामे ही ईंटों के फर्श पर उकड़ूँ हुआ सो रहा था। उसका बाप रेस्ट हाउस के चारों तरफ पानी का छिड़काव कर रहा था। जाली के दरवाजे से चमेली की खुशबू से मिली-जुली गीली मिट्टी की सोंधी गन्ध भीतर छा रही थी। रेस्ट हाउस के सामने नौकरों ने नारियल की बनी एक बड़ी-सी चटाई पर कालीन बिछा दिया था। कालीन पर एक तरफ बेंत की विशालकाय कुर्सी और एक मेज लगा दिया गया, जिस पर व्हिस्की की बोतल, कुछ गिलास और नमकीन वगैरह सजे रखे थे। सोडे की कई बोतलें मेज के नीचे धरी थीं।

हुकुमचन्द ने नौकर को आवाज देकर शेव के लिए गर्म पानी लाने और अपने नहाने का इन्तजाम करने को कहा और सिगरेट सुलगाकर छत को ताकने लगे। उनके सिर के ठीक ऊपर दो छिपकलियाँ आपस में गुत्थमगुत्था होने की तैयारी में थीं। रेंगती हुई वे एक-दूसरे से लगभग आधा इंच की दूरी पर रुक गईं और आपस में धमकाती हुई-सी अपनी पूँछें धीरे-धीरे हिलाने लगीं। भड़ामू! हुकुमचन्द हट पाते, इससे पहले ही छिपकलियाँ टक्कर खाकर

ठीक उनके तकिए के पास आ गिरीं। एक लिजलिजी-सी अनुभूति में भरकर वे बिस्तर से उछलकर खड़े हो गए और छिपकलियों को घूर-घूरकर देखने लगे। आपस में गुँथी-गुँथी वे भी शायद उन्हें घूर रही थीं। बैरा के पैरों की आहट ने उनकी तन्द्रा तोड़ी। छिपकलियाँ बिस्तर से रेंगती हुई नीचे कूदीं और फिर दीवार पर चढ़ गईं। हुकुमचन्द को महसूस हुआ मानो उन्होंने छिपकलियों को छू लिया हो और उनके हाथ गन्दे हो गए हों। उन्होंने अपनी कमीज की कन्नी से हाथ रगड़ लिए। पर यह मैल कोई रगड़कर मिटाने से या धोने से मिटनेवाला थोड़े ही था। बैरा गरम पानी का मग ले आया था। शेव का सामान उसने ड्रेसिंग टेबल पर लगा दिया था। साहब के कपड़े निकालकर कुर्सी पर धर दिए थे। महीन मलमल की कमीज। रेशमी डोरीवाला पायजामा। काले पम्प शू को भी खूब चमकाकर उसने वहीं कुर्सी के पास ही रख दिया था।

हुकुमचन्द ने खूब तसल्ली से हजामत बनाई और नहाया-धोया। जिस्म पर सुगन्धित टैल्कम पाउडर का छिड़काव किया और चेहरे पर स्किन लोशन लगाया। बाल ब्रिल क्रीम से चमक रहे थे पर जड़ों में थोड़ी-थोड़ी सफेदी झलक ही रही थी। बालों को रँगे भी तो दो हफ्ते से ऊपर होने को आए थे। उन्होंने अपनी मूँछों को मरोड़ी दी। सफेदी तो मूँछों की जड़ों से भी झाँक रही थी। उन्होंने अपने कपड़ों पर खस का इत्र छिड़का। तैयार होकर एक नजर छत की तरफ देखा। लगा जैसे छिपकलियाँ अब भी उन्हें अपनी पैनी चमकीली निगाहों से घूर रही हैं।

अमेरिकन मोटरकार के वापस लौटने का शब्द सुनकर हुकुमचन्द मूँछें मरोड़ते जाली के दरवाजे के निकट पहुँचे। उन्होंने देखा कि दो आदमी और दो औरतें गाड़ी में से उतरे। एक आदमी हारमोनियम लिए था, दूसरा तबले। मेहँदी रँगे बालोंवाली औरत जरा बूढ़ी लग रही थी। दूसरी लड़की-सी थी। चपटी नाक के एक तरफ चमकता हुआ हीरा और मुँह में भरी पान की पीक। लड़की ने छोटा-सा बंडल थाम रखा था। गाड़ी से उतरते वक्त उसमें से कुछ झनझनाहट-सी हुई। चारों के चारों आकर कालीन पर पसरकर बैठ गए।

हुकुमचन्द ने अपने आपको शीशे में निहारा। क्षण-भर को बालों की सफेदी पर ध्यान गया। पर फिर थपथपाकर उन्हें सँवार लिया। सिगरेट

सुलगाया और डिब्बे को माचिस समेत हाथ में पकड़ लिया। जानते थे कि व्हिस्की बाहर मेज पर धरी है, फिर भी जाली का दरवाजा खोलते हुए बोतल लाने के लिए बैरे को आवाज लगाने लगे। दरअसल वे बाहर बैठे लोगों को अपने आने की पूर्वसूचना देना चाह रहे थे। चमकते हुए पम्प-शू की चर्र-मर्र के साथ वे सधे हुए कदमों से चलकर आरामकुर्सी पर आ बैठे।

चारों जनों ने उठकर मजिस्ट्रेट का अभिनन्दन किया। दोनों गवैयों ने सिर नवाकर सलाम किया। पोपले मुँहवाली वृद्धा ने उनकी खिदमत में एक सुर में तारीफों का बखान करना शुरू किया, 'जग में तेरा नाम बढ़े-फैले। लाखों पे चल्ले कलम तेरी।' लड़की सिर्फ उन्हें अपनी काजल लगी बड़ी-बड़ी आँखों से निहारती रही। मजिस्ट्रेट ने उन सबको हाथ के इशारे से बैठने को कहा। चारों वहीं कालीन पर अपनी-अपनी जगह बैठ गए।

बैरे ने अपने हाकिम के लिए व्हिस्की का गिलास भरा। हुकुमचन्द ने एक लम्बा घूँट भरा और हथेली के पृष्ठभाग से मूँछें पोंछी। कुछ-कुछ अधीर-से दिखते वह मूँछों को मरोड़ियाँ देते जा रहे थे। लड़की ने अपनी पोटली खोली और घुँघरू निकालकर पैरों में बाँध लिए। हारमोनियम पर बैठे आदमी ने कोई धुन बजानी शुरू की। तबलावादक भी तबलों पर अँगुलियों की थाप देकर साथ देने लगा। संगीत की संगत तैयार थी।

लड़की ने पान की पीक थूकी और खँखार-खँखारकर गला साफ किया। शुरुआत बुढ़िया ने की–

"गरीब परवर! क्या सुनने की मर्जी है हुजूर की? कोई पक्का राग या फिर इश्क-विश्क का गाना...?"

"नहीं, नहीं! पक्का राग नहीं। कुछ फिल्मी...हाँ, हाँ, फिल्मों का कोई गाना, पंजाबी का..."

लड़की ने सलाम किया, "जी! समात फरमाएँ!..."

हारमोनियमवाले तथा तबलावादक ने लड़की के साथ कुछ खुसुर-पुसुर की और एक-दूसरे के साथ तारतम्य बैठाते हुए अपने-अपने वाद्य बजाने शुरू किए। कुछ देर तक लड़की निरपेक्ष भाव से तबला और हारमोनियम की तानें सुनती रही। प्रारम्भिक खाना-पूरी पूरी हुई तो लड़की ने अपनी नाक सुड़की, गला खँखारा और बायाँ हाथ कान पर रखकर दायाँ मजिस्ट्रेट की ओर तानकर तेज सुर में तान छेड़ी–

"चिट्ठीए दर्द फिराक वालिए,
लैजा लैजा सनेया सोने यार दा..."

लड़की कुछ देर को रुकी।

वादकों ने टेक पर फिर बजाना शुरू किया—

लैजा लैजा सनेया सोने यार दा...

गाना खत्म हुआ तो हुकुमचन्द ने लड़की की तरफ कालीन पर पाँच का एक नोट फेंका। लड़की ने और वादकों ने सिर नवाकर शुक्रिया जाहिर किया। बुढ़िया ने झट नोट उठाया और बटुए के हवाले करते हुए फिर अलापना शुरू किया, "तेरी शोहरत बनी रहे, मालिक। लाखों पे चल्ले कलम तेरी..."

गाना फिर से शुरू हो गया था। हुकुमचन्द ने व्हिस्की का एक बड़ा पैग बनाया और एक ही घूँट में गटक लिया। लड़की की ओर भरपूर नजर देखने की उनकी हिम्मत नहीं पड़ रही थी। अब जो गाना वह गा रही थी, हुकुमचन्द को भी अच्छी तरह आता था। अपनी बेटी को भी वह यही गाना गाते हुए कई बार सुन चुके थे।

"हवा में उड़ता जाए,
मेरा लाल दुपट्टा मलमल का,
हो जी ऽऽऽ, हो जी ऽऽऽ"

वे कुछ-कुछ अनमने-से होने लगे। व्हिस्की का एक और पैग बनाकर उन्होंने अपनी अन्तरात्मा को दबाने का प्रयास किया। जिन्दगी बहुत छोटी थी, अन्तरात्माओं की पुकारें सुनने लगे तो बस हो लिया। गाने के साथ चुटकियाँ बजाते और जाँघों पर थपकियाँ देते उन्होंने भी सुर में सुर मिलाना शुरू किया, "हो जी ऽऽऽ, हो जी ऽऽऽ।"

साँझ का झुटपुटा काली रात में तब्दील होने लगा था। चाँद का कहीं ओर-छोर भी नहीं दिख रहा था। नदी के करीब के दलदलों से मेंढकों की टर्र-टर्र और नरकटों के जंगलों से शलभों की टिमटिमाहट शुरू हो गई थी। बैरा लालटेन लेकर आ पहुँचा। लालटेन की परछाईं हुकुमचन्द के ऊपर पड़ रही थी। रोशनी से मुँह छिपाती बैठी लड़की पर उनकी दृष्टि पड़ी। बिलकुल बच्ची-सी दिखती थी और कुछ खास खूबसूरत भी नहीं थी। बस, जवान थी और अनछुई। छातियों में अभी सहज उभार तक नहीं आया था। लड़की

निश्चय ही पुरुष-संसर्ग से अनछुई प्रतीत होती थी। उनके दिमाग में एक बार खयाल कौंधा कि अरे, यह तो मेरी अपनी बेटी से भी छोटी है...! उन्होंने झट एक और पैग बनाया। धत्तेरे की! वे भी किन पचड़ों में पड़ रहे थे। यही जिन्दगी है। जो सामने आए, उसी को निभाते चलो। नियम-सिद्धान्त सब किताबी बातें हैं। उसे पैसे चाहिए थे और उन्हें...खैर। वैसे भी वह रंडी ही तो थी! और लग भी रही थी। उसकी साड़ी के सलमे-सितारे चमक रहे थे। नाक में हीरे की लौंग भी लिश्कारे मार रही थी। कोई भी भ्रम अब बाकी न रहे, हुकुमचन्द ने एक पैग और उँड़ेला। इस बार उन्होंने अपनी मूँछें रेशमी रूमाल से पोंछी। अबकी बार वे जरा जोर से सुर में सुर मिलाते हुए अँगुलियों की थाप दे रहे थे।

लड़की एक के बाद एक फिल्मी गाने सुनाती रही। 'टैगो' और 'सम्भा' की विदेशी धुनों पर आधारित गाने चुक गए तो मजिस्ट्रेट साहब ने फरमाइश की, "कुछ भी गाओ, जो भी तुम्हें आता हो...कुछ भी, कुछ नया और मजेदार..."

लड़की ने अंग्रेजी शब्दों की भरमारवाला एक गाना गाना शुरू किया—

"आना मेरी जान, मेरी जान,
संडे के संडे..."

हुकुमचन्द जी खिल उठे, "वाह, वाह..."

गाना पूरा होते ही उन्होंने पाँच का एक नोट लड़की की ओर बढ़ाया, पर उछाला नहीं। इशारा किया कि आओ और ले जाओ। बुढ़िया ने लड़की को साहब की ओर धकेला, "अरी जा। सरकार बुला रहे हैं तुझे।"

लड़की उठकर मेज के पास गई। पैसे लेने के लिए उसने हाथ बढ़ाया। हुकुमचन्द ने अपना हाथ खींचकर सीने पर धर लिया और बेशर्मी से मुस्कराने लगा। लड़की लाचार-सी अपने साथियों की ओर देखने लगी। हुकुमचन्द ने नोट मेज पर रख लिया। लड़की उसे उठा पाती इससे पहले ही उन्होंने लपककर पुनः उसे उठा लिया और सीने पर रख दिया। उनकी बाँछें तनिक और खिलने लगीं। लड़की बेचारी सकपकाकर अपने स्थान पर लौट आई। हुकुमचन्द ने नोट फिर मेज पर वापस ला रखा।

"अरी जा ना, सरकार के पास!" बुढ़िया ने लड़की को पुचकारकर समझाया। आज्ञाकारी बच्चे की भाँति वह हुक्म की तामील करती पुनः

मजिस्ट्रेट के पास पहुँची। हुकुमचन्द ने उसकी कमर के गिर्द अपनी बाँह डाल दी।

"बहुत अच्छा गाती हो!"

लड़की फटी-फटी आँखों से अपने साथियों को ताकने लगी।

"सरकार तेरे से बात कर रहे हैं। कुछ कह रहे हैं। बोलती क्यों नहीं?" बुढ़िया ने उसे फटकारा। फिर मजिस्ट्रेट की ओर मुखातिब होकर बोली, "हुज़ूर, अभी बहुत छोटी है और जरा शरमाती है। धीरे-धीरे सीख जाएगी..."

हुकुमचन्द ने व्हिस्की का गिलास लड़की के होंठों से लगाया, "थोड़ी-सी पीओ ना! एक घूँट ही सही, मेरी खातिर..."

लड़की चुपचाप वैसे ही खड़ी रही। उसने मुँह नहीं खोला। बुढ़िया ने कहना शुरू किया–

"सरकार, इसे पीने-पिलाने के बारे में कुछ नहीं मालूम! अभी बिलकुल नादान है। अभी सोलह की भी नहीं हुई। मर्दजात से एकदम नावाकिफ है। समझिए, आपके लिए ही पाल-पोसकर बड़ा किया है मैंने इसको..."

"अच्छा, पीना नहीं है तो खा ही लो कुछ," हुकुमचन्द ने बुढ़िया की रट को नजरअन्दाज करते हुए कहा और तश्तरी में से एक कबाब उठाकर लड़की के मुँह में ठूँसने को हुए। लड़की ने उनके हाथ से कबाब पकड़ ली और खाने लगी।

हुकुमचन्द ने उसे अपनी गोद में खींच लिया और उसके बालों में अपनी अँगुलियाँ उलझा दीं। तेल चुपड़े घुँघराले किए हुए बालों में जगह-जगह हेयर पिन लगे थे। हुकुमचन्द ने कुछ पिन निकालकर उसके जूड़े को ढीला किया। बाल उसके कन्धे पर फैल गए। गवैए और बुड्ढी औरत उठकर खड़े हो गए।

"हमें इजाजत हो, सरकार!"

"अच्छा, आप जाओ, ड्राइवर आप लोगों को घर छोड़ आएगा।"

बुढ़िया ने फिर से वही राग अलापना शुरू किया, "तेरा नाम और रुतबा बढ़े। हजारों, लाखों पे तेरी कलम..."

हुकुमचन्द ने नोटों की एक गड्डी निकालकर मेज पर रख दी। पैसे लेकर औरत और उसके साथी मोटरगाड़ी में बैठकर चल दिए। लड़की वहीं रह गई।

बैरा आदेश लेने के लिए खड़ा था, ''साहब, खाना परोस दूँ।''

''नहीं रहने दो! मेज पर ही रहने दो। हमें जब जी करेगा, खुद ही ले लेंगे। तुम अब जाओ।''

बैरे ने मेज पर खाना लगा दिया और अपने क्वार्टर को चल दिया।

हुकुमचन्द ने हाथ बढ़ाकर लालटेन की बत्ती नवा दी। बत्ती बुझते ही वहाँ अँधेरा छा गया। बेडरूम की खिड़की से, बस, प्रकाश की हल्की-सी झलक बाहर आ रही थी। हुकुमचन्द का भीतर जाने का कोई इरादा नहीं था। बाहर इस वातावरण में ही उन्हें अच्छा लग रहा था।

मनो-माजरा के स्टेशन पर कुछ वैगनें काटकर मालगाड़ी स्टेशन छोड़कर पुल की ओर बढ़ रही थी। गड़गड़ाहट के साथ गाड़ी बढ़ी आ रही थी। इंजन की चिमनी से उड़ती चिनगारियाँ उसकी बढ़ती हुई गति की सूचक थीं। इंजन की भट्ठी में कोयले झोंके जा रहे थे। लाल-सन्तरी-सी एक प्रज्वलित रेखा पुल के आर-पार होती हुई दूसरी तरफ नरकटों के जंगलों में विलीन हो गई। गाड़ी की गड़गड़ाहट का स्वर हल्का होने लगा था। इसके गुजर जाने के बाद उन्हें लगा कि जैसे उनकी प्राइवेसी फिर लौट आई।

हुकुमचन्द ने गिलास में और व्हिस्की उँडेली। लड़की उनकी गोद में बुत-सी बैठी थी, एकदम अकड़ी-सी।

''मुझसे नाराज हो क्या? कोई बात ही नहीं कर रहीं?'' हुकुमचन्द ने उसे अपने से और करीब सटाते हुए कहा। लड़की ने न उनकी तरफ ताका, न कुछ जवाब ही दिया।

मजिस्ट्रेट को भी कौन-सा उसकी प्रतिक्रिया से कुछ लेना-देना था! आखिर उन्होंने उसकी कीमत अदा की थी। लड़की का चेहरा उन्होंने अपने करीब किया और उसकी ग्रीवा के पृष्ठभाग और कर्णलोपों को चूमने लगे। मालगाड़ी का शब्द अब शान्तप्राय हो गया था। चारों तरफ निपट एकान्त था, सन्नाटा। उन्हें अपनी तेज होती साँसें सुनाई दे रही थीं। उन्होंने लड़की की अँगिया का फीता खोल दिया।

अचानक ही गोली के चलने की आवाज रात्रि की निस्तब्धता को भेद गई। लड़की छिटककर दूर जा खड़ी हुई।

''तुमने क्या गोली की आवाज सुनी?''

लड़की ने सिर हिलाया, ''कोई शिकारी होगा शायद!'' इतनी देर में

पहली बार उसके मुँह से कोई बोल फूटे थे। वह फिर से अपनी अँगिया को कसने लगी।

"ऐसी अँधेरी काली रात में कोई शिकारी नहीं हो सकता।"

दोनों कुछ देर चुपचाप खड़े रहे। हुकुमचन्द कुछ आशंकित-से हुए और लड़की ने जैसे राहत की साँस ली—मदिरा, तम्बाकू और पायरिया की मिली-जुली गन्ध से बसाती साँसों से मुक्ति। किन्तु कुछ ही देर में पुनः निस्तब्धता छा गई। हुकुमचन्द ने सोचा, सब ठीक-ठाक है। अपने आपको और आश्वस्त करने के लिए उन्होंने एक घूँट और भरा। लड़की समझ गई कि अब बचाव का कोई चारा नहीं बचा था।

"पटाखे-पटूखे छोड़े होंगे किसी ने। हो सकता है कहीं कोई शादी-ब्याह हो रहा हो," हुकुमचन्द ने लड़की को बाँहों में ले लिया, "आओ न, हम लोग भी शादी कर लें।"

लड़की मूक ही बनी रही। हुकुमचन्द के हाथ उसके बदन पर फिसलते रहे और वह चुपचाप बिना प्रतिकार किए झेलती रही। उन्होंने उसे गिलासों, तश्तरियों और बोतलों के बीच वहीं कालीन पर लिटा दिया। लड़की ने साड़ी से अपना चेहरा ढाँपकर मुँह को एक तरफ मोड़ लिया, ताकि उनकी दुर्गन्ध युक्त साँसों से बची रहे। हुकुमचन्द उसके कपड़ों का छोर-छोर ढूँढ़ रहे थे।

तभी मनो-माजरा की तरफ से लोगों के चीखने-चिल्लाने और कुत्तों के जोर-जोर से भौंकने की आवाजें आने लगीं। हुकुमचन्द ने उधर रुख किया। गोली चलने की दो आवाजें आईं और कुत्तों का भौंकना तथा लोगों का शोरगुल सहसा ही थम गया।

"तेरी ऐसी की तैसी..." बड़बड़ाते हुए हुकुमचन्द ने लड़की को छोड़ दिया। वह उठी और कपड़े झाड़ते हुए खड़ी हो गई। सर्वेंट क्वार्टरों से बैरा और जमादार उत्सुकतापूर्वक बतियाते हुए लालटेनें उठाए चले आ रहे थे। थोड़ी देर बाद ही हैडलाइटों की तेज रोशनी से बँगले के अग्रभाग को आलोकित करती मोटरगाड़ी पोर्टिको में आकर खड़ी हो गई।

डकैतीवाले दिन के बादवाले दिन मनो-माजरा के स्टेशन पर भीड़ रोजाना से ज्यादा लग रही थी। दिल्ली से लाहौर जानेवाली साढ़े दस बजे की पैसेंजर गाड़ी को देखने स्टेशन आना तो मनो-माजरा के कुछ निवासियों की आदत

में शुमार हो चुका था। गाड़ी से लोगों का उतरना और चढ़ना देखने का जैसे इन्हें चस्का ही लग गया हो। गाड़ियों के स्टेशन पर जल्दी या देर से आने को लेकर ही वे घंटों बहस में लगे रहते। बँटवारे के बाद तो उनकी रुचि इन बातों में और भी बढ़ चली थी, क्योंकि अब तो रेलगाड़ियों का चार-पाँच घंटे 'लेट' आना आम बात हो चली थी। कभी-कभी तो गाड़ियाँ बीस-बीस घंटे 'लेट' भी आने लगी थीं। उधर से आती तो पाकिस्तान से आनेवाले सिख और हिन्दू शरणार्थियों से भरी, इधर से जाती तो पाकिस्तान को जानेवाले मुसलमानों से भरी। लोग गाड़ियों की छतों पर टाँगें लटकाए ठुस्सम-ठुस्सी भरे बैठे होते या फिर दो बोगियों के बीचवाली जगह पर बिस्तरे लगाए पटे पड़े होते। कुछ लोग तो डिब्बों के बफरों पर (जहाँ दो बोगियाँ जुड़ती हैं) जान का खतरा मोल लिए हुए भी बैठे दिखते।

आज तो गाड़ी सिर्फ एक ही घंटा 'लेट' आई थी, जैसे अक्सर लड़ाई के पहले के दिनों में आया करती थी। भक-भक करती जैसे ही यह आकर प्लेटफार्म पर रुकी, खोमचेवाले ने आवाजें लगाना शुरू किया। यात्री भी चिल्लाते, शोर मचाते इधर-उधर भाग-दौड़ रहे थे। लग रहा था जैसे बहुत-से यात्री यहाँ उतरेंगे। लेकिन जैसे ही गाड़ी ने सीटी दी, सारे-के-सारे वापस अपने-अपने डिब्बों को भागे। बाँस की लाठी थामे सिर्फ एक अकेला सिख किसान और कूल्हे पर बच्चा टिकाए खड़ी उसकी औरत ही खोमचेवालों के बीच बचे रहे थे। मर्द ने गोल किए बिस्तरे को उठाकर अपने सिर पर रखा और एक हाथ से थाम लिया। दूसरे हाथ में उसने घी का एक बड़ा-सा टिन पकड़ रखा था। बगल में दबी लाठी पीछे से जमीन पर रगड़ खा रही थी। दाढ़ी तक लटकती उसकी मूँछों के नीचे दो हरे रंग की टिकटें झूल रही थीं। स्टेशन की लोहे की रेलिंग से झाँकते चेहरों को देखते ही औरत ने घूँघट काढ़ लिया। कंकरीट पर चप्पलें फटफटाती वह अपने मर्द के पीछे-पीछे चल रही थी। पाँवों में पहनी उसकी चाँदी की पाजेबें छन्न-छन्न बज रही थीं। स्टेशन मास्टर ने किसान के मुँह से टिकटें खींचीं और मियाँ-बीवी को बाहर जाने दिया। बाहर निकलते ही उनका रिश्तेदारों से अभिवादन करने और गले मिलने का दौर शुरू हुआ।

गार्ड ने दूसरी सीटी बजाई और हरी झंडी दिखा दी। तभी इंजन से लगे डिब्बे में से कुछ पुलिसवाले उतरे। पूरे बारह सिपाही थे और एक सब-

इंस्पेक्टर। सभी ने राइफलें उठा रखी थीं और कमर में गोलियोंवाली बेल्टें पहनी हुई थीं। उनमें से दो के हाथों में जंजीरें और हथकड़ियाँ थीं। गाड़ी के दूसरे सिरे से, गार्ड के डिब्बे के पास से एक नौजवान नीचे उतरा। उसने ढीले-ढाले पायजामे और लम्बे-से सफेद कुर्ते पर मोटे खद्दर की भूरे रंग की बास्कट पहन रखी थी। हाथ में एक होल्डाल पकड़ा हुआ था। वह बड़ी फुर्ती के साथ गाड़ी से नीचे उतरा। बालों पर हाथ फेरते हुए उसने चारों तरफ देखा। छोटे-से कद का शख्स—देखने में कुछ-कुछ स्त्रैण-सा। पुलिसवालों को देख उसने तनिक और फुर्ती से होल्डाल को बाएँ कन्धे पर उछाला और निकास-द्वार की ओर बढ़ने लगा। ग्रामीण लोग बड़ी जिज्ञासापूर्वक एक तरफ से इस नौजवान को और दूसरी तरफ से पुलिसवालों को गेट पर डटे स्टेशन मास्टर की ओर बढ़ता हुआ देख रहे थे। स्टेशन मास्टर ने पुलिस दल के लिए गेट पूरा-का-पूरा खोल दिया था और वह सब-इंस्पेक्टर को बड़ी चापलूसी से झुककर आदाब कर रहा था। नौजवान पहले ही गेट पर पहुँच चुका था और स्टेशन मास्टर तथा पुलिस दल के मध्य खड़ा हुआ था। स्टेशन मास्टर ने जल्दी से उससे टिकट ले ली पर वह तब भी वहीं खड़ा रहा, सब-इंस्पेक्टर का रास्ता रोके।

"स्टेशन मास्टर साहब, आप बताएँगे कि इस गाँव में मुझे रहने के लिए कोई जगह मिल सकेगी?"

स्टेशन मास्टर कुछ चिढ़ा-सा लग रहा था। लेकिन आगन्तुक के बोलने के शहरी लहजे, उसके पहनावे और होल्डाल को देखकर उसने स्वयं को नियन्त्रित किया और व्यंग्यात्मक किन्तु शिष्ट स्वर में कहा, "मनो-माजरा में कोई होटल या सराय तो है नहीं। सिखों का एक गुरुद्वारा है। गाँव के बीचोबीच। पीला झंडा लहरा रहा होगा उस पर। दूर से ही दिख जाएगा।"

"थैंक यू, सर!"

पुलिस दल और स्टेशन मास्टर ने तनिक संशय से युवक का सर्वेक्षण किया। इधर के इलाकों में आखिर 'थैंक यू' वगैरह कितने लोग कहते होंगे। 'थैंक यू' करनेवाले ये लोग ज्यादातर विदेशों से पढ़कर आए हुए नौजवान थे। सुना, आजकल अच्छे घरों के, इंग्लैंड में शिक्षित युवक किसानों का पहनावा पहन ग्राम-विकास के कार्यों में जुटे थे। कुछ को तो लोग कम्युनिस्टों के एजेंट समझते थे। इन नौजवानों में ज्यादातर बड़े-बड़े लखपतियों और

उच्च सरकारी अफसरों के बेटे थे। हर वक्त कोई-न-कोई खुराफात करने को तैयार। जब चाहे कोई हंगामा खड़ा कर दें। इसलिए इनसे सावधान रहने की जरूरत थी।

युवक स्टेशन से बाहर निकल गाँव की ओर बढ़ चला। अकड़कर सीधा तना हुआ वह पुलिसवालों से दो कदम आगे ही चल रहा था। यद्यपि उसे आभास था कि वे उसके पीछे-पीछे ही आ रहे थे और उसकी तरफ देखते हुए उसके बारे में ही बातें कर रहे थे। फिर भी उसने पीछे मुड़कर नहीं देखा और किसी सैनिक की भाँति आगे बढ़ता रहा। मिट्टी की झोंपड़ियों के बीच से ऊपर उठता लहराता हुआ पीला झंडा उसे दिखाई दे गया था। झंडे पर सिख धर्म का चिह्न अंकित था—आपस में काटती दो तलवारों के ऊपर चकती में धँसा छुरा। खेतों के बीच दोनों तरफ कँटीली झाड़ियों से घिरी पगडंडी पर वह बढ़ा जा रहा है। रास्ता सँकरा होकर झोंपड़ियों से होता हुआ गाँव के बीचोबीच पहुँचता था जहाँ लाला का पक्का मकान था, गाँव की मस्जिद थी और गुरुद्वारा था। पीपल के पेड़ के नीचे तख्त पर बैठे दर्जन-भर ग्रामीण आपस में बतियाने में मशगूल थे। पुलिसवालों को देखते ही वे उठ खड़े हुए और उनके साथ लाला रामलाल के घर की ओर हो लिए। परदेसी आगन्तुक की तरफ किसी का ध्यान ही नहीं गया।

उसने गुरुद्वारे के अहाते के खुले द्वार में प्रवेश किया। प्रवेश-द्वार के सामने की तरफ अहाते के दूसरे छोर पर एक बड़ा-सा हॉल था, जहाँ शनील के चँदोवे के नीचे पालकी में चमकीले रेशमी कपड़े में ढँका गुरुग्रन्थ साहिब रखा था। हॉल के एक तरफ दो कमरे पड़ते थे। दीवार के साथ-साथ ईंटों की बनी एक सीढ़ी कमरों की छतों को पहुँचती थी। अहाते के दूसरी तरफ ऊँची मुँडेरवाला एक कुआँ था। कुएँ के ही साथ चार-पाँच फुट ऊँचा ईंटों का एक खम्भा था। इसी खम्भे के ऊपर पीले झंडेवाला ऊँचा-सा डंडा लगा हुआ था।

युवक को वहाँ कोई नहीं दिखा। पर जब उसने पत्थर की सिल्ली पर भीजे कपड़ों को पीट-पीटकर धोने की आवाज सुनी तो डरते-डरते वह कुएँ के दूसरी तरफ पहुँचा। एक बुजुर्ग-सा सिख कपड़े धोना छोड़ उसे देखकर उठ खड़ा हुआ। उसकी दाढ़ी और भीगे सफेद कच्छे से पानी चू रहा था।

''सत श्री अकाल!''

"सत श्री अकाल!"

"जी, दो-तीन दिन के लिए क्या मैं यहाँ ठहर सकता हूँ?"

"यह तो गुरुद्वारा है, भाई, गुरु का घर। यहाँ तो कोई भी ठहर सकता है। पर अपना सिर ढँकना होगा और सिगरेट-तम्बाकू कुछ अन्दर नहीं लाना होगा।"

"जी, मैं तो सिगरेट पीता ही नहीं," युवक ने अपना होल्डाल फर्श पर रखकर रूमाल से अपना सिर ढँक लिया।

"नहीं बाबू साहिब, अभी नहीं, जब ग्रन्थ साहिब के पास जाओ तब अपने जूते उतारकर जाना और सिर ढँक लेना। उस कमरे में अपना सामान रख लो और बेतकल्लुफ होकर आराम फरमाओ। कुछ खाने-पीने को चाहिए हो तो बताना...?"

"मेहरबानी है आपकी। पर अपना खाना तो मैं साथ लाया हूँ।"

बुजुर्ग ने युवक को खाली कमरा दिखा दिया और स्वयं वापस कुएँ पर चला गया।

युवक ने कमरे में प्रवेश किया। भीतर सिर्फ एक चारपाई-भर थी। दीवार पर एक लम्बा-सा रंगीन कैलेंडर लटक रहा था। कैलेंडर में एक हाथ में बाज को पकड़े घोड़े पर सवार गुरु गोविन्द सिंह का चित्र बना था। कैलेंडर के पास ही कपड़े टाँगने के लिए कुछ कील गड़े थे।

उसने अपना होल्डाल खोला और हवा से फूलनेवाला गद्दा निकालकर चारपाई पर बिछा दिया। अपना पायजामा और रेशमी ड्रेसिंग गाऊन निकालकर बिस्तर पर रखा। पैक की हुई मछलियों का एक डिब्बा, आस्ट्रेलियन मक्खन और बिस्कुटों का एक पैकेट भी बाहर निकाला। पानीवाली बोतल हिलाकर देखी तो खाली थी।

तभी वृद्ध सिख अपनी दाढ़ी में अँगुलियाँ फिराते कमरे में आ घुसा।

"तुम्हारा नाम क्या है, भाई?"

"इकबाल! और आपका?"

"इकबाल सिंह?" सिख ने पूछा और उत्तर की प्रतीक्षा किए बिना ही अपना परिचय देने लगा, "मैं इस गुरुद्वारे का भाई हूँ। भाई मीत सिंह। मनो-माजरा में किस काम से आए हो, इकबाल सिंह जी?"

युवक ने चैन की साँस ली कि मीत सिंह ने उसके नाम को लेकर ज्यादा

जाँच-पड़ताल नहीं की थी और बताना नहीं पड़ा था कि वह कौन-सा इकबाल था। इकबाल तो हिन्दू, सिख, मुसलमान–किसी का भी नाम हो सकता था। इकबाल मुहम्मद, इकबाल चन्द, इकबाल सिंह–कुछ भी। यह उन कुछ नामों में से था जो तीनों समुदायों में मान्य थे। सिखों के इस गाँव में इकबाल मुहम्मद या इकबाल चन्द कहलाने से इकबाल सिंह कहलाने में ही ज्यादा भलाई थी, भले ही उसके बाल कटे हुए थे और दाढ़ी साफ थी। वैसे उसके अपने लिए तो सब बराबर ही था, क्योंकि उसे किसी भी धर्म के प्रति कोई खास आस्था नहीं थी।

"भाई जी, मैं तो एक सामाजिक कार्यकर्ता हूँ, सोशल वर्कर। इस गाँव में काफी कुछ किया जा सकता है। बँटवारे के बाद सभी जगह इतनी मारकाट चल रही है। किसी को तो इसे रोकने के लिए कुछ करना चाहिए। मेरी पार्टी ने मुझे यहाँ भेजा है, क्योंकि यहाँ बहुत से शरणार्थियों के आने की सम्भावना है। यहाँ कोई गड़बड़ी हुई तो बहुत बुरा होगा।"

भाई को इकबाल के काम के बारे में जानने की कुछ खास दिलचस्पी नहीं लग रही थी।

"इकबाल सिंह जी, आप रहनेवाले कहाँ के हैं?"

इकबाल जानता था कि भाई मीत सिंह उसके बारे में नहीं, उसके पूर्वजों के बारे में जानने को उत्सुक था।

"जी, मैं झेलम जिले का रहनेवाला हूँ, अब वह पाकिस्तान में है। वैसे, मैं ज्यादातर तो विदेशों में ही रहा हूँ। दुनिया को देखने के बाद ही जाना जा सकता है कि हम लोग कितने पिछड़े हुए हैं। इसीलिए मैं अपने मुल्क के लिए कुछ करना चाहता हूँ। कुछ सोशल वर्क!"

"देते कितना होंगे ये लोग आपको?"

इकबाल ने ऐसी बातों का बुरा मानना छोड़ दिया था। बोला, "नहीं, देते तो कुछ खास नहीं। बस, यही मेरा खर्चा-वर्चा..."

"क्यों, तुम्हारे बाल-बच्चों और बीवी का खर्चा नहीं देते क्या?..."

"नहीं, भाई जी, मेरी तो शादी ही नहीं हुई। मैं तो..."

"उम्र कितनी होगी तुम्हारी...?"

"सत्ताईस साल। अच्छा, यह बताइए, भाई जी, कि कोई और भी सोशल वर्कर इस गाँव में कभी आते हैं क्या?" इकबाल ने सोचा कि इसे बातों में

लगाए रखो ताकि कुछ और तहकीकात न कर सके।

"हाँ, कभी-कभी अमेरिकन पादरी आते हैं।"

"तो आपको अच्छा लगता है कि आपके गाँव में आकर वे क्रिस्तान धर्म का उपदेश दिया करें?"

"हर एक को अपने-अपने धर्म की स्वतन्त्रता है। यहाँ बगल में ही मुसलमानों की मस्जिद है! मैं जब गुरुग्रन्थ साहिब का पाठ कर रहा होता हूँ तो इमाम बख्श चचा अपनी अजान दे रहे होते हैं। अच्छा बताओ, यूरोप में कौन-कौन-से धर्म हैं?"

"वहाँ तो सभी लोग क्रिस्तान हैं, कोई कैसा, कोई कैसा! धर्म के नाम पर वे हमारी तरह नहीं लड़ते। दरअसल धर्म को लेकर उन्हें कुछ खास लेना-देना नहीं है।"

"हाँ, यह तो मैंने भी सुना है," मीत सिंह ने गम्भीर होते हुए कहा, "इसीलिए उनकी कोई नैतिकता नहीं है। साहब और उनकी बीवियाँ दूसरे साहबों और उनकी बीवियों के साथ खाक छानते हैं। यह क्या अच्छी बात है? क्यों?"

"पर वे हमारी तरह झूठ तो नहीं बोलते! हमारी तरह भ्रष्ट और बेईमान तो वे नहीं हैं।"

इकबाल ने अपना टिन खोलनेवाला यन्त्र निकाला और मछलीवाला डिब्बा खोला। बिस्कुट पर उसे फैलाकर खाते-खाते ही वह बातें करता रहा, "नैतिकता तो मीत सिंह जी, पैसे से मतलब रखती है। गरीबों को नैतिकता से क्या लेना-देना? इसलिए उनके पास धर्म होता है। हमारी तो सबसे बड़ी समस्या है रोटी, कपड़ा और मकान। ऐसा तो तभी हो सकता है जब अमीरों द्वारा गरीबों का शोषण रोका जा सके और जमींदारी प्रथा खत्म की जाए। और यह तो तभी हो सकता है जब सरकार बदली जाए।"

जुगुप्सा और सम्मोहन के मिले-जुले भावों सहित मीत सिंह युवक को सिर, आँखों और पूँछ समेत साबुत की साबुत मछलियाँ चबाते देखता रहा। सूखे बिस्कुट कुरमुराते हुए इकबाल जो ग्रामीण ऋण-समस्या, औसत राष्ट्रीय आय, पूँजीवादी शोषण आदि पर अपना भाषण झाड़ता जा रहा था, उस पर भाईजी ने अधिक ध्यान नहीं दिया था। जब उसने खाना समाप्त कर लिया तो मीत सिंह उसके लिए घड़े में से गिलास-भर पानी ले आया। इस बीच भी

इकबाल कुछ-न-कुछ बोलता ही रहा।

मीत सिंह से पानी का गिलास लेकर इकबाल ने अपनी जेब से सेलोफीन पेपर का एक छोटा-सा पैकेट निकाला और उसमें से एक गोली गिलास के पानी में टपका दी। उसने देखा था कि पानी लाते हुए भाई ने अपना मैल भरा अँगूठा गिलास में डुबाया हुआ था। वैसे भी यह कुएँ का पानी था। क्लोरीन तो उसमें कभी डाली नहीं गई होगी।''

''तुम्हारी तबीयत तो ठीक है ना?'' उसे पानी में गोली के घुलने का इन्तजार करते देख भाई ने पूछा।

''नहीं, नहीं, इससे दरअसल मुझे खाना पचाने में मदद मिलती है। हम शहरी लोग हैं न, खाने के बाद हमें इसका इस्तेमाल करना ही पड़ता है।''

इस बीच इकबाल ने अपना भाषण जारी रखा, ''ऊपर से हमारी यह जो पुलिस है, नागरिकों की सुरक्षा के बजाय उनसे बदसलूकी करती है। भ्रष्टाचार और घूसखोरी पर जी रही है यह। आप भी तो जानते ही होंगे। क्यों?'' वृद्ध ने सहमति में अपना सिर हिला दिया। पर वह कोई टिप्पणी दे पाता इससे पहले ही युवक फिर बोला, ''कुछ पुलिसवाले और उनका इंस्पेक्टर मेरे साथ ही उसी ट्रेन में आए हैं जिसमें मैं आया। यहाँ अब मुर्गियों की टाँगें तोड़ेंगे, इंस्पेक्टर कुछ पैसे-वैसे बनाएगा, और ये दूसरे गाँव को चल देंगे। लोगों को ठगने के सिवा इन्हें और काम ही क्या है?''

अनमने मन से उसकी बातें सुनता भाई पुलिस का नाम सुनकर चौंका, ''अच्छा, तो पुलिस आ गई। चलता हूँ, भाई, देखूँ वे क्या करते हैं! वे लोग जरूर लाला के ही घर पर होंगे। कल रात उसका कत्ल हुआ था। यहीं सामने ही तो है उसका घर। डाकू लोग काफी लूटकर ले गए। पाँच हजार तो चाँदी के रुपए ही, घर की औरतों से सोने के गहने अलग।''

मीत सिंह देख रहा था कि युवक ने काफी रुचि के साथ उसकी बातें सुनी थीं। उठते हुए वह फिर बोला, ''अच्छा तो चलता हूँ। सारा गाँव ही वहाँ पहुँचा हुआ होगा। लाश को उठाकर पोस्टमार्टम के लिए ले जा रहे होंगे। आदमी का खून हो जाए तो ऐसे ही उसका दाह-संस्कार थोड़े ही करने देते हैं जब तक कि डॉक्टर सर्टिफिकेट न दे दे! भाई के मुख पर एक विकृत-सी मुस्कान तिर गई।''

''कत्ल? पर उसका कत्ल क्यों हुआ?'' इकबाल ने हैरान होकर हकलाते

हुए पूछा। उसे हैरानी हो रही थी कि अभी तक मीत सिंह पड़ोस में हुए कत्ल के बारे में गुमसुम क्यों बना हुआ था?

"कत्ल क्या मजहबी कारणों से हुआ? मुझे तो यहाँ कोई खतरा नहीं होगा न? गाँववाले सब इस कत्ल को लेकर उलझे हुए होंगे। इसलिए सोचता हूँ मेरे कुछ करने लायक वातावरण अभी यहाँ नहीं होगा!"

"क्यों, बाबू साहब? तुम तो कहते थे कि मार-काट को रोकने आए हो यहाँ और अब एक कत्ल की सुनकर ही घबरा गए!" मीत सिंह ने हँसते हुए फिर कहा, "मैं तो सोच रहा था कि अब तुम आ गए हो तो यह सब यहाँ नहीं होने दोगे। तुम तो खुद ही...? खैर, घबराओ नहीं। तुमको यहाँ कुछ नहीं होगा। ये डाकू लोग एक गाँव में साल में एक ही बार आते हैं। देखना, थोड़े ही दिनों में किसी दूसरे गाँव में डाका पड़ेगा और लोग यहाँ वाली डकैती भूल जाएँगे। अरे, तुम कह रहे थे न कि लोगों से...कहो तो यहीं गुरुद्वारे में सबको बुलाकर एक मीटिंग करा दें। फिर तुमको उन्हें जो भी कहना होगा कह देना। अच्छा, अभी तुम आराम करो। मैं लौटकर आता हूँ तो बताता हूँ कि वहाँ क्या-क्या हुआ?"

बूढ़ा मचकता हुआ अहाते से बाहर निकला तो इकबाल खाली टिन, छुरी और अपनी प्लेट उठाकर कुएँ पर उन्हें धोने चला गया।

दोपहर में इकबाल मूँज की खुरदरी चारपाई पर पसरा सोने की कोशिश कर रहा था। तीसरे दर्जे के उस भीड़-भरे कम्पार्टमेंट में अपने बिस्तर पर बैठे-बैठे ही उसे सारी रात काटनी पड़ी थी। झपकी लगती भी तो गाड़ी के किसी-न-किसी स्टेशन पर रुकते ही नींद खुल जाती, क्योंकि गाड़ी के रुकते ही धक्कम-धक्की करते किसानों के परिवार-के-परिवार अपने बिस्तरों और टिन के ट्रंकों के साथ भीतर घुसे पड़ते। माँ की गोद में सोया कोई बच्चा अचानक ही जाग उठता और रो-रोकर आसमान सिर पर उठाए रखता जब तक कि माँ उसके मुँह में अपना स्तन न ठूँस देती। गाड़ी के स्टेशन से चलने के काफी देर बाद तक शोरगुल मचा ही रहता। हर बार गाड़ी किसी स्टेशन पर रुकती और हर बार यही सब होता। पचास लोगों के समाने के लिए बने डिब्बे में दो सौ लोग भर जाते। किसी को बैठने को सीट मिलती तो कोई नीचे फर्श पर ही या अपने टिन के बक्सों अथवा बिस्तरबन्दों पर ही बैठ

जाते। किसी-किसी को तो कोने में खड़े-खड़े ही सारा सफर काटना पड़ता। दर्जनों लोग हैंडलों को पकड़े बाहर फुटबोर्डों पर लटके खड़े थे। सैकड़ों गाड़ी की छत पर बैठे थे। डिब्बों के भीतर फैली गर्मी और बदबू बर्दाश्त के बाहर हो रही थी। लोग बात-बात पर भड़क उठते थे। कभी इसलिए कि कोई ज्यादा जगह घेरकर पसरा था तो कभी इसी बात पर कि संडास जाते वक्त किसी का पाँव किसी के ऊपर पड़ गया। दो जनों के बीच तू-तू, मैं-मैं होती तो उनके दोस्त और रिश्तेदार भी साथ हो लेते और फिर सारा-का-सारा डिब्बा ही मेल-मिलाप करवाने में लग जाता। इकबाल ने मद्धिम रोशनी में ही पढ़ने का प्रयत्न किया। लट्टू के चारों तरफ कीट-पतंग मँडरा रहे थे। अभी एक परिच्छेद भी नहीं पढ़ा था कि बगल में बैठा आदमी बोला, ''कुछ पढ़ रहे हो?''

''हाँ, पढ़ रहा हूँ।''

''क्या पढ़ रहे हो भाई?''

''एक किताब है।''

बात कुछ बनी नहीं। उस आदमी ने इकबाल के हाथ से किताब ले ली और उलट-पलटकर देखने लगा, ''अंग्रेजी की है?''

''हाँ, अंग्रेजी की है।''

''तब तो तुम पढ़े-लिखे होगे?''

इकबाल ने कोई जवाब नहीं दिया। किताब पूरे डिब्बे में एक हाथ से दूसरे हाथ में घूमने लगी। सब उसी को देख रहे थे। उन्हें लग रहा था कि वह औरों से अलग था, बाबू साहब-सा!

''तुम्हारा नाम क्या है?''

''मेरा नाम इकबाल है।''

''अल्ला करे तुम्हारा इकबाल दिन-दूना रात-चौगुना बढ़ता रहे।''

निश्चय ही उस व्यक्ति ने उसे मुसलमान समझकर ही ऐसा कहा था। होगा भी। डिब्बे में बैठे सारे मुसाफिर पाकिस्तान जानेवाले मुसलमान ही लग रहे थे।

''आप कहाँ के रहनेवाले हो, बाबू साहब?''

''मेरा घर झेलम जिले में है।'' इकबाल ने बिना कुढ़े-चिढ़े सहज भाव से कहा। उसका झेलम जिले से होना इस बात का सबूत था कि वह मुसलमान

ही था। झेलम पाकिस्तान में पड़ता था।

इसके बाद बाकी मुसाफिर भी पूछताछ में हिस्सा लेने लगे। इकबाल को उन्हें सब कुछ बताना पड़ा कि वह क्या करता था, उसकी योग्यता क्या थी, पढ़ाई कहाँ तक की थी, क्यों उसने अभी तक शादी नहीं की...कब कौन-सी बीमारी ने उसे जकड़ा था...और भी न जाने क्या-क्या! इसी बीच वे उसे अपनी परेशानियाँ भी बताते रहे और उसकी सलाह माँगते रहे कि बीमारियों के बारे में इकबाल को कितना ज्ञान था? बीमार पड़ने पर अंग्रेज लोग कौन-कौन-सी जड़ी-बूटियाँ इस्तेमाल करते थे? इकबाल को पता चल गया था कि न तो यहाँ सोया जा सकता था, न ही पढ़ा। उन लोगों की बक-बक सुबह तक चलती रही। कहने को तो उसकी यात्रा निष्कंटक कही जा सकती थी, लेकिन हिन्दुस्तान में निष्कंटकता की परिभाषा भी तो सहनशीलता की सीमा तक जाती थी। मनो-माजरा में उतरकर उसने चैन की साँस ली थी। कम-अज-कम साँस लेने को ताजी हवा तो मिली। अब तो इच्छा थी कि बस जी भरकर नींद पूरी करे।

पर इकबाल को नींद कैसे आए। कमरे में वायु-संचार की कोई व्यवस्था नहीं। न कोई रोशनदान, न कोई खिड़की। मिट्टी की गन्ध से भरी हवा। कोने में पड़े कपड़ों के ढेर से उठती बासी घी की बू और चारों तरफ मक्खियों की भिनभिनाहट। उसने मुँह पर रूमाल डाल लिया। पर अब साँस ही न आए। इन सबके बावजूद आँख लगी ही थी कि मीत सिंह किसी दार्शनिक की तरह बड़बड़ाता हुआ भीतर घुसा—

"अपने ही गाँव में डाका मारने का मतलब है अपनी माँ की चोरी करना। यह तो कलजुग है कलजुग, इकबाल सिंह जी! कभी सुना था आपने कि डाकुओं ने अपने ही पड़ोसियों के घर डाका डाला हो! अब तो दुनिया से शराफत उठ ही गई है!"

इकबाल ने अपने चेहरे से रूमाल हटाया, "क्या हुआ?"

"पूछते हो, क्या हुआ?" मीत सिंह ने हैरान होते हुए दोहराया, "अरे, पूछो कि क्या नहीं हुआ? पुलिस ने जग्गे को बुलवाया। दस नम्बरी बदमाश है जग्गा। पर जग्गा फरार हुआ पड़ा है। लूट का कुछ माल, यानी चूड़ियों का एक थैला जग्गे के आँगन में पड़ा मिला। बस, खुलासा हो गया कि इस खुराफात में किसका हाथ था। यह कोई पहला कत्ल नहीं किया उसने।

उसके तो खून में ही है यह। उसके बाप और दादा दोनों डकैत थे और उनको कत्ल के जुर्म में फाँसी लगी थी। लेकिन उन्होंने कभी अपने ही गाँव में डाका नहीं डाला था। बल्कि यों कहो कि जब वे गाँव में होते तो किसी डकैत की मनो-माजरा की तरफ आँख उठाने की भी मजाल न होती थी। इस जगत सिंह ने तो अपने खानदान के मुँह पर कालिख ही पोत दी।"

इकबाल अपना माथा पोंछता उठ बैठा। तथ्यों का विश्लेषण करने की उसकी पाश्चात्य विचारधारा अपने लोगों की नैतिकता के इस तरह के मापदंड को देख भ्रमित होने लगती। पंजाबियों का नैतिकता का मापदंड तो और भी अधिक विचित्र था। उनके लिए सत्यवादिता, मान-मर्यादा, रुपए-पैसे के सम्बन्ध में ईमानदारी—यह सब तो ठीक थे, पर अपनी बिरादरी के प्रति, अपने मित्रों और ग्रामवासियों के प्रति वफादार होना इन सबसे बढ़कर था। दोस्तों के लिए आप अदालत में भी झूठ बोल सकते हैं, लोगों को धोखा भी दे सकते हैं। कोई आपको कुछ नहीं कहेगा, बल्कि आप मर्दानगी से भरपूर मर्द कहलाएँगे। ऐसा मर्द, जो दोस्ती की कसौटी पर खरा उतरने के लिए सत्ता (पुलिस और मजिस्ट्रेट) और धर्म (धर्मग्रन्थों की कसम) दोनों की अवज्ञा कर सकता है। ग्रामीण समाज का तो खाका ही ऐसा होता है कि वहाँ हर कोई एक-दूसरे का रिश्तेदार होता है और गाँव के प्रति वफादारी ही आदमी की सच्ची कसौटी होती है। मीत सिंह को जो बात अखर रही थी, वह यह नहीं थी कि जग्गे ने कत्ल किया था, बल्कि यह थी कि जग्गे ने अपने ही गाँव के एक आदमी का कत्ल किया था। अगर जग्गे ने यही काम किसी पड़ोसी गाँव में किया होता तो भाई मीत सिंह ने उसकी प्रतिरक्षा में खुशी-खुशी गुरुग्रन्थ साहिब की कसम उठाकर कह दिया होता कि कत्ल के वक्त तो जग्गा गुरुद्वारे में प्रार्थना करता बैठा था। मीत सिंह जैसे लोगों से बातें करना इकबाल को उबाऊ लगता था। ऐसे लोग कुछ समझते तो थे नहीं।

इकबाल कुछ उदासीन-सा दिखा।

मीत सिंह को काफी निराशा हुई कि इतना सब कहने के बावजूद वह इकबाल की उत्सुकता नहीं जगा सका था।

"तुमने बेशक बहुत-सी किताबें पढ़ी होंगी, दुनिया भी देखी होगी। पर यह बात पत्थर पर लकीर की तरह सच है कि साँप अपनी केंचुली तो फेंक

सकता है, जहर नहीं। यह कहावत बेमोल है।"

लग रहा था कि इकबाल पर कहावत के मोल का असर नहीं पड़ा था। मीत सिंह का स्पष्टीकरण जारी रहा, "कुछ दिनों से जग्गा ठीक ही चल रहा था। अपने खेतों को जोत रहा था, अपने ढोर-डंगरों की देखभाल कर रहा था। कभी गाँव से बाहर भी नहीं निकला। हर रोज बेनागा लम्बरदार के पास हाजिरी लगाने भी जाता था। लेकिन साँप आखिर कितनी देर सीधा रहता? जुर्म करना तो उसके रग-रग में बसा है।"

"ऐसी बात नहीं है। कोई नस्ल से ही अपराधी नहीं होता, जैसे हर कोई जन्म से ही भला आदमी नहीं होता।" उठते-उठते इकबाल ने कहा। यह उसका मनपसन्द विषय था, "क्या कभी किसी ने यह पता लगाने की कोशिश भी की कि आखिर क्यों लोग चोरी करते हैं या कत्ल और लूटपाट करते हैं? बस उन्हें जेल में डाल दिया या फाँसी पर लटका दिया। यह सबसे आसान तरीका जो है। अगर फाँसी या जेल का डर लोगों को कत्ल करने या चोरी करने से रोक सकता तो कहीं कोई कत्ल या चोरी न होती। पर ऐसा नहीं है। इस प्रान्त में हर दिन एक आदमी को फाँसी लगती है। हर चौबीस घंटे में दस कत्ल होते हैं। नहीं, भाई जी, आदमी जन्म से अपराधी नहीं होता। भूख, अभाव और असमानता उन्हें अपराधी बनने को बाध्य करते हैं।"

ऐसी घिसी-पिटी-सी बातें दोहराते इकबाल को कुछ अटपटा भी लगा। उसे लगा कि बातचीत को उपदेश का रूप देने से उसे अपने आपको रोकना चाहिए। बात बदलते हुए वह पुनः विषय पर वापस आया, "मैं तो सोचता हूँ कि अगर जग्गा ऐसा ही मशहूर बदमाश है तो जरूर पुलिस की पकड़ में आ जाएगा।"

"हाँ, जग्गा ज्यादा दूर नहीं जा सकता और कोस-भर दूर से भी वह पहचान में आ जाता है। आम लोगों से बित्ता तो सिर निकालता है। डिप्टी साहब ने सारी पुलिस चौकियों को जग्गा को ढूँढ़ निकालने के आदेश जारी कर दिए हैं।"

"डिप्टी साहब कौन हैं?" इकबाल ने पूछा।

"अरे, आप डिप्टी साहब को नहीं जानते?" मीत सिंह ने हैरानी से पूछा, "अरे, हुकुमचन्द! पुल के उत्तर की तरफवाले डाक-बँगले में तो ठहरे हुए हैं।

बड़े 'नर' आदमी हैं। मामूली सिपाही से नौकरी शुरू की थी और आज देखो कहाँ पहुँचे हैं। साहब लोगों को खुश कर-करके तरक्की पर तरक्की पाते गए और अब डिप्टी बने बैठे हैं। हाँ, इकबाल सिंह जी, बड़े ही होशियार आदमी हैं ये हुकुमचन्द! यारों के यार हैं। कुछ भी कर सकते हैं उनके लिए। अपने दर्जनों रिश्तेदारों को इन्होंने अच्छी-अच्छी नौकरियों पर लगाया है। भई, लाखों में एक आदमी है। हुकुमचन्द का कोई मुकाबला नहीं।"

"आपके दोस्त हैं क्या?"

"दोस्त? मेरे? ना ना!" मीत सिंह ने ना में सिर हिलाया, "मैं तो गुरुद्वारे का मामूली-सा भाई हूँ, भैया! और वह है बादशाह। वह सरकार है। हम तो उनकी रियाया हैं, प्रजा हैं। इधर मनो-माजरा में आएँ तो आप भी मिलना उनसे।"

बातचीत का क्रम थमा। इकबाल ने पैरों में चप्पलें डालीं और उठ खड़ा हुआ, "थोड़ा सैर को चलूँ। अच्छा, बताइए तो किधर को जाना चाहिए।"

"किधर भी चले जाओ। सब तरफ खुली जगह है। देहाती इलाका है। नदी की तरफ़ ही निकल जाओ। आपको ट्रेनें आती-जाती दिखेंगी। रेलवे लाइन पार करते ही डाक-बँगला दिख जाएगा। ज्यादा देर मत करना। बुरे दिन आए हुए हैं। खैर तो इसी में है कि अँधेरा घिरने के बाद घर में ही बैठा जाए। वैसे भी मैंने लम्बरदार और मुल्ला साहब—इमामबख्श चचा को आपके बारे में बताया था कि आप यहाँ ठहरे हुए हो। वे लोग भी आपसे मिलने आते ही होंगे।"

"नहीं, मैं देर नहीं करूँगा। बस अभी आया।"

इकबाल गुरुद्वारे से बाहर निकला। कहीं कोई हलचल नहीं दिखी। लगता था पुलिस की जाँच-पड़ताल पूरी हो चुकी थी। आधा दर्जन सिपाही पीपल के पेड़ के नीचे चारपाइयों पर पसरे पड़े थे। रामलाल के घर का दरवाजा खुला हुआ था। आँगन में कुछ पड़ोसी बैठे थे। एक औरत मातमपुर्सी करती रो रही थी। दूसरी औरतें भी उसका साथ देते हुए रो रही थीं। वातावरण तपिश-भरा था, थमा-थमा-सा। मिट्टी की दीवारों पर सूरज चमक रहा था।

इकबाल गुरुद्वारे की दीवारों की छाँव में खड़ा हो गया। पूरी दीवारों के साथ-साथ बच्चों और मर्दों ने हगा-मूता हुआ था। वहीं एक सूखी-सड़ी-सी

कुतिया अपने मरियल से आठ पिल्लों के साथ लेटी हुई थी। पिल्ले उसके ढलके हुए स्तनों से चिपटे थे।

गली गाँव के तालाब पर आकर खतम होती थी। तालाब क्या? मटमैले पानी का सँकरा-सा थमाव था। तालाब में ढेर सारी भैंसें सिर बाहर निकाले डूबी खड़ी थीं।

तालाब के किनारे से एक पगडंडी एक सूखे हुए नाले के समानान्तर गेहूँ के खेतों से होती हुई नदी तक जाती थी। इकबाल नाले के बगल-बगल सावधानी से कदम रखता नदी के किनारे तक पहुँचा। तभी लाहौर से आनेवाली एक्सप्रेस गाड़ी पटरियों पर गड़गड़ाती हुई आन पहुँची। सभी गाड़ियों की तरह यह भी खचाखच भरी हुई थी। डिब्बों की छतों से लोगों के पैर खिड़कियों, दरवाजों पर लटक रहे थे। इनसानों के सिरों और बाँहों से गाड़ी के दरवाजे-खिड़कियाँ पटे पड़े थे। बोगियों के बीच लगे बफरों पर भी लोग बैठे हुए थे। गाड़ी के अन्तिम छोरवाले बफर पर दो जन मजे से पैर हिलाते और तरह-तरह के इशारे करते बैठे हुए थे। पुल पार करने के बाद गाड़ी ने गति पकड़ी। ड्राइवर ने सीटी बजानी शुरू की और मनो-माजरा के स्टेशन पर पहुँचने तक बजाता रहा, शायद पाकिस्तान की सरहद से बाहर निकलकर हिन्दुस्तान की धरती पर कदम रखने की खुशी में।

इकबाल पुल की तरफ नदी के तट के करीब पहुँचा। उसका इरादा पुल के नीचे से होते हुए डाक-बँगले तक जाने का था। तभी उसने लक्ष्य किया कि पुल के छोर पर बने 'पुलिस बीट खोखे' से एक सिपाही उसकी गतिविधियों पर नजर रख रहा था। इकबाल ने अपना इरादा बदल लिया और बेपरवाह-सा रेल की पटरियों के साथ-साथ चलता मनो-माजरा के स्टेशन की तरफ बढ़ चला। उसकी चाल कामयाब हुई थी। उसके प्रति सन्तरी का सन्देह जाता रहा। कोई सौ गज दूर जाकर इकबाल रेलवे लाइन पर ही बैठ गया।

कुछ देर पहले गुजरी एक्सप्रेस गाड़ी ने मनो-माजरा के लोगों की दोपहर की नींद भंग कर दी थी। लड़के तालाबों में तैरती भैंसों को कंकड़ मार-मारकर घर लौटाने को तैयार करने लगे। औरतों के झुंड शौच-निवृत्ति के लिए खेतों में झाड़ियों के पीछे फैल गए। रामलाल का शव लेकर बैलगाड़ी पुलिस के घेरे में स्टेशन की तरफ चल पड़ी। गाँव के लोग कुछ दूर साथ-साथ आए। फिर सब-के-सब वापस लौट पड़े।

इकबाल ने खड़े होकर चारों तरफ नजर दौड़ाई, रेलवे स्टेशन से लेकर पैंपास घास के विस्तार से झाँकते डाक-बँगले तक, पुल से लेकर गाँव तक और पुनः रेलवे स्टेशन तक। सब कहीं पुरुष, स्त्रियाँ और बच्चे; ढोर-डंगर और कुत्ते। चीलें नीले आकाश में ऊँची उड़ानें भर रही थीं। कौओं की लम्बी कतारें इधर-से-उधर उड़ रही थीं। अनगिनत गौरैया पेड़ों पर चहचहा रही थीं। हिन्दुस्तान में कोई ऐसी जगह भी है जो जीवन से रिक्त हो! इकबाल को बम्बई में अपने पहले दिन के अनुभव की याद हो आई। धक्कम-धक्की करती बेशुमार भीड़; क्या सड़कों पर और क्या रेलवे प्लेटफार्मों पर और क्या समुद्र के किनारे! यहाँ तक कि फुटपाथ रातों को भी लोगों से पटे रहते। पूरा देश ही तो ठुस्सम-ठुस्सी भरे कमरे की तरह लोगों से भरा था। जहाँ हर मिनट में छह बच्चे जन्म ले रहे हों, वहाँ और क्या उम्मीद होगी? हर साल पचास लाख की बढ़ोतरी। जनसंख्या की यह वृद्धि उद्योग अथवा कृषि के क्षेत्र में हुई हर प्रकार की प्रगति की खिल्ली उड़ा देती है। उत्पादन में वृद्धि के बदले क्यों न वैसा ही प्रयास जनसंख्या की वृद्धि पर रोक लगाने पर किया जाए? लेकिन कामसूत्र की इस धरती पर, लिंग की पूजा करनेवाले इस देश में, पुत्रवाद से प्रभावित हमारे समाज में क्या ऐसा करना सम्भव हो सकता है?

रेलवे लाइन के समानान्तर लगी स्टील की तारों में उत्पन्न हुई चमक ने इकबाल को उसके भयावह दिवा-स्वप्नों से जगाया। पुल के करीब 'पुलिस बीट बॉक्स' के ऊपर दिखता सिगनल गिर गया था। इकबाल ने उठकर अपने कपड़े झाड़े। सूरज नदी के पार ढल चुका था। धरती पर साँझ का झुटपुटा फैला और गेरुआ आसमान धीरे-धीरे स्लेटी रंग में ढलने लगा। शुक्रतारे के बगल में फाँक-सा दिखता अमावस का चाँद। मुल्ला की अजान, निकट आती गाड़ी की गड़गड़ाहट के नाद को भी बेध रही थी।

इकबाल वापस लौट पड़ा। सभी रास्ते मन्दिर, मस्जिद और लाला के मकानवाले त्रिकोण के बीचोबीच लगे पीपल के पेड़ तक पहुँचते थे। रामलाल के घर से रोने-धोने की आवाजें अब भी आ रही थीं। मस्जिद में लगभग दर्जन भर लोग पंक्तियों में घुटनों के बल झुके चुपचाप नमाज पढ़ रहे थे। मलमल में लिपटे गुरुग्रन्थ साहब के पास बैठा मीत सिंह भी अपनी प्रार्थना में लीन था। लालटेन की रोशनी में पाँच-छह मर्द-औरतें उसे घेरे बैठे पाठ

सुन रहे थे।

इकबाल सीधा अपने कमरे में घुसा और अँधेरे में चारपाई पर जा लेटा। अभी उसने आँखें मूँदी ही थीं कि लोगों ने भाई के साथ अरदास गानी शुरू कर दी। कुछ देर रुककर वे पुनः गाने लगे। अनुष्ठान 'सत श्री अकाल' के समवेत स्वरों और ढोलक की थापों पर सम्पन्न हुआ। मर्द-औरतें बाहर निकले। मीत सिंह लालटेन थामे उन्हें उनके चप्पल-जूते ढूँढ़ने में मदद कर रहा था। लोग जोर-जोर से बातें कर रहे थे। शोर-शराबों में इकबाल को बस एक ही शब्द समझ पड़ा और वह था 'बाबू'। लगता था किसी ने इकबाल को अपने कमरे में लौटते देखा था और दूसरे लोगों को भी बता दिया था। कुछ फुसफुसाहटें हुई थीं और फिर सब एकाएक चुप हो गए थे।

इकबाल ने फिर आँखें बन्द कर लीं। मिनट-भर बाद ही पाया कि मीत सिंह लालटेन हाथ में लिए दरवाजे पर खड़ा था।

"इकबाल सिंह जी, आप क्या बिना खाए ही सो गए? पालक की सब्जी बनी है। खाएँगे? छाछ और दही भी है।"

"नहीं, नहीं, शुक्रिया भाई जी। मेरे पास अपना खाना है।"

"हाँ, हम गरीबों का खाना..." मीत सिंह ने शुरू किया।

"नहीं, नहीं, ऐसी बात नहीं," इकबाल उठते हुए बोला, "दरअसल मेरे पास है न खाना। नहीं खाया तो बासी हो जाएगा। मैं जरा थका हुआ था, इसीलिए बस सोने को जी चाह रहा था।"

"तब तो थोड़ा-सा दूध पी लो, आप। लम्बरदार बन्ता सिंह लेकर आता ही होगा। अगर सोने की बहुत ही जल्दी हो तो अभी भिजवाए देता हूँ। छत पर भी आपके लिए एक चारपाई लगवाई हुई है। यहाँ भीतर तो बहुत गर्मी है।" मीत सिंह ने लालटेन कमरे में ही छोड़ दी और बाहर निकल आया।

लम्बरदार से बात करने के आसार पर इकबाल को कतई उत्सुकता नहीं हुई। तकिए के नीचे से अपना 'हिप फ्लास्क' निकालकर उसने व्हिस्की का एक पैग बनाया और बिस्कुटों का पैकेट खोला।

अपना गद्दा और तकिया उठाकर वह छत पर बिछी अपनी चारपाई पर आया। मीत सिंह तो गुरुद्वारे की रखवाली करने के लिए नीचे अहाते में ही सोता था।

इकबाल चारपाई पर लेटा ऊपर आसमान पर उगते तारों को निहार रहा

था। तभी उसे कुछ लोगों के गुरुद्वारे में घुसने की आवाजें सुनाई दीं। वह आगन्तुकों के स्वागत को उठा।

''सत श्री अकाल, बाबू साहब।''

''सलाम, बाबू साहब।''

उसने उनके साथ हाथ मिलाया। मीत सिंह ने इनका परिचय करवाने की आवश्यकता नहीं समझी। इकबाल ने उनको बैठाने के लिए गद्दे को खिसकाकर चारपाई पर जगह बनाई और खुद नीचे जमीन पर बैठ गया।

सिख बोला, ''मुझे अफसोस है कि आपसे पहले मिलने नहीं आ सका। माफ करना। आपके वास्ते यह थोड़ा दूध लाया हूँ।''

''हाँ, साहब, हम बहुत शर्मिन्दा हैं। आप हमारे मेहमान हो और हम आपकी कोई सेवा भी नहीं कर सके। आप दूध पी लो। ठंडा हो जाएगा।'' छँटी हुई दाढ़ीवाला लम्बा छरहरा-सा दूसरा आगन्तुक बोला।

''बड़ी मेहरबानी आपकी...मुझे मालूम है, आप लोग पुलिस के साथ मशगूल थे। और मैं तो दूध पीता भी नहीं। सच। मैं दूध नहीं पीता। हम शहरी लोग...।''

लम्बरदार ने इकबाल की औपचारिकताओं पर कोई ध्यान नहीं दिया। पीतल के लम्बे गिलास से उसने अपना मैला-कुचैला रूमाल उतारा और तर्जनी से दूध को चलाने लगा, ''बिलकुल ताजा है। अभी आध घंटा हुआ, मैंने अपने हाथ से दुहा। मेरी घरवाली ने खुद उबाला है। मैं जानता हूँ, आप पढ़े-लिखे लोग दूध को उबालकर ही पीते हैं। चीनी तो काफी डाली थी, पर सारी नीचे बैठ गई लगती है।'' आखिरी बार दूध को हिलाते हुए वह बोला। दूध की गुणवत्ता जताने के लिए उसने मलाई का थक्का उँगली में लपेटकर ऊपर उठाते हुए दिखाया और वापस दूध में डाल दिया।

''अच्छा तो बाबू जी, जल्दी पी लीजिए। नहीं तो ठंडा हो जाएगा।''

''नहीं, नहीं, भैया, रहने दो।'' इकबाल ने एक बार फिर मना किया। उसे समझ में नहीं आ रहा था कि इनका दिल तोड़े बिना कैसे इस उलझन से छूटा जाए।

''मुझे दूध पीने की आदत नहीं। पर अगर आप इतना ही जोर देते हैं तो पी लूँगा। पर थोड़ा ठहरकर। मुझे ठंडा ही अच्छा लगता है।''

''अच्छा, अच्छा, बाबू जी, आप जैसा चाहें,'' छँटी हुई दाढ़ीवाले मुस्लिम

ने उसकी जान बख्शते हुए कहा, ''बन्ता सिंह। गिलास यहीं छोड़ दो। भाई सवेरे लेता आएगा।''

लम्बरदार ने गिलास को फिर अपने रूमाल से ढँका और चारपाई के नीचे सरका दिया। अचानक ही सबके सब चुप हो गए। मलाईवाले दूध को गले के नीचे गटकने के खयाल से ही इकबाल मन-ही-मन मुस्कराया।

मुस्लिम फिर बोला, ''अच्छा, बाबू जी, जरा बताओ तो दुनिया में आजकल क्या हो रहा है? यह पाकिस्तान, हिन्दुस्तान का क्या मसला है?''

''हम तो इस छोटे-से गाँव में रहते हैं। हमें बाहर की कुछ खबर नहीं,'' लम्बरदार बीच में बोला, ''बाबू जी, जरा बताइए तो ये अंग्रेज क्यों हिन्दुस्तान छोड़कर चले गए?''

इकबाल की समझ में नहीं आ रहा था कि ऐसे सीधे-सादे प्रश्नों का जवाब कैसे दे। इन लोगों के लिए आजादी के कुछ भी मायने नहीं। इन्हें तो इतना भी ज्ञान नहीं कि देश ने एक नए युग में चरण रखा था और अब जरूरत थी आगे बढ़ने की, हासिल हुई राजनीतिक स्वतन्त्रता को एक वास्तविक आर्थिक स्वतन्त्रता में परिवर्तित करने की।

''उन्होंने हिन्दुस्तान छोड़ा, क्योंकि उन्हें छोड़ना पड़ा। हमारे हजारों नौजवानों को विश्वयुद्धों में लड़ने के लिए ट्रेनिंग दी गई थी। अब उनके पास हथियार भी हो गए थे। हिन्दुस्तानी नाविकों की बगावत की बाबत आप लोगों ने नहीं सुना? सैनिकों ने भी वही करना था। यानी बगावत। अंग्रेज लोग डरे हुए थे। जापानियों की मदद से बनी इंडियन नेशनल आर्मी के एक भी सैनिक को उन्होंने नहीं मारा, क्योंकि वे जानते थे कि सारा देश उनके खिलाफ हो जाएगा।''

इकबाल के भाषण का उन पर कोई असर नहीं पड़ा।

''बाबू जी, आप जो कह रहे हैं, ठीक ही होगा,'' लम्बरदार ने तनिक संकोच के साथ कहा, ''लेकिन मैं खुद पिछली लड़ाई में मेसोपोटामिया और गैलीपोली में लड़ा। हमें तो अंग्रेज अफसर अच्छे ही लगते थे। हिन्दुस्तानी अफसरों से तो कहीं ज्यादा।''

''हाँ,'' मीत सिंह भी बीच में बोल पड़ा, ''मेरा भाई हवलदार है। वह भी कहता है कि सिपाही हिन्दुस्तानी अफसरों के बजाय अंग्रेज अफसरों के साथ ज्यादा खुश रहते हैं। मेरे भाई के कर्नल की मेमसाब अब तक मेरी भतीजी

के लिए लन्दन से चीजें भेजती रहती है। आपको पता है लम्बरदार साहब, उसकी शादी पर उसने पैसे भी भेजे। किस हिन्दुस्तानी अफसर की औरत ऐसा करेगी भला?"

इकबाल ने बर्दाश्त करने की कोशिश की, "आप लोग आजाद होना क्यों नहीं चाहते? आप क्या जिन्दगी-भर गुलाम ही बने रहना चाहते हैं?"

लम्बी चुप्पी के बाद लम्बरदार बोला, "आजादी में जरूर कोई अच्छी बात होगी। पर हमें इससे क्या मिलना-मिलाना है? आप जैसे पढ़े-लिखे लोगों को अंग्रेजोंवाली नौकरियाँ मिल जाएँगी। हमें क्या और जमीनें मिलेंगी? और भैंसें मिलेंगी?"

"नहीं," मुस्लिम ने कहा, "आजादी तो उन्हीं पढ़े-लिखे लोगों के लिए है जिन्होंने उसके लिए लड़ाई लड़ी। हम तो पहले अंग्रेजों के गुलाम थे, अब पढ़े-लिखे हिन्दुस्तानियों या पाकिस्तानियों के होंगे?"

इकबाल उनके इस विश्लेषण से काँप उठा।

"जो आप लोग कहते हैं; वह बिलकुल ठीक है," उसने सहृदयता से हामी भरते हुए कहा, "अगर आप किसान और मजदूर आजादी से कुछ चाहते हैं तो आपको एकजुट होकर लड़ना होगा। कांग्रेसी सरकार के इस बरगद को उखाड़ना होगा। जमींदारों और राजों-रजवाड़ों को मिटाना होगा। तभी आजादी का आप लोगों के लिए कोई मतलब होगा। आपको ज्यादा जमीनें मिलेंगी और पैसे मिलेंगे। और आप पर कोई कर्ज भी नहीं चढ़ेगा।"

मीत सिंह ने फिर बीच में टोका, "यही तो वह भी कह रहा था। अरे वही...लम्बरदारा! क्या नाम था उसका? कुछ कामरेड...! बाबू साहब। आप भी क्या कामरेड हो?"

"नहीं।"

"चलो अच्छा हुआ। वह कामरेड तो भगवान में भी विश्वास नहीं करता था। कह रहा था कि अगर उसकी पार्टी की सरकार बनी तो वे तरन-तारन के पवित्र तालाब को खाली करके इसमें धान बोएँगे। कहता था, उससे ज्यादा फायदा होगा।"

"यह सब फालतू की बकवास है।" इकबाल ने कहा और मन-ही-मन सोचा कि काश मीत सिंह को उस कामरेड का नाम याद होता। उसकी तो हेड-क्वार्टर में रिपोर्ट करके सबक सिखाना चाहिए था। प्रत्यक्ष में वह उनसे

बोला, "अगर हमें ऊपरवाले में विश्वास न हो तो हममें और पशुओं में फर्क ही क्या?"

मुस्लिम ने गम्भीर होते हुए कहा, "धार्मिक आदमी की तो सारी दुनिया कद्र करती है। गांधी को देखो! मैंने सुना है कि वह अपने वेदशास्त्रों के साथ-साथ कुरान और अंजील भी पढ़ते हैं। दुनिया के चारों कोने में उनकी धूम मची है। गांधी की प्रार्थना-सभा की एक फोटो मैंने अखबार में देखी थी। उसमें बहुत सारे अंग्रेज आदमी और औरतें भी पालथी मारकर बैठे थे। एक अंग्रेज़ लड़की आँखें बन्द किए बैठी थी। कहते हैं वह बड़े लाट साहब की बेटी है। मीत सिंह! देखा तुमने, अंग्रेज तक धार्मिक आदमी की कद्र करते हैं।"

"हाँ, चचा! आपकी बात सोलह आने सच है," मीत सिंह ने अपनी तोंद पर हाथ फेरते हुए हामी भरी।

इकबाल को गुस्सा चढ़ने लगा था, "उनकी तो नस्ल ही चार सौ बीसों की है," उसने जोर देकर कहा, "उनकी बात पर भरोसा मत करो!"

एक बार फिर उसने महसूस किया कि उसका तीर खाली गया। लेकिन फिर भी सच्ची बात यही थी कि वह न तो कभी लॉर्ड साहब की बेटी का प्रेस-फोटोग्राफरों के फायदे के लिए आँखें बन्द किए पालथी मारकर प्रार्थना-सभा में बैठना सह पाया था, न ही हिन्दुस्तानी बोलनेवाले, किंग जॉर्ज के भतीजे, स्वयं बड़े लॉर्ड साहब का हिन्दुस्तान के प्रति मिशनरियों का-सा प्रेमभाव। उसने कहा–

"मैं उनके मुल्क में कई बार रहकर आया हूँ। इसमें कोई शक नहीं कि वे इनसान बहुत अच्छे हैं, लेकिन राजनीतिक नजरिए से देखा जाए तो वे दुनिया के सबसे बड़े चार सौ बीस हैं। अगर वे ऐसे ही ईमानदार होते तो दुनिया के कोने-कोने में उनका राज न फैला होता।" इकबाल ने उन्हें समझाते हुए कहा। फिर सोचा कि अब बात बदलनी चाहिए, "खैर, उन सब बातों का अभी कोई तुक नहीं। सोचने की बात तो यह है कि अब क्या होना चाहिए।"

लम्बरदार ने भी जरा तुर्शी से जवाब दिया, "हम जानते हैं, अब क्या हो रहा है, मुल्क में तबाही की हवाएँ चल रही हैं। चारों तरफ एक ही शोर है–मारो, मारो! बस जिन्हें कोई आजादी है तो वे हैं–चोर, डाकू और गलाकाटू

लोग।" फिर तनिक हौले से बोला, "हम तो अंग्रेजों के नीचे ही भले थे। कम-से-कम कोई हिफाजत तो थी जान-माल की।"

वातावरण पर बोझिल-सी चुप्पी तारी हो आई थी। मालगाड़ी के डिब्बों को तोड़ता-जोड़ता इंजन शंटिंग कर रहा था। मुसलमान ने बातचीत का रुख फेरा, "यह तो मालगाड़ी की आवाज है। लेट आई लगती है। बाबू साहिब, आप काफी थके हुए हैं। आपको अब आराम करना चाहिए। अगर हमारी जरूरत पड़े तो बुला भेजिएगा। हम आपकी खिदमत को हमेशा तैयार हैं।"

वे उठ खड़े हुए। इकबाल ने बिना कोई नाराजगी का भाव दिखाए सबसे हाथ मिलाए। मीत सिंह मुल्ला और लम्बरदार को नीचे तक छोड़ने गया और वहीं अपनी चारपाई पर सो गया।

इकबाल फिर लेट गया और तारों को तकने लगा। शान्त मैदानी इलाके के विस्तार में गाड़ी के इंजन की गूँज ने इकबाल के भीतर उदासी और अकेलापन भर दिया। वह एक अकेला इनसान चालीस करोड़ लोगों के इस विस्तृत निर्वैयक्तिक देश के लिए कर ही क्या सकता था? वह क्या मारकाट को रोक सकता था? निश्चित ही नहीं। हिन्दू, मुसलमान, सिख, कांग्रेसी, मुस्लिम लीगी, अकाली, कम्युनिस्ट—सभी का तो इसमें हाथ था। बुर्जुआ क्रान्ति को सर्वहारा क्रान्ति में तब्दील करने की बात सोचना निरी मूर्खता थी। अभी वह अवस्था नहीं आई थी। हिन्दुस्तान अथवा पाकिस्तान का श्रमजीवी वर्ग तो प्राप्त हुई राजनीतिक स्वतन्त्रता से बिलकुल बेखबर था, सिवाय इसके कि काश उन्हें ऐसी कोई ताकत मिल पाती कि वे दूसरे धर्म के लोगों का कत्ल कर उनकी जमीनें हड़प सकते। बस इतना ही किया जा सकता था कि इस कत्ल और लूट की प्रवृत्ति का रुख साम्प्रदायिकता से मोड़कर सम्पन्न वर्ग की ओर कर दिया जाए। सर्वहारा क्रान्ति लाने का यही एक आसान तरीका था। पर उसकी पार्टी के नेताओं के दिमाग में यह बात कभी घुसेगी भी।

इकबाल ने सोचा कि काश, मनो-माजरा में उसकी जगह किसी और को भेजा गया होता। वह दल की नीतियों का निर्देशन करने और लोगों के दिमागों में लगे जालों को साफ करने में ज्यादा कारगर होता। पर वह दल का नेता थोड़े ही था। नेता होने लायक योग्यता कहाँ थी उसमें? उसने कभी भूख-हड़ताल जो नहीं की। कभी जेल नहीं गया। नेता बनने के लिए

अनिवार्य कोई भी कुर्बानी तो उसने नहीं दी। तो स्वाभाविक ही था कि उसकी कौन सुनता। राजनीति में अपनी जगह बनाने का इरादा था तो उसे किसी-न-किसी बहाने जेल जाना चाहिए था। अब भी क्या बिगड़ा था। अब भी वक्त था। दिल्ली वापस लौटते ही कोई तरकीब निकालेगा। तब तक कत्लेआम भी रुक चुका होगा। खतरे की कोई बात नहीं होगी।

मालगाड़ी स्टेशन से चल पड़ी थी और पुल पर गड़गड़ाती हुई जा रही थी। जेल के शान्त जीवन के स्वप्न देखते-देखते इकबाल को नींद ही आ गई।

अगले दिन तड़के ही इकबाल को गिरफ्तार कर लिया गया। मीत सिंह कीकर की दातुन चबाता, हाथ में पीतल का लोटा लेकर मैदान गया हुआ था। रेलगाड़ियों की गड़गड़ाहटों, मुल्ले की अजान और गाँव से उठते तमाम शोरगुल के बावजूद इकबाल घोड़े बेचकर सोया हुआ था। दो कांस्टेबल सवेरे-सवेरे ही गुरुद्वारे में दाखिल हुए और इकबाल के कमरे में पहुँचे। उन्होंने कमरे में पड़े कप-प्लेटों, चमकते हुए चम्मचों, काँटों, छुरियों तथा थर्मस फ्लास्क को उलट-पलटकर देखा और जीना चढ़कर छत पर आए। सोए हुए इकबाल को उन्होंने झकझोरकर उठाया। हैरान हुआ-सा वह आँखें मलता उठ बैठा। स्थिति को भाँपे बगैर ही उसने पुलिसवाले को अपना नाम-पता बता दिया। उनमें से एक ने अपने हाथ में पकड़े एक छपे हुए पीले कागज पर कुछ रिक्त स्थानों को भरा और हक्के-बक्के से हुए इकबाल के आगे कर दिया।

"तुम्हारी गिरफ्तारी का वारंट है! उठो!"

दूसरे ने उसको हथकड़ी पहनाने की तैयारी शुरू की। हथकड़ी को देखते ही इकबाल की नींद फुर्र हो गई। वह खटिया से उछलकर सिपाही के सामने खड़ा हो गया।

"तुम्हें इस तरह मुझे गिरफ्तार करने का कोई हक नहीं है," वह चिल्लाया, "तुमने वारंट अभी मेरे सामने बनाया है। ऐसे नहीं चलेगा! पुलिस राज के दिन अब लद गए। मैं भी देखूँगा कि अखबारों में यह साफ-साफ छपे कि तुम लोग अपनी ड्यूटी कैसे निभाते हो!"

सिपाही सकते में आ गए। नवयुवक का बातचीत करने का ढंग, रबर

का तकिया और गद्दा, उसके कमरे की बाकी सब चीजें और सबसे बढ़कर तो उसके बोलने का तल्ख अन्दाज! वे तनिक हिचकिचाए। आदमी को पहचानने में कहीं उनसे कोई गलती तो नहीं हो गई?

"बाबू साहिब, हम तो अपना फर्ज निभा रहे हैं। बाकी तो आप मजिस्ट्रेट साहब से ही तय करिएगा।" एक सिपाही ने जरा हड़बड़ाते हुए कहा और दूसरा किंकर्तव्यविमूढ़-सा हथकड़ियों को उलटने-पलटने लगा।

"मैं तुम सबको देख लूँगा। पुलिस को भी और मजिस्ट्रेट को भी। तुम लोग सोए हुए लोगों को भी परेशान करते हो! तुम्हें अपनी करनी पर पछताना ना पड़ा तो कहना!" इकबाल चाहता था कि वे कुछ बोलें तो वह कानून और व्यवस्था को लेकर थोड़ा और विष-वमन करे। पर सिपाहियों ने मुँह सिए ही रखा।

"आप लोगों को इन्तजार करना होगा। मैं मुँह-हाथ धोकर कपड़े बदलूँगा और अपना सामान भी मुझे किसी के सुपुर्द करना है, तब ही..." इकबाल ने आक्रामक लहजे में कहा, ताकि उन्हें भी कुछ बोलने का मौका मिले।

"ठीक है, बाबू साहिब, आप तैयार हो लें!"

सिपाहियों की विनम्रता ने इकबाल का गुस्सा ठंडा कर दिया। अपना बिस्तर उठाकर वह नीचे कमरे में आया। कुएँ पर जाकर एक बाल्टी पानी निकालकर आराम से अपना मुँह-हाथ धोने लगा।

भाई मीत सिंह जोर-जोर से दाँत माँजता वापस आ पहुँचा। दातुन को चबा-चबाकर उसने ब्रुश का रूप दे दिया था। गुरुद्वारे में सिपाहियों को देखकर वह चौंका नहीं, क्योंकि जब भी वे गाँव में आते और लम्बरदार के यहाँ ठहरने की ठौर न पाते तो गुरुद्वारे में आकर ही रुकते थे। लाला का कत्ल हुआ था तो उनको आना ही था, वह जानता था।

"सत श्री अकाल!" मीत सिंह ने कहा।

"सत श्री अकाल!" सिपाहियों ने जवाब दिया।

"चा-शा पीयोगे? या थोड़ी लस्सी!"

"हम लोग बाबू साहिब का इन्तजार कर रहे हैं," सिपाही बोले, "जब तक वे तैयार होते हैं तब तक कुछ पिला दो तो ठीक है।"

मीत सिंह ने अधिक कुछ नहीं पूछा। पुलिसवालों से ज्यादा खोद-खोदकर

पूछने का उसे क्या मतलब? हो सकता है इकबाल सिंह 'कामरेड' हो। बातें तो वैसी ही करता था।

"मैं चाय बनाता हूँ, उनके लिए भी," मीत सिंह ने जवाब दिया और इकबाल की ओर मुखातिब होकर पूछा, "या कि बाबू साहिब, आप अपनी ही बोतल में से...?"

"शुक्रिया," टूथपेस्ट का झाग थूकते हुए इकबाल ने कहा, "थर्मसवाली चाय तो अब ठंडी हो चुकी होगी। गरमागरम एक कप पिला ही दो, मेहरबानी होगी। और भाई जी, अगर आप मेरे पीछे मेरी चीजों का भी खयाल कर लो तो...? ये लोग मुझे किसी बात के लिए गिरफ्तार कर रहे हैं। पर किस बात के लिए? यह खुद भी नहीं जानते!"

मीत सिंह ने ऐसे दिखाया, जैसे उसने कुछ भी नहीं सुना। सिपाही कुछ लज्जित से दिख रहे थे।

"बाबू साहिब, इसमें हमारा कोई कसूर नहीं," उनमें से एक बोला, "आप हमारे ऊपर खफा क्यों होते हो? मजिस्ट्रेट पर गुस्सा करो।"

इकबाल उनकी बातों की परवाह किए बगैर ब्रश करता रहा। उसने अपना मुँह धोया और तौलिए से पोंछते-पोंछते कमरे में लौट आया। उसने अपने तकिए और गद्दे से हवा निकाली और उन्हें लपेटा! होल्डॉल में से सारी चीज़ें नीचे ढेरी की—किताबें, कपड़े, टॉर्च, चाँदी का हिप-फ्लास्क। उन सबकी एक लिस्ट बनाकर उसने वापस होल्डॉल में भर दिया। मीत सिंह चाय लेकर आया तो इकबाल ने सारा सामान उसे थमा दिया—

"भाई जी, मैंने अपना सारा सामान इस होल्डॉल में डाल दिया है। उम्मीद है आपको इनकी निगरानी करने में अधिक तकलीफ नहीं होगी। अपने इस आजाद मुल्क की पुलिस के बजाय मुझे आप पर ज्यादा भरोसा है।"

सिपाहियों ने मुँह दूसरी तरफ फेर लिया। मीत सिंह को भी कुछ अटपटा-सा लग रहा था। वह विनम्रता से बोला, "बाबू साहिब, मैं तो आपका भी सेवक हूँ और पुलिस का भी। यहाँ तो सभी का स्वागत है! अच्छा, आप चाय अपने ही कप में पीएँगे या...?"

इकबाल ने अपना सेलुलाइड का कप और चम्मच निकाला। सिपाहियों को मीत सिंह ने पीतल के गिलासों में चाय थमा दी। अपनी पगड़ियों के

लटकते हुए सिरों से उन्होंने गरमागरम गिलासों को थाम लिया और जोर-जोर से सुड़प-सुड़पकर पीने लगे। सिपाही गुरुद्वारे की चौखट पर बैठे हुए थे। मीत सिंह फर्श पर और इकबाल बड़े रौब से मूँज की चारपाई पर बैठा था। मजाल कि सिपाही उसके सामने बोल सके। हथकड़ीवाले सिपाही ने आहिस्ता से हथकड़ियों को अपनी पेटी से अलग किया और जेब में डाल लिया। चाय खत्म करके उन्होंने बेचैनी से इकबाल की तरफ देखा। वह बीच-बीच में चाय की चुस्कियाँ लेता, दूर कहीं शून्य में निहारता उदास-सा हुआ बैठा था। चाय खत्म करते ही उठ खड़ा हुआ, ''मैं तैयार हूँ,'' अपने हाथों को आगे करते हुए उसने कहा, ''पहना लो हथकड़ियाँ।''

''हथकड़ी की कोई जरूरत नहीं, बाबू जी,'' एक सिपाही बोला, ''बस, अपना सिर ढँक लो। नहीं तो पुलिस स्टेशन पर पहचान के लिए परेड होगी तो लोग आपको पहचान लेंगे।''

इकबाल को तो मौके की ही तलाश थी, ''ऐसे ही तुम लोग अपनी ड्यूटी करते हो? अगर नियम यही है कि मुझे हथकड़ी डालकर ही ले जाना है तो लगाते क्यों नहीं? और रहा पहचाने जाने का डर? तो मुझे कोई फिकर नहीं। मैं कोई चोर या डाकू नहीं हूँ। पॉलिटिकल वर्कर हूँ। मैं इसी तरह गाँव से गुजरूँगा, ताकि लोगों को भी पता चल जाए कि पुलिस उन लोगों के साथ कैसा बर्ताव करती है जो उसे अच्छे नहीं लगते।''

उनमें से एक सिपाही यह सुनकर भड़क उठा। तुर्शी से बोला, ''बाबू जी, हम आपके साथ नर्मी से पेश आ रहे हैं। आप से जी-जी करके बात कर रहे हैं और आप हैं कि सर पर ही चढ़े जा रहे हैं! हम आप से सौ बार कह चुके हैं कि हम सिर्फ अपना फर्ज निभा रहे हैं और आप तो ऐसे कर रहे हैं जैसे हमें आपसे कोई जाती दुश्मनी हो!'' अपने साथी की ओर मुड़कर उसने कहा, ''पहना दो हथकड़ियाँ! और करने दो जो करना चाहे अपने चेहरे का। मेरा ऐसा चेहरा होता तो मैं जरूर ढँक लेता उसे। हम लोग यही रिपोर्ट देंगे कि इन्होंने चेहरा ढँकने से इनकार कर दिया।''

अपने इस उपहास का इकबाल को तुरत-फुरत कोई जवाब नहीं सूझा। अपने तोते जैसी मुड़ी हुई नाक के प्रति वैसे भी वह हमेशा सचेत रहा करता था। अनिच्छा से उसने अपनी हथेली के पृष्ठभाग से नाक को पोंछा। अपनी शक्लोसूरत के बारे में कटाक्ष सुनकर वह एकाएक ही पस्त हो गया था।

सिपाही की बेल्ट से लगी हथकड़ी में उसके हाथ बँधे थे। चलते-चलते वह मीत सिंह से बोला, "सत श्री अकाल! भाई जी! मैं जल्दी ही लौटूँगा।"

"सत श्री अकाल इकबाल सिंह जी! गुरु आपकी रक्षा करें। सत श्री अकाल, सन्तरी जी!"

"सत श्री अकाल!"

चाय की केतली हाथ में थामे खड़े मीत सिंह को वहीं छोड़ वे तीनों गुरुद्वारे के अहाते से बाहर निकल आए!

इधर इकबाल को गिरफ्तार करने दो सिपाही आए तो उधर जगत सिंह को पकड़ने सिपाहियों का पूरा-का-पूरा एक जत्था भेजा गया। सिपाहियों ने उसके घर को चारों तरफ से घेर लिया। घर के सामने, पिछवाड़े और पड़ोस के घरों की छतों पर बन्दूकों से लैस सिपाहियों को तैनात किया गया। छह और सिपाही पिस्तौलें लिए आँगन में दौड़े। सिर से पाँव तक मैली-कुचैली सफेद चादर ताने जगत सिंह अपनी चारपाई पर पड़ा जोर-जोर से खर्राटे ले रहा था। एक दिन और दो रातें उसने जंगल में भूखे-प्यासे बिताई थीं। सवेरे-सवेरे गाँव में सब सोए पड़े होंगे, यही सोचकर वह बहुत तड़के ही घर आया था। पर पड़ोसी चौकन्ने थे, सो उसके आते ही लोगों ने पुलिस में खबर कर दी। जग्गे को उन्होंने खा-पीकर गहरी नींद सो जाने दिया था। उसकी माँ भी बाहर से कुंडी लगाकर कहीं चली गई थी।

सोते हुए जग्गे के दाएँ हाथ में हथकड़ी और पैरों में बेड़ियाँ डाल दी गईं। सिपाहियों ने पिस्तौलें वापस अपने खोलों में रख लीं। बन्दूकोंवाले सिपाही भी आँगन में आ गए और बन्दूकों के कुन्दों से जग्गा को कोंचने लगे।

"ओ, जग्गे, उठ, दोपहर चढ़ आई है।"

"देखो तो, कैसे सूअर की तरह बेफिक्र होकर सोया पड़ा है।"

जग्गा आँखें मिचमिचाता थका-थका-सा उठकर बैठ गया। हाथों और पैरों की बेड़ियों को उसने किसी दार्शनिक की-सी उदासीनता से देखा और फिर बाँहें अकड़ाकर लम्बी जमुहाई लेने लगा। उसका सिर डोल-सा रहा था। उसे फिर से नींद आती जा रही थी।

जगत सिंह की माँ भीतर लौटी तो उसने देखा कि आँगन सिपाहियों से

भरा पड़ा है। उसका बेटा बँधे हुए हाथों पर सिर को टिकाए आँखें मूँदे चारपाई पर बैठा था। वह दौड़कर उसके पास पहुँची और उसके घुटने थामकर रोने लगी।

जगत सिंह की तन्द्रा टूटी। उसने अपनी माँ को रुखाई से परे किया और बोला, "तू क्यों रो रही है? तू तो जानती है कि मेरा डकैती से कोई लेना-देना नहीं।"

वह फिर रोने लगी, "इसने नहीं किया! इसने कुछ नहीं किया।"

"तो कत्ल की रात यह कहाँ था?" हवलदार ने पूछा।

"यह तो अपने खेतों में था। यह डाकुओं के साथ नहीं था। मैं सौगन्ध उठाकर कहती हूँ कि यह उनके साथ नहीं था।"

"इस बदमाश को ऑर्डर मिला है कि शाम के बाद गाँव से बाहर न जाए। हमें तो इस बात के लिए इसे गिरफ्तार करना ही है कि यह बिना बताए गाँव से बाहर चला गया।" उसने अपने आदमियों को घर की तलाशी लेने का आदेश दिया, "कमरों और खलिहान की तलाशी लो।" हवलदार को भी शायद शक ही था कि जग्गा अपने ही गाँव में हुई डकैती में शामिल हुआ होगा।

चार सिपाही घर की तलाशी लेने में जुट गए। स्टील के बक्से, टिन सभी उन्होंने छान मारे। भूसे के ढेर को भी उन्होंने नहीं छोड़ा। सारे आँगन में भूसा ही भूसा बिखर गया। भूसे के ढेर में से भाला तो उन्होंने खोज ही निकाला।

"तो यह भाला यहाँ तुम्हारे चाचे ने लाकर गाड़ दिया। हैं?" हवलदार ने उसकी माँ की ओर मुखातिब होकर तीखी आवाज में कहा। फिर सिपाहियों से बोला, "भाले को कपड़े में बाँध लो। हो सकता है कहीं खून के धब्बे-वब्बे लगे हों।"

"इसमें कुछ नहीं लगा," माँ ने चौंकते हुए कहा, "कुछ नहीं। यह तो खेती को बरबाद करनेवाले जंगली सूअरों को मारने के लिए यह भाला रखता है। जग्गा बिलकुल बेकसूर है।"

"हम लोग देख लेंगे," हवलदार ने उसे टालते हुए कहा, "तुम इसकी बेगुनाही के सबूत का जोगाड़ करके रखो। मजिस्ट्रेट के सामने पेश करना होगा।"

बुढ़िया ने विलाप करना बन्द किया। उसके पास सबूत था—टूटी हुई काँच की चूड़ियों का पैकेट। उसने जग्गा को इसके बारे में पहले इसलिए नहीं बताया था कि अगर उसने बता दिया होता तो जग्गा अपनी इस बेइज्जती से पागल हो जाता और किसी-न-किसी को धर दबोचता। अभी तो वह बेड़ियों में जकड़ा था। हद-से-हद क्रोध ही कर सकता था।

"रुको, भाई सिपाही! मेरे पास सबूत है।"

सिपाहियों ने देखा कि औरत भीतर गई और अपने स्टील के बक्से के अन्दर से एक पैकेट निकालकर ले आई। उसने लिपटा भूरा कागज खोला। सुनहरी दानोंवाली लाल और नीली चूड़ियों के टुकड़े थे। सिर्फ दो चूड़ियाँ ही साबुत बची हुई थीं।

"यह क्या सबूत हुआ?"

"डाकुओं ने कत्ल के बाद इन्हें हमारे आँगन में फेंका था। उन्होंने साथ न देने के कारण जग्गा की बेइज्जती की थी। देखो!" उसने हाथ आगे बढ़ाया, "देखो, मेरी उमर क्या ये काँच की चूड़ियाँ पहनने की है? वैसे भी ये मेरी कलाई के वास्ते छोटी हैं।"

"तब तो जग्गा जरूर डाकुओं को जानता होगा। चूड़ियाँ फेंकते हुए उन्होंने क्या कहा?" हवलदार ने पूछा।

"नहीं, उन लोगों ने कुछ नहीं कहा। वे तो जग्गे को गालियाँ ही दे रहे थे..."

"तुम अपना मुँह कभी बन्द नहीं रखोगी?" जग्गा ने गुस्से में भरकर टोका और फिर हवलदार से कहा, "मुझे नहीं पता डाकू कौन थे। मैं तो सिर्फ इतना ही जानता हूँ कि मैं उनके साथ नहीं था।"

"तो ये चूड़ियाँ तुझे किसने भेजीं?" कटाक्ष से मुस्कराते हुए हवलदार ने अपने हाथ पर फैले चूड़ियों के टुकड़े उसके आगे कर दिए।

जग्गे का गुस्सा अब बस में नहीं रहा था। अपनी बँधी हुई मुट्ठियों को उसने पूरे जोर से ऊपर उठाया और हवलदार के हाथों पर ठोंकते हुए कहा, "कौन माँ का यार मुझे चूड़ियाँ भेज सकता है? कौन...?"

सिपाहियों ने जगत सिंह को घेर लिया और बूटों, घूँसों से मारने लगे। कूल्हों के बल बैठा जग्गा सिर पर होते वारों को हाथों से रोकने की कोशिश कर रहा था। उसकी माँ अपना माथा पीट-पीटकर रोने लगी। पुलिस का घेरा

तोड़कर वह अपने बेटे के पास पहुँची और उसको ढकने लगी–

"इसको मत मारो। गुरु का कोप पड़ेगा तुम लोगों पर। मेरा पुत्तर बेकसूर है। सारा कसूर मेरा है। मारना है तो मुझे मारो!"

उन्होंने जग्गा को पीटना बन्द कर दिया। हवलदार ने अपनी हथेली में गड़े काँच के टुकड़े निकाले और रूमाल से लहू पोंछने लगा। बुढ़िया की ओर देखते हुए उसने कड़वाहट से कहा, "तू अपने पुत्तर की बेकसूरी का सबूत अपने पास ही रख, हम इस कुतिया के पुत्तर से अपने ही तरीके से सफ़ाई उगलवाएँगे। जब चूतड़ पर कोड़े पड़ेंगे ना, तभी बोलेगा यह। ले चलो इसे।"

पैरों में बेड़ियाँ और हाथों में हथकड़ियाँ पहने जगत सिंह के चेहरे पर जाते वक्त माँ के प्रति रत्ती-भर भी फिक्र नहीं आ रही थी। बस माँ ही अपना माथा और छातियाँ पीट-पीटकर रोती जा रही थी। चलते-चलते जग्गा ने इतना ही कहा, "मैं जल्दी लौट आऊँगा। गाँव से बाहर जाने और भाला रखने की वे मुझे ज्यादा सजा नहीं दे सकते। हद-से-हद महीना, दो महीना। सत श्री अकाल!"

जग्गा जितनी जल्दी गुस्से में आया था, उतनी ही जल्दी उससे उबर भी आया। अपनी चौखट लाँघते ही वह चूड़ियोंवाली बात और मारपीट का किस्सा जैसे भूल ही गया। सिपाहियों के प्रति उसके मन में तनिक भी मलाल नहीं दिख रहा था। वह यही समझता था कि वे लोग आम इनसानों जैसे थोड़े ही थे। उनके सीनों में न प्यार के लिए कोई जगह थी, न दोस्ती या दुश्मनी के लिए। इन वर्दीवालों से जितना दूर रहो, उतना ही भला।

जगत सिंह का चेहरा ढँकने, ना ढँकने से कोई फर्क नहीं पड़नेवाला था। सारा गाँव उसे जानता था। हथकड़ियोंवाले हाथ उठा-उठाकर गाँववालों को दुआ-सलाम करता वह बढ़ा चला जा रहा था। पैरों की बेड़ियों के कारण उसे पैर फैला-फैलाकर धीरे-धीरे चलना पड़ रहा था। मूँछों को मरोड़ी देते, पुलिसवालों के साथ गन्दे मजाक करते जग्गे की चाल से बेपरवाह बाँकपन झलक रहा था।

नदी के करीब पहुँचने पर उसकी मुठभेड़ इकबालवाले दल के साथ हुई। वे सब एक साथ पुल की ओर बढ़ने लगे। हेड-कांस्टेबल आगे-आगे, बन्दूकोंवाले सिपाही कैदियों के अगल-बगल और पीछे। उनके खाकी और लाल रंगों के यूनीफार्मों के बीच इकबाल तो कहीं दिख ही नहीं रहा था। पर

चौड़े कन्धों, लम्बी-चौड़ी कद-काठी का जगत सिंह सिपाहियों की पगड़ियों के ऊपर सिर निकाल रहा था। घोड़ों के जलूस में जैसे कोई ऊँचा-चौड़ा हाथी किसी समारोह में शामिल होने के लिए सज-सँवरकर घुँघरू बजाता निकला हो।

कोई भी बात करने के मूड में नहीं था। सिपाहियों को भी अटपटा लग रहा था। वे जानते थे कि वे गलती कर रहे थे और वह भी एक नहीं, दो-दो। एक सामाजिक कार्यकर्ता को गिरफ्तार करना बड़ी भारी गलती थी और इससे कोई भी गड़बड़ी हो सकती थी। बात करने का उसका आक्रामक अन्दाज ही बता रहा था कि वह बेकसूर था। अब तो उसके विरुद्ध कोई अभियोग गढ़ना ही पड़ेगा। पढ़े-लिखे लोगों के साथ ऐसा करना भी एक टेढ़ी खीर थी। जगत सिंह का तो खैर ठीक ही था। इसने तो कानून तोड़ा ही था, रात के वक्त गाँव से बाहर जाकर। पर इस बात में निश्चय ही उन्हें सन्देह था कि अपने ही गाँव में हुई डकैती में यह डाकुओं के साथ होगा। और अगर होता तो इसकी लम्बी कद-काठी के कारण ही गाँववालों ने भी इसे पहचान लिया होता। इकबाल और जगत सिंह ने पहली बार एक-दूसरे को देखा था, यह तो जग-जाहिर था ही।

इकबाल के आत्मसम्मान को भारी ठेस लगी थी। जगत सिंह से मिलने के पहले तक वह सिर्फ यही सोच रहा था कि उसको उसकी राजनीतिक गतिविधियों के कारण गिरफ्तार किया गया था। उसने हथकड़ियाँ पहनने की जिद इसीलिए की थी कि गाँववालों को उसकी गरिमा का पता चल जाए। नागरिक स्वतन्त्रता के ऐसे घोर अपमान को देखकर वे क्रोधित हो उठेंगे। लेकिन यहाँ तो लोग बुद्धुओं की तरह उसे घूर रहे थे। औरतें घूँघट की ओट से देखती एक-दूसरे से फुसफुसाकर पूछ रही थीं, "यह कौन है?" जगत सिंह वाले जत्थे से मिलने के बाद ही उसे समझ में आया कि क्यों पुलिसवालों ने उसे मुँह ढँकने को कहा था। उसे भी लाला रामलाल के कत्ल के मुतल्लिक गिरफ्तार किया गया था। ऐसी बेहूदी बात पर उसे विश्वास नहीं हो रहा था। सभी को पता था कि वह कत्ल के बाद ही मनो-माजरा में आया था, बल्कि यों कहें कि उसी गाड़ी से आया था जिसमें ये पुलिसवाले आए थे। ये सिपाही ही गवाह थे कि वह कत्ल के वक्त गाँव में नहीं था। इससे बेतुकी बात और क्या होगी? पर पंजाबी पुलिसवाले कभी अपनी गलती नहीं

मानते। ये कोई भी इल्जाम गढ़ सकते हैं—आवारागर्दी का ही अभियोग लगा दें या कि कह दें कि पुलिस के काम में अड़चन डाल रहा था या ऐसी ही कोई भी मनगढ़न्त बात! पर वह इनसे टक्कर लेगा, जी-जान से लेगा।

लेकिन जगत सिंह को ऐसी कोई फिक्र नहीं थी। वह इससे पहले भी गिरफ्तार होता रहा था। उसने जेलों में भी उतना ही वक्त बिताया था, जितना घर में। पुलिस के साथ उसका पुश्तैनी नाता था। पिता आलम सिंह जिन्दा था तो उसका नाम भी पुलिस के 10 नम्बर के रजिस्टर में था। आलम सिंह पर तो डकैती और कत्ल का इल्जाम साबित हुआ था और उसे फाँसी लगी थी। जगत सिंह की माँ को वकील करने के लिए अपनी सारी जमीनें गिरवी रखनी पड़ी थीं। जगत सिंह को जमीन वापस छुड़ाने के लिए पैसे चाहिए थे और उसने बरस-भर के भीतर उनका बन्दोबस्त भी कर लिया था। कोई प्रमाणित नहीं कर सकता था कि वह पैसा कहाँ से लाया था, पर उसी साल के अन्त में पुलिस ने उसको पकड़ लिया था। तभी से उसका नाम भी 10 नम्बर के रजिस्टर में दर्ज हो गया था और सरकारी तौर पर वह गुंडा घोषित कर दिया गया था। पीठ पीछे उसे सब 10 नम्बरी ही कहा करते थे।

जगत सिंह अपने साथी कैदी को बार-बार देख रहा था। वह उससे वार्तालाप शुरू करना चाहता था, पर इकबाल अपनी नाक की सीध में तकता ऐसे चल रहा था जैसे कोई नया-नया एक्टर कैमरे को देखकर सचेत हो रहा हो। जगत सिंह से अब और नहीं रहा गया। वह मुस्कराते हुए पूछ ही बैठा, ''किस गाँव के रहनेवाले हो?''

इकबाल ने जवाब में बिना मुस्कराए ही ऊपर देखा, ''मैं गाँव का रहनेवाला नहीं हूँ। दिल्ली से आया हूँ। मुझे यहाँ किसानों को संगठित करने के लिए भेजा गया था। पर सरकार नहीं चाहती कि लोग संगठित हों।''

जगत सिंह का लहजा बदल-सा गया। उसने विनम्रता से पूछा, ''मैंने सुना है कि अब हमारा अपना राज्य हो गया है। दिल्ली में अब महात्मा गांधी की सरकार है। क्यों? हमारे गाँव में तो सब यही कहते हैं!''

''हाँ, अंग्रेज चले गए हैं और हिन्दुस्तानियों ने उनकी जगह ले ली है। लेकिन तुम्हें और तुम्हारे और गाँववालों को आजादी से क्या मिला? ज्यादा खाने को मिला या और पहनने को? तुम तो अब भी उन्हीं बेड़ियों में जकड़े

हो जिनमें अंग्रेजों ने तुम्हें बाँधा था। तो हमें साथ मिलकर उठना है। और साथ उठने में हमारा कुछ नहीं जाएगा, सिवाय इन बेड़ियों के।" इकबाल ने अपनी बात पर जोर देते हुए हथकड़ियोंवाले हाथों को यों ऊपर झटका जैसे कि वे सचमुच टूट ही जाएँगी।

सिपाहियों ने एक-दूसरे की ओर देखा।

जगत सिंह ने अपने टखनों में पड़ी बेड़ियों और हथकड़ियों से जुड़ी लोहे की छड़ों पर नजर डालते हुए कहा, "मैं तो एक बदमाश हूँ। कोई भी सरकार हो, मुझे तो सबने ही जेल में डालना है।"

"लेकिन," इकबाल ने गुस्से से टोका, "तुम्हें बदमाश किसने बनाया? सरकार ने! यह कानून बनाती है और इन्हें लागू करने के लिए सिपाहियों को, जेलरों को रखती है, रजिस्टर मेनटेन करती है। जो लोग इनके मन-मुताबिक नहीं होते उनके लिए यह ऐसे कानून बनाती है जिनका उल्लंघन करने को वे लोग मजबूर हो जाते हैं। ये कानून ही उन्हें अपराधी बनाते हैं। हाँ, तो मैं क्या कह रहा था कि..."

"नहीं, बाबू साहिब," जग्गा ने खुशमिजाजी से कहा, "हमारी किस्मत में यही बदा है। हमारे माथे की रेखाओं और हाथ की लकीरों में यही लिखा है। मैं हमेशा कुछ-न-कुछ करना चाहता हूँ। जब खेतों में हल जोतने होते हैं या कटाई करनी होती है तो मैं काम में मगन रहता हूँ। पर जब कोई काम नहीं होता, तो भी मेरे हाथों में कुछ-न-कुछ करने के लिए खुजली होती रहती है। ऐसे में ही मैं कुछ उल्टा-सीधा कर बैठता हूँ।"

जत्था पुल के नीचे से गुजरकर रेस्ट हाउस में पहुँचा। जगत सिंह के आत्मतोष ने इकबाल को निरुत्साहित कर दिया था। गाँव के एक बदनाम गुंडे के साथ वह अपना सिर खपाना नहीं चाहता था। अपना भाषण वह मजिस्ट्रेट के लिए ही बचाकर रखना चाहता था। अंग्रेजी में ही उससे बात करेगा। उसके बोलने का लहजा देखकर ही चकरा जाएगा वह।

पुलिस कैदियों को लेकर सब-इंस्पेक्टर के पास पहुँची तो उसने उन्हें नौकरों के क्वार्टरों में ले जाने का आदेश दिया। मजिस्ट्रेट साहब अपने कमरे में तैयार हो रहे थे। हेड कांस्टेबल कैदियों को अपने आदमियों के पास छोड़कर बँगले में वापस लौट आया।

सब-इंस्पेक्टर ने तनिक चिन्तित स्वर में हवलदार से पूछा, "यह नाटा-सा

आदमी जो तुम पकड़कर लाए हो, कौन है?''

''उसे तो आपके ही आदेश पर गिरफ्तार किया गया है। यही वह अजनबी है जो गुरुद्वारे में ठहरा हुआ था।''

उसके जवाब से सब-इंस्पेक्टर कुछ नाराज-सा हुआ दिखा, ''लगता नहीं है कि तुम्हारे पास अपना भी कोई दिमाग है। जरा-सा काम तुमको सौंपो तो तुम अपना उल्लू बना आते हो। गिरफ्तार करने से पहले उसको देखना तो चाहिए था। यह वही आदमी नहीं है जो कल हमारे साथ ही ट्रेन से उतरा था?''

''ट्रेन से?'' हेड-कांस्टेबल ने अनजान-से दिखते हुए पूछा, ''मैंने तो इसे ट्रेन में नहीं देखा। यह गाँव में आवारागर्दी कर रहा था। सो शक की बिना पर इसे गिरफ्तार करके मैंने तो आपके हुक्म की ही तामील की है।''

सब-इंस्पेक्टर का गुस्सा तेज हो गया, ''गधा!''

हेड-कांस्टेबल ने मुँह फेर लिया।

''गधा कहीं का,'' सब-इंस्पेक्टर ने और अधिक फुफकारते हुए कहा, ''तुम्हारे पास दिमाग नाम की चीज बिलकुल नहीं है क्या?''

''गरीब परवर, मेरा कसूर क्या है जो...''

''शट-अप!''

हेड-कांस्टेबल उसके पैरों की तरफ देखने लगा। सब-इंस्पेक्टर का गुस्सा धीरे-धीरे ठंडा हुआ। उसे भी तो हुकुमचन्द को मुँह दिखाना था, जिन्होंने सारा मामला उसके ऊपर ही छोड़ रखा था। थोड़ी देर सोच-विचारकर सब-इंस्पेक्टर ने जाली के दरवाजे से भीतर झाँका।

''क्या मैं अन्दर आ सकता हूँ?''

''आओ, आओ, इंस्पेक्टर साहब,'' हुकुमचन्द ने कहा, ''तकल्लुफ में क्यों वक्त जाया कर रहे हो!''

सब-इंस्पेक्टर ने भीतर घुसकर सलाम ठोंका।

''हाँ, तो क्या कर डाला?'' दाढ़ी बनाकर क्रीम मलते-मलते मजिस्ट्रेट ने पूछा। पास ही ड्रेसिंग टेबल पर धरे पानी के गिलास में एक सफेद टिकिया नाचती हुई ऊपर की ओर बुलबुले फेंक रही थी।

''सर, आज हमने दो गिरफ्तारियाँ की हैं। एक तो बदमाश जग्गा है। डकैतीवाली रात वह अपने घर से बाहर था। उससे कुछ-न-कुछ सुराग जरूर

मिल जाएगा। और दूसरा वह अजनबी है जिसके बारे में मुखिया ने हमें खबर की थी और जिसे पकड़ने के लिए आपने आदेश दिया था।''

हुकुमचन्द ने दाढ़ी मलना बन्द किया। वह समझ गया था कि इस दूसरी गिरफ्तारी को उसके मत्थे मढ़ने की चाल चली जा रही थी।

''कौन है वह?''

सब-इंस्पेक्टर ने बाहर खड़े हेड-कांस्टेबल को आवाज लगाई, ''उस आदमी का क्या नाम है जिसको तुमने गुरुद्वारे से पकड़ा है?''

''इकबाल।''

''इकबाल क्या?'' मजिस्ट्रेट ने जोर से पूछा।

''अभी पता लगाता हूँ, सर!'' मजिस्ट्रेट के बरसने से पहले ही हवलदार नौकरों के क्वार्टरों की तरफ दौड़ा। हुकुमचन्द का पारा चढ़ने लगा था। उन्होंने अपने गिलास से एक घूँट भरा। सब-इंस्पेक्टर परेशान-सा खड़ा रहा। कुछ देर बाद हवलदार ने खँखारकर अपने आने की सूचना दी।

''सर,'' उसने फिर से खाँसा, ''सर, यह आदमी पढ़ा-लिखा लगता है।''

मजिस्ट्रेट गुस्से से दरवाजे की ओर मुड़ा, ''माँ-बाप कोई हैं कि नहीं उसके? कोई जाति, कोई धर्म तो होगा उसका? पढ़ा-लिखा है। हंह!''

''सर,'' हवलदार ने हकलाते हुए कहा, ''वह अपने बाप का नाम बताने से मना कर रहा है और कहता है कि उसका कोई धर्म-वर्म नहीं है। कहता है कि आपसे ही बात करेगा!''

''जाओ, देखो क्या कहता है?'' मजिस्ट्रेट ने गुर्राकर कहा, ''चूतड़ पर कोड़े लगाओ जब तक बोले नहीं! जाओ...अच्छा रुको! तुम रहने दो। सब-इंस्पेक्टर साहब देखेंगे उसे!''

एक लम्बे डकार ने उनके गुस्से का शमन किया।

''बड़े अच्छे लोग हो, तुम और तुम्हारे सिपाही? क्यों? तुम लोग जाकर लोगों को उनका नाम, पता, जाति-पाँति जाने बिना ही गिरफ्तार कर लाते हो। मुझसे गिरफ्तारी के कोरे वारंट साइन कराकर ले जाते हो। किसी दिन तुम गवर्नर को भी पकड़ने पहुँच जाओगे और कहोगे कि हुकुमचन्द ने ऑर्डर दिया था। तुम लोग मुझे नौकरी से डिसमिस कराकर रहोगे।''

''सर, मैं खुद जाकर मामले की तहकीकात करता हूँ। यह आदमी कल ही मनो-माजरा में आया है। मैं जाकर इसके बारे में पूरा पता लगाता हूँ और

यह भी कि यह किस मकसद से यहाँ आया था?"

"ठीक है, जाओ और पता लगाओ। यहाँ खड़े-खड़े मेरा मुँह मत ताको।" क्रोध करना या रुखाई से बात करना उनकी आदत नहीं थी, पर इस मामले में हुकुमचन्द अपनी बौखलाहट को नहीं दबा पा रहे थे।

सब-इंस्पेक्टर के जाने के बाद उन्होंने आईने में अपनी जीभ का मुआयना किया और पानी के गिलास में सेल्ज़र की एक टिकिया और छोड़ दी।

सब-इंस्पेक्टर ने बाहर निकलकर लम्बी साँस ली। मजिस्ट्रेट का गुस्सा उसके प्रति उनके दृष्टिकोण को बदल सकता था। इस ढुलमुल स्थिति से उबरने के लिए उसे कड़े कदम उठाने होंगे। वह नौकरों के क्वार्टरों में पहुँचा। इकबाल और उसके साथ के सिपाही जगत सिंह वाली टोली से हटकर खड़े थे। नौजवान के सम्मान को ठेस पहुँची लगती थी। सब-इंस्पेक्टर ने उससे बात करना उचित नहीं समझा। उसने एक सिपाही से कहा, "इस आदमी के कपड़ों की तलाशी लो। किसी कमरे में ले जाकर इसको नंगा करो। मैं खुद ही आकर जाँच करूँगा।"

इकबाल ने मजिस्ट्रेट के सामने जो भाषण देने की सोची थी, धरा-का-धरा रह गया। सिपाही उसको हथकड़ियों से लगभग खींचते हुए दूसरे कमरे में ले गया। प्रतिरोध करने की क्षमता भी अब उसमें नहीं बची थी। अपनी कमीज उतारकर उसने सिपाही को सौंप दी। सब-इंस्पेक्टर भीतर आया और कमीज की जाँच की परवाह किए बगैर आदेश देने लगा—

"अपना पायजामा उतारो!"

इकबाल ने स्वयं को अपमानित अनुभव किया। लेकिन, उसमें अब और लड़ने की ताकत नहीं बची थी। बोला, "पायजामे में जेबें नहीं हैं। इसमें कुछ भी छुपाया नहीं जा सकता।"

"उतारो, और जुबान लड़ाना बन्द करो।"

सब-इंस्पेक्टर ने अपनी फौजी छड़ी को अपनी खाकी पतलून पर थपथपाते हुए जोर देकर आदेश को दोहराया।

इकबाल ने पायजामे का नाड़ा ढीला किया। पायजामा उसके टखनों के गिर्द ढेर हो गया। कलाइयों में पड़ी हथकड़ियों को छोड़ उसके बदन पर और कुछ नहीं बचा था। पायजामे से बाहर निकल वह मुआयने के लिए आगे बढ़ा।

"ठीक है, ठीक है," सब-इंस्पेक्टर बोला, "जो मैंने देखना था, देख लिया। अब तुम कपड़े पहन सकते हो! तुमने बताया कि तुम सोशल वर्कर हो! मनो-माजरा में क्या काम था तुम्हें?"

"मुझे मेरी पार्टी ने भेजा था।" पायजामे का नाड़ा कसते हुए इकबाल ने उत्तर दिया।

"कौन-सी पार्टी?"

"पीपुल्स पार्टी ऑफ इंडिया!"

सब-इंस्पेक्टर ने उसकी तरफ वक्र मुस्कान फेंकते हुए देखा, "पीपुल्स पार्टी ऑफ इंडिया! हर शब्द पर जोर देते हुए उसने एक बार फिर दोहराया, "पक्का? कहीं मुस्लिम लीग तो नहीं!"

इकबाल को प्रश्न के महत्त्व की खबर नहीं थी।

"नहीं, मुस्लिम लीग का सदस्य मैं क्यों होऊँगा भला? मैं..."

इकबाल के बात पूरी करने के पहले ही सब-इंस्पेक्टर कमरे से बाहर जा चुका था।

उसने सिपाहियों को आदेश दिया कि कैदियों को पुलिस स्टेशन ले जाएँ।

स्वयं वह मजिस्ट्रेट को अपनी छानबीन से अवगत कराने रेस्ट हाउस की ओर वापस लौटा। उसके चेहरे पर एक जी-हजूरिया मुस्कान तैर रही थी।

"गरीब परवर, सब ठीक है! वह बता रहा है कि उसको पीपुल्स पार्टी ने यहाँ भेजा है। पर मुझे पक्का विश्वास है कि वह मुस्लिम लीग का आदमी है। वैसे भी दोनों पार्टियों में खास फर्क तो है नहीं। सरहद के इतने करीब आकर अगर वह किसी खुराफात में लगा था, तो भी तो हमें उसे पकड़ना ही था। हम उस पर कोई भी अभियोग लगा सकते हैं।"

हुकुमचन्द ने गिलास के पेंदे में जमा सफेद चूर्ण को हिलाया और सेल्ज़र के बचे हुए पानी को धीरे-धीरे गटक लिया। खाली गिलास में टकटकी लगाए कुछ सोचते हुए से वह बोले, "गिरफ्तारी का वारंट सही-सही भरना। जैसे नाम—मोहम्मद इकबाल। सुपुत्र—मोहम्मद फलाँ-फलाँ या पिता का नाम—मालूम नहीं। जाति—मुसलमान, पेशा—मुस्लिम लीग का कार्यकर्ता।"

सब-इंस्पेक्टर ने बड़ी नाटकीयता से सलाम ठोंका।

"ठहरो, ठहरो, अधूरा काम मत छोड़ो! अपनी पुलिस डायरी में दर्ज करो

कि रामलाल के हत्यारों को अभी पकड़ा नहीं जा सका। लेकिन उनका सुराग शीघ्र ही मिलने की सम्भावना है। तुमने ही तो कहा था न कि इसमें जग्गा कहीं-न-कहीं जुड़ा हुआ है!"

"जी सर, डाकुओं ने जाने से पहले जग्गे के आँगन में चूड़ियों का बंडल फेंका। साफ जाहिर है कि उसने उनका साथ देने से इनकार किया होगा।"

"वेल, उससे उन डाकुओं के नाम उगलवाओ। जरूरत पड़े तो पीटो भी।"

सब-इंस्पेक्टर मुस्कराया, "सर, मैं चौबीस घंटे के अन्दर ही उससे डाकुओं के नाम उगलवाता हूँ और वह भी बिना मारपीट के!"

"हाँ, हाँ, जैसे भी तुम चाहो, पर पता लगाओ," हुकुमचन्द ने अधीरता से कहा, "और आज की पुलिस स्टेशन की डायरी में भी इन दोनों गिरफ्तारियों को दर्ज करो। पर खयाल रहे, अलग-अलग सफों पर करना और बीच में दूसरी वारदातों की रपट भर देना। देखो, और कोई गड़बड़-घोटाला नहीं होना चाहिए।"

सब-इंस्पेक्टर ने फिर सैल्यूट मारा, "मैं पूरी एहतियात बरतूँगा, सर!"

इकबाल और जग्गा को एक ताँगे में बैठाकर पुलिस स्टेशन ले जाया गया। इकबाल को ससम्मान अगली सीट पर बीच में बैठाया गया था। ताँगेवाला खुद अपनी सीट छोड़कर घोड़े के बगल में ताँगे की कमानी पर बैठा था। जगत सिंह को दो सिपाहियों के बीच पीछेवाली सीट पर बैठाया गया। रेलवे लाइन के साथ-साथ जाती धूलभरी कच्ची सड़क पर ताँगा बढ़ा जा रहा था। निश्चिन्त होकर कोई बैठा था तो वह जग्गा था। सिपाहियों से उसका पूर्व-परिचय था और सिपाही भी उसे जानते थे। परिस्थितियों से भी तो वह नावाकिफ़ नहीं था।

"आजकल तो थाने में काफी कैदी होंगे?" उसने पूछा।

"नहीं, अभी तो एक भी नहीं है," एक सिपाही बोला, "दंगाइयों को हम लोग नहीं पकड़ रहे, उनको सिर्फ तितर-बितर कर देते हैं। और दूसरे अपराधी की छानबीन करने के लिए वक्त ही कहाँ है आजकल किसी के पास। पिछले सात दिनों में सिर्फ तुम दोनों की ही गिरफ्तारी की है हमने! जेल की दोनों कोठरियाँ खाली पड़ी हैं। दोनों जन एक-एक पूरी-की-पूरी ले लेना।"

"बाबू जी को ही चाहिए होगी पूरी-की-पूरी," जग्गा ने पूछा, "क्यों बाबू जी?"

इकबाल ने कोई जवाब नहीं दिया। जग्गा अपमानित-सा हुआ बात बदलकर सिपाही से पूछने लगा, "इस हिन्दुस्तान-पाकिस्तान के चक्कर में तुम्हारा काम तो बहुत बढ़ गया होगा?"

"हाँ, इधर मार-काट चल रही है और उधर पुलिस-फोर्स भी आधे से कम ही रह गई है।"

"क्यों, क्या ये लोग पाकिस्तान के साथ मिल गए हैं?"

"पता नहीं, उनके साथ मिल गए हैं या नहीं—इनकार तो करते रहे सब कि उधर नहीं जाना चाहते। आजादीवाले दिन सुपरिंटेंडेंट साहब ने सभी मुसलमान सिपाहियों के हथियार रखवा लिए थे। सबके सब पाकिस्तान भाग गए। उनके इरादे नेक नहीं थे। मुसलमान होते ही ऐसे हैं। इन पर तो कभी भरोसा नहीं किया जा सकता।"

"हाँ," दूसरे सिपाही ने जोड़ा, "दंगों में इसीलिए हिन्दुओं को ज्यादा नुकसान हुआ कि मुसलमान पुलिस ने मुसलमानों का साथ दिया। मुसलमान पुलिस का ऐसा रवैया न होता तो लाहौर के हिन्दू लड़कों ने मुसलमानों को मजा चखा दिया होता। पूछो मत कितना जुलुम किया उन लोगों ने!"

"उनकी फौज का भी वही रवैया है। बलूची फौजियों ने जहाँ-जहाँ देखा कि सिख और गोरखा सैनिकों से मुठभेड़ का खतरा नहीं है, वहाँ-वहाँ उन्होंने बेतहाशा मार-काट की।"

"परमात्मा से वे नहीं बच सकते। परमात्मा के हाथों कोई भी नहीं बच सकता।" जगत सिंह ने जोर देकर कहा।

सबने हैरान होकर उसकी तरफ देखा। इकबाल भी अचम्भित-सा हुआ उसकी ओर यह देखने के लिए मुड़ा कि क्या सचमुच यह जगत सिंह की ही आवाज थी!

"क्यों बाबू जी, क्या ठीक नहीं है? आप तो ज्यादा समझदार आदमी हो, आप ही बताओ कि क्या कोई रब्ब के कोप से बच सकता है?"

इकबाल कुछ नहीं बोला।

"नहीं, हरगिज नहीं," जगत सिंह खुद ही बोला, "मैं आपको एक बात बताता हूँ, जो एक बार भाई मीत सिंह ने मुझे सुनाई थी। सुननेवाली बात है

बाबू जी! रुपए में बिलकुल सोलहो आने सच!"

हर रुपया सोलह आने का ही होता है। इकबाल मन-ही-मन हँसा। जगत सिंह अपनी ही धुन में उसे सुनाता रहा, "भाई ने मुझे बताया कि बलूची सैनिकों से भरा एक ट्रक अमृतसर से लाहौर जा रहा था। जब वे पाकिस्तान की सरहद के करीब पहुँचे तो फौजियों ने सड़क चलते सिखों को संगीनों के कुन्दे खुभाने शुरू किए। पैदल या साइकिल सवारों को देखते ही ड्राइवर ट्रक की रफ्तार धीमी कर देता। पीछे से सैनिक उन्हें छुरे घोंपते और ड्राइवर गाड़ी को भगा ले जाता। ऐसे ही उन्होंने सैकड़ों लोगों को मारा और वे पाकिस्तान की सीमा में घुसने ही वाले थे। सरहद सिर्फ एक मील दूर थी। तभी जानते हो क्या हुआ?"

"क्या हुआ?" तन्मयता से सुनते हुए एक सिपाही ने पूछा। इकबाल को छोड़ बाकी सभी के कान उधर ही लगे हुए थे। ताँगेवाले ने भी घोड़े पर चाबुक लगाना छोड़कर पीछे देखा।

"सुनो बाबू जी, सुननेवाली बात है। इतने में ही एक लावारिस कुत्ता सड़क के बीच दौड़ा। जिस ड्राइवर ने रास्ते में सैकड़ों लोगों के कत्ल करवाए थे, उसी ने एक कुत्ते को बचाने की खातिर ट्रक को तेजी से दाईं तरफ मोड़ा और ट्रक एक पेड़ से जा टकराया। ड्राइवर और दो फौजी तो वहीं मर गए। बाकी के सारे बुरी तरह जख्मी हो गए। अब आप इसे क्या कहोगे?"

सिपाहियों ने स्वीकृति में सिर हिलाए। इकबाल को चिढ़ मचने लगी। उसने रुखाई से पूछा—

"तो टक्कर किसके कारण लगी? कुत्ते के कारण या भगवान के?"

"भगवान के कारण!" एक सिपाही बोला, "जिसको इतने इनसानों को कत्ल करने में मजा मिला हो वह एक लावारिस कुत्ते की अपने ट्रक के नीचे आने की भला क्यों फिक्र करेगा?"

"तुम ही बताओ।" इकबाल ने धृष्टता से पूछा।

जग्गा के सिवा हर एक का मुँह बन्द हो गया। ताँगेवाले ने घोड़े को चाबुक मारना शुरू कर दिया। जग्गा ताँगेवाले की तरफ मुड़ा और बोला, "भोला, तुझे क्या परमात्मा का जरा भी खौफ नहीं कि जानवर को इतनी बेरहमी से मारता जा रहा है?"

भोले ने घोड़े को चाबुक लगाना बन्द कर दिया। उसके चेहरे का भाव

बता रहा था कि उसे जग्गा की बात अच्छी नहीं लगी थी। जग्गा को क्या? घोड़ा उसका था, वह चाहे उसे मारे, चाहे तो पुचकारे!

"भोलया, आजकल काम कैसा चल रहा है?" जग्गा ने सुलह करने की कोशिश करते हुए कहा।

"रब्ब मेहरबा़न है," चाबुक ऊपर उठाते हुए ताँगेवाले ने जवाब दिया और फिर तुरन्त ही कहा, "इंस्पेक्टर साहब की भी मेहरबानी है, हम लोग जी रहे हैं और रोजी-रोटी बनी हुई है।"

"क्यों? पाकिस्तान जानेवाले रिफूजियों से पैसे क्यों नहीं बनाते?"

"हाँ, हाँ, पैसों के लिए जान कुर्बान कर दें?" भोला ने गुस्से में भरकर कहा, मेहरबानी करो भाई, अपनी सलाह अपने ही पास रखो। जब भीड़ टूटती है ना तो वो यह नहीं देखती कि तुम हिन्दू हो कि मुसलमान, बस जो आगे आया, मारते चलो। थोड़े दिन पहले की बात है। मुसलमान रिफूजियों का मील-भर लम्बा काफिला सड़क पर चला जा रहा था। चार सिख सरदार एक जीप में आए और बिना किसी चेतावनी के अपनी स्टेनगनों से तड़ातड़ गोलियाँ बरसाने लगे। रब्ब ही जानता होगा कितनों को भून डाला उन्होंने। अगर मुसलमानों से भरे मेरे ताँगे को भीड़ ने घेर लिया तो? पहले तो वे मेरा ही कत्ल करेंगे, फिर पूछेंगे मेरी जात।"

"कुत्ता इस जीप की पेड़ से टक्कर लगवाने के लिए सामने क्यों नहीं आया?" इकबाल ने व्यंगात्मक स्वर में पूछा।

वातावरण में एक अजीब-सी चुप्पी छा गई। किसी की समझ में नहीं आ रहा था कि इस बदमिजाज आदमी को क्या जवाब दे। जग्गा ने ही भोलेपन से पूछा, "बाबू जी, क्या आपको नहीं लगता कि बुरे काम का बुरा ही नतीजा होता है। यह तो कर्म की रीत है। भाई हमेशा यही कहता है। गुरु ने भी ग्रन्थ साहब में यही कहा है।"

"हाँ, यह भी सोलहों आने सच ही होगा।" इकबाल ने ताना मारते हुए जवाब दिया।

"अच्छा जी, जैसी आपकी मर्जी," जग्गा ने अब भी मुस्कराते हुए ही कहा, "आपके खयालात हम जैसे आम लोगों से कैसे मिल सकते हैं?" और वह पुनः ताँगेवाले की ओर मुड़ा, "भोलया, सुना है लोग बहुत-सी औरतों को जबरदस्ती उठा-उठाकर ले जा रहे हैं और सस्ते में बेच रहे हैं। तू भी अपने

लिए क्यों नहीं कोई घरवाली ढूँढ़ लेता?''

''क्यों, सरदारा? अगर जो तुझे बिना खर्चे ही मुसलमानी मिल सकती है तो मैं क्या नामर्द हूँ जो मुझे उठाकर लाई औरत खरीदकर लानी होगी?''

जग्गा जैसे सोते से जगा। मुँह गुस्से से भभक उठा। ठिठियाकर हँस रहे सिपाही हकबकाए से उसे ताकने लगे। भोले को अपनी गलती का अहसास हुआ। उसने स्वर बदलते हुए कहा, ''क्यों, जग्गया? लोगों का तो मखौल बनाते रहते हो। पर जब कोई दूसरा जवाब दे दे तो नाराज हो जाते हो?''

''अगर हाथों में ये हथकड़ियाँ और पैरों में बेड़ियाँ न होतीं तो मैंने तेरी हड्डी-पसली एक कर देनी थी,'' जग्गा ने गरजकर कहा, ''खुशकिस्मत है तू जो आज बच गया। पर अगर दोबारा कभी ऐसी बात जुबान पर लाया तो तेरी जुबान ना खींच ली तो कहना।'' जग्गा ने जोर से थूका।

भोला बुरी तरह सहम गया, ''गुस्सा क्यों करते हो, भाई! आखिर मैंने कहा क्या जो...?''

''हरामजादा!''

इसके बाद कोई कुछ नहीं बोला। ताँगे में सवार लोगों की अटपटी-सी इस चुप्पी को सिर्फ घोड़े को गरियाती भोला की आवाजें ही बेध रही थीं। गुस्से में भरा जग्गा पता नहीं किन खयालों में खोया था। उसे हैरानी हो रही थी कि उसके गुप्त मिलन की खबरें लोगों को कैसे लगीं। लगता था किसी ने उसे नूराँ से बातें करते देख लिया था। उसी से बात फैली होगी। अगर चन्दन नगर का ताँगेवाला तक यह जान गया है तो मनो-माजरा में तो कब से लोग काना-फूसी कर रहे होंगे। जिसके बारे में बातें हो रही हों, उसे ही सबसे बाद में खबर लगती है। शायद इमामबख्श और उसकी बेटी नूराँ को तो अब भी नहीं पता होगा कि लोग क्या-क्या कह रहे थे।

कैदियों और सिपाहियों का जत्था दोपहर तक चन्दन नगर पहुँचा। ताँगा शहर से कुछेक फर्लांग की दूरी पर बने पुलिस थाने के बाहर आकर रुका। कैदियों को एक मेहराबदार फाटक से होकर ले जाया गया। फाटक के मेहराब पर बड़े-बड़े अक्षरों में स्वागतम् लिखा हुआ था। पहले उन्हें 'रिपोर्टिंग रूम' में ले जाया गया। हवलदार ने एक भारी-सा रजिस्टर खोला और अलग-अलग पन्नों पर दिन-भर में घटित घटनाओं की रपटें दर्ज कीं। मेज के ठीक ऊपर किंग जॉर्ज छठे की फ्रेम की हुई तस्वीर लटक रही थी। नीचे उर्दू

में लिखा था—'घूस लेना जुर्म है।' दूसरी दीवार पर किसी कैलेंडर से फाड़ा महात्मा गांधी का एक रंगीन चित्र चिपकाया हुआ था। उसके नीचे भी अंग्रेजी में लिखा था—'ईमानदारी सबसे अच्छी नीति है।' कमरे में लगी बाकी तस्वीरें कुख्यात अपराधियों और फरार मुजरिमों तथा खोए हुए व्यक्तियों की थीं।

घटनाओं के दैनिक विवरणों की प्रविष्टियाँ भरने के बाद कैदियों को अहाते के इस पार उनकी कोठरियों में ले जाया गया। ये कोठरियाँ सिपाहियों की बैरकों के ठीक सामने अहाते के दूसरी तरफ पड़ती थीं। चौकोर अहाते में अन्तिम छोरवाली दीवार रेलवे क्रीपर की बेलों से ढँकी थी।

जग्गा के आने से वहाँ उल्लास का वातावरण बन गया था।

"ओए, तू फिर आ धमका! तूने क्या इसे अपनी ससुराल समझ रखा है?" बैरक से एक सिपाही चिल्लाया।

"हाँ, और क्या? पुलिसवालों की जितनी लड़कियों को मैंने पटाया है उस हिसाब से तो है ही!" जगत सिंह ने बुलन्द आवाज में जवाब दिया। ताँगे में घटित उस अप्रिय प्रकरण को शायद वह भूल चुका था।

"ओए बदमाशा, तू अपनी करतूतों से बाज नहीं आएगा। ठहर, इंस्पेक्टर साहब को पता लगने दे जो तूने अभी-अभी कहा है। तेरी...में उन्होंने मिर्चें न डलवाई तो कहना।"

"अपने जँवाइयों के साथ कोई ऐसे नहीं करता!" जग्गा ने ठिठोली जारी रखी।

लेकिन इकबाल के साथ दूसरी ही बात थी। क्षमा-याचना के साथ उसकी हथकड़ियाँ खोल दी गईं। उसकी कोठरी में एक मेज, एक कुर्सी और एक चारपाई डाली गई। हवलदार ने जहाँ-तहाँ से उर्दू और अंग्रेजी की सारी अखबारें और पत्रिकाएँ इकट्ठी करके उसकी कोठरी में भिजवाईं। इकबाल को पीतल की थाली में खाना परोसा गया। चारपाई के पास तिपाई पर उसके लिए एक सुराही और गिलास भी रखा गया। जग्गा की कोठरी में ऐसा कुछ भी नहीं दिया गया। खाना भी उसकी तरफ लगभग फेंककर दिया गया। जग्गा ने हाथ पर रखकर अपनी रोटियाँ खाईं। एक सिपाही ने लोहे की सलाखों के रास्ते चुल्लू में उसे पानी पिलाया। सीमेंट का कड़ा फर्श ही उसका बिछौना था।

कैदियों के साथ इस प्रकार का भेदभावपूर्ण व्यवहार इकबाल के लिए कोई अचरज की बात नहीं थी। जिस देश में जाति-भेद की परम्परा सदियों से चली आ रही हो वहाँ असमानता एक जन्मजात मानसिक धारणा बन चुकी थी। अगर जातिवाद को कानून द्वारा समाप्त भी कर दिया जाए तो भी यह अन्य प्रकार के वर्गभेदों के रूप में उभरकर आ जाएगी। दिल्ली के सचिवालयों के प्रशासनिक अधिकारियों जैसे पाश्चात्य सभ्यता से प्रभावित वर्ग को ही लें, वे भी वर्ग-भेद से अछूते नहीं। उनके कारें रखने के स्थान भी वरिष्ठता के हिसाब से चिन्हित किए जाते हैं। दफ्तरों के कुछ विशेष प्रवेश-द्वारों से केवल बड़े अफसर ही आ-जा सकते हैं। यहाँ तक कि शौचालयों को भी वरिष्ठ अधिकारी, कनिष्ठ अधिकारी, क्लर्क और स्टेनोग्राफर आदि श्रेणियों के आधार पर वर्गीकृत कर दिया जाता है। वर्ग-भेद जहाँ लोगों की मानसिकता का अंग बन चुका हो वहाँ एक ही अपराध के लिए बन्दी बनाए गए कैदियों को उनके सामाजिक स्तर के आधार पर अलग-अलग सुविधाएँ दिए जाने को असंगत नहीं माना जा सकता था। इकबाल 'ए' श्रेणी का कैदी था, जबकि जग्गा निम्नतम 'सी' श्रेणी का।

दोपहर का खाना खाकर इकबाल चारपाई पर लेट गया। जग्गा के कमरे से खर्राटों की आवाजें आ रही थीं, पर इकबाल के अशान्त मन में नींद कहाँ! उसका मन तो घड़ी के उस नाजुक स्प्रिंग की तरह था जो छूने के घंटों बाद तक कम्पायमान रहता था। वह उठकर बैठ गया और हवलदार की भेजी अखबारों के ढेर को उलट-पलटकर देखने लगा। सभी अखबारें उसे एक-सी लगीं—वही खबरें, वही विवरण और लगभग वैसे ही संपादकीय। सुर्खियों को छोड़कर बाकी सब कुछ लगता था, जैसे एक ही हाथ का लिखा हुआ हो। यहाँ तक कि साथ दिए छायाचित्र भी वही-के-वही। खीजकर उसने वैवाहिक विज्ञापनोंवाला पृष्ठ खोला। इन्हें पढ़ने में कभी-कभी बड़ा मजा आता है। पंजाब के नौजवानों के बारे में छपे विवरण भी खबरों से कम रोचक नहीं होते। सभी को भावी पत्नियों में एक जैसे गुणों की तलाश थी। सभी को कुँआरी कन्याएँ ही चाहिए थीं। कुछेक खुले विचारों के लोगों के लिए विधवाएँ भी चल सकती थीं, बशर्ते उनका कौमार्य भंग न हुआ हो। सभी को गृह कार्य में दक्ष पत्नियों की अपेक्षा थी। किन्हीं-किन्हीं प्रगतिशील

और उदारमना लोगों की ओर से जाति और दहेज के बन्धन की छूट दी गई थी। कम ही लोगों ने भावी पत्नियों के चित्र माँगे थे, क्योंकि चमड़ी की सुन्दरता से अधिक महत्त्व हमारे यहाँ अन्य बातों का होता है। ज्यादातर लोगों ने जन्मपत्रियों सहित पत्र-व्यवहार करने की माँग की थी। खगोलिक सामंजस्य ही मानो वैवाहिक सुख की गारंटी हो। इकबाल ने अखबारों को दे फेंका और पत्रिकाओं को छानना शुरू किया। पत्रिकाएँ तो अखबारों से भी गई-बीती थीं। सभी में अनिवार्यतः अजन्ता-की गुफाओं के भित्ति-चित्रों के विवरणों जैसे लेख थे। किसी में हिन्दुस्तानी नृत्य-रूपकों से सम्बन्धित, तो किसी में रवीन्द्रनाथ टैगोर से सम्बन्धित लेख। किसी में प्रेमचन्द की कहानियों पर तो किसी में फिल्म कलाकारों के व्यक्तिगत जीवन पर टिप्पणियाँ थीं। इकबाल तंग आकर पुनः लेट गया। उसे कुछ भी अच्छा नहीं लग रहा था। उसे खयाल आया कि वह तीन दिनों से न के बराबर सो पाया था। यह भी तो एक तरह का बलिदान ही था। उसे पार्टी के दफ्तर में अपने बारे में खबर भेजनी चाहिए थी। हो सकता है तब उसे...अखबारों की सुर्खियों में अपनी गिरफ्तारी, रिहाई और नेता के रूप में अपने उदय की खबरों के प्रकाशित होने के ख्वाब देखते-देखते वह नींद की आगोश में समा गया।

शाम को एक सिपाही इकबाल की कोठरी में एक और कुर्सी लेकर दाखिल हुआ।

"क्या किसी और को भी इस कोठरी में लाया जा रहा है?" इकबाल ने सशंकित होते हुए पूछा।

"नहीं बाबू जी, इंस्पेक्टर साहब आ रहे हैं। आपसे कुछ बातें करना चाहते हैं। बस, आते ही होंगे!"

इकबाल ने जवाब नहीं दिया। सिपाही कुर्सी ठीक स्थान पर रखकर पीछे हट गया। बरामदे से कुछ लोगों के आने की आवाजें आ रही थीं।

दरवाज़े पर सब-इंस्पेक्टर खड़ा दिखाई दिया।

"अन्दर आ सकता हूँ?"

इकबाल ने सिर हिलाया, "कहिए, इंस्पेक्टर साहब क्या हुक्म है?"

"हम तो आपके गुलाम हैं, मिस्टर इकबाल! आप आदेश दीजिए, हम

सेवा में हाजिर हैं!" सब-इंस्पेक्टर ने मुस्कराते हुए कहा। परिस्थितियों के अनुसार तेवर और स्वर बदल सकने की अपनी पटुता पर उसे गर्व था। इसी को कहते हैं व्यवहार-कुशलता।

"मुझे नहीं पता था कि कत्ल के जुर्म में कैद किए गए लोगों के प्रति भी आप लोग इतने उदार होते हैं। मुझे तो कत्ल के जुर्म में ही कैदी बनाकर लाए हैं न आप लोग यहाँ? मुझे नहीं मालूम कि आपके सिपाहियों ने आपको बताया है कि नहीं कि मैं भी कल आपके साथ ही उसी ट्रेन से मनो-माजरा आया था, जिससे आप सब आए थे?"

"हमने आप पर कोई इलजाम नहीं लगाया है। वह तो अदालत का काम है। हमने तो आपको सिर्फ शक की बिना पर नजरबन्द किया है। सरहदी इलाकों में हम राजनीतिक क्रान्तिकारियों को खुली छूट नहीं दे सकते," सब-इंस्पेक्टर ने मुस्कराना जारी रखा, "आप तो पाकिस्तान के रहनेवाले हैं। अपना प्रचार आप वहाँ जाकर क्यों नहीं करते?"

बात इकबाल को तीर की तरह लगी, पर उसने अपने गुस्से पर नियन्त्रण रखने की भरसक कोशिश की, "पाकिस्तान के रहनेवाले से आपका क्या मतलब है, इंस्पेक्टर साहब?"

"आप मुसलमान हैं। पाकिस्तान में जाइए।"

"दैट इज़ ए ब्लडी लाई, यह सरासर झूठ है," इकबाल ने भड़ककर कहा, "और बड़ी बात तो यह है कि आप भी जानते हैं कि यह सरासर झूठ है। आपने अपनी बेवकूफी को छुपाने के लिए एक मनगढ़न्त केस बना लिया है।"

सब-इंस्पेक्टर ने तल्खी से जवाब दिया, "आप अपनी जुबान सँभालकर बात कीजिए, मिस्टर इकबाल! मैं आपके बाप का नौकर नहीं हूँ जो आपके 'ब्लडी' 'ब्लडी' को सह जाऊँगा। आपका नाम इकबाल है और आपकी सुन्नत की हुई है। मैंने खुद आपको देखा है। और फिर मनो-माजरा में आपके होने की आपके पास कोई दलील नहीं है। मैं सोचता हूँ, इतना ही काफी है।"

"इतना ही काफी नहीं होगा, जब बात अदालत में पहुँचेगी और अखबारों में खबर छपेगी। मैं मुसलमान नहीं हूँ। और मेरे मुसलमान होने-न-होने से क्या मतलब? मैं मनो-माजरा में क्यों आया, इससे भी आपका

कोई लेना-देना नहीं है। अगर आप मुझे चौबीस घंटे के अन्दर नहीं रिहा करते तो मैं अदालत में हैबीयस कॉर्पस (बन्दी प्रत्यक्षीकरण) की याचिका दायर करूँगा और अदालत के सामने बयान करूँगा कि आप लोग कैसे अपनी ड्यूटी निभाते हैं।''

''हैबीयस कॉर्पस पेटीशन?'' सब-इंस्पेक्टर ठठाकर हँसा, ''लगता है आप काफी लम्बे अरसे तक विदेशों में रहते रहे हैं, मिस्टर इकबाल! आप तो अभी तक खयाली पुलावों की ही दुनिया में जी रहे हैं। यहाँ रहेंगे तो सब जान जाएँगे।'' सब-इंस्पेक्टर एकाएक उठकर बाहर निकल गया और, लोहे का फाटक बन्द कर दिया गया।

बगलवाली जग्गा की कोठरी भी खुलवाई गई।

''सत श्री अकाल, इंस्पेक्टर साहिब!''

सब-इंस्पेक्टर ने जग्गा के अभिवादन का उत्तर दिए बिना ही कहा, ''तू अपनी बदमाशी कभी छोड़ेगा भी कि नहीं?''

''हुजूर, आप जो जी चाहे कह लें। पर इस बार मैं बेकसूर हूँ। गुरु की सौगन्ध खाकर कहता हूँ कि मैं बेकसूर हूँ।''

जग्गा फर्श पर ही बैठा रहा। इंस्पेक्टर दीवार की टेक लेकर खड़ा था।

''डकैतीवाली रात तू कहाँ था?''

''मेरा डकैती से कोई वास्ता नहीं,'' जग्गा ने टाल-मटोल करते हुए कहा।

''कहाँ था तू डकैतीवाली रात?'' सब-इंस्पेक्टर ने फिर पूछा।

जग्गा ने नजर नीची कर ली, ''मैं अपने खेतों में गया था। पानी देने की बारी मेरी थी।''

सब-इंस्पेक्टर जानता था कि वह झूठ बोल रहा था।

''पानी की बारी का पता तो नहरवाले को पूछने से चल जाएगा। यह बताओ कि लम्बरदार को बोलकर गए थे कि गाँव से बाहर जा रहे हो?''

जग्गा हकबकाया-सा नजरें नीची किए रहा।

''तुम्हारी माँ कह रही थी कि तुम खेतों से जंगली सूअरों को खदेड़ने गए थे?''

जग्गा अब भी कुछ नहीं बोला। काफी देर चुप रहने के बाद उसने फिर कहा, ''मेरा डकैती से कोई वास्ता नहीं। मैं बेकसूर हूँ।''

“डाकू कौन थे?”

“मालिक, मैं क्या जानूँ वे कौन थे? मैं तो उस वक्त गाँव से बाहर था। नहीं तो आप क्या मानते हैं कि कोई मनो-माजरा में आकर डाका डालने और कत्ल करने की हिम्मत कर सकता था?”

“कौन थे वे डकैत?” सब-इंस्पेक्टर ने धमकाते हुए दोहराया। “मुझे पता है कि तू उनको जानता है। वे तो खैर, तुझे जानते ही हैं। उन्होंने तेरे घर चूड़ियों का बंडल फेंका!”

जग्गा ने जवाब नहीं दिया।

“तू क्या चाहता है कि तेरे चूतड़ पे कोड़े पड़ें? या तेरी...में लाल मिर्चें डालें, तभी बोलेगा? क्यों?”

जग्गा दुबककर पीछे हटा। उसे पता था कि सब-इंस्पेक्टर के यह सब कहने का क्या मतलब था। इन सबसे वह एक बार पहले भी गुजर चुका था। चारपाई के पायों तले उसके हाथों और पाँवों को दबाकर दर्जन-भर सिपाही ऊपर चढ़ बैठे थे। उसकी अंडग्रन्थियों को मरोड़कर इतनी जोर से दबाया गया था कि वह दर्द के मारे बेहोश ही हो गया था। पिसी लाल मिर्चें उसकी गुदा में डाली गई थीं। पता नहीं कितने दिनों तक जलन से तड़पता रहा था। इन सबके ऊपर न खाना न पानी। या फिर खूब मिर्च-मसालेवाला खाना देते और पानी का कटोरा पड़ा होता कोठरी से बाहर, जो दिखाई तो देता रहता, पर जिसको छुआ नहीं जा सकता था। यह सब बातें याद आते ही उसे कँपकँपी-सी छाने लगी।

“नहीं,” वह गिड़गिड़ाया, “नहीं, रब्ब के वास्ते ऐसा मत करिएगा।” फर्श पर लेटकर उसने दोनों हाथों से सब-इंस्पेक्टर के पैर पकड़ लिए, “नहीं, हजूर नहीं।” इंस्पेक्टर के पैरों पर गिरकर रिरियाते हुए उसे अपने ऊपर शर्म आ रही थी पर वह यह भी जानता था कि वैसी यातना वह दोबारा नहीं सह सकता था, “मैं बेकसूर हूँ। कसम गुरु की। मेरा डकैती से कोई वास्ता नहीं।”

छह फुट चार इंच के हट्टे-कट्टे मर्द को अपने पैरों में रिरियाते देख सब-इंस्पेक्टर मन-ही-मन प्रफुल्लित हो रहा था। उसने आज तक ऐसा कोई भी आदमी नहीं देखा था जो शारीरिक यातना को सहकर भी अपनी बात पर डटा रहे। हाँ, यातना देने के तरीके अलग-अलग व्यक्तियों के लिए

अलग-अलग निकालने पड़ते हैं। कुछ भूख ही बर्दाश्त नहीं कर सकते, तो कुछ इकबाल जैसे लोगों के लिए इतना ही काफी है कि उन्हें सिपाहियों के सामने ही हगने को कह दो। कुछ के मुँह पर चाशनी लगाकर मक्खियाँ बैठा दो और हाथों को पीछे बाँध दो तो वे इतना भी नहीं सह पाते और सच उगल देते हैं। अन्त में किसी-न-किसी तरह हार सभी मान जाते हैं।

"डकैतों के नाम बताने के लिए मैं तुम्हें दो दिन देता हूँ," सब-इंस्पेक्टर ने कहा, "नहीं तो चूतड़ पे इतना मारूँगा कि सूज के मेढ़े की पूँछ बन जाएँगे।"

उसने जग्गे के हाथों से अपने पैर छुड़ाए और चल दिया। उसका इस बार का आना कामयाब नहीं हुआ था। उसे अब अपना तरीका बदलना पड़ेगा। इन दो बिलकुल भिन्न प्रकृति के व्यक्तियों के साथ सिर खपाना भी क्या आसान काम था।

सितम्बर के शुरू-शुरू के दिन थे। मनो-माजरा की बरसों से चली आ रही दिनचर्या अचानक ही गड़बड़ाने लगी थी। रेलगाड़ियाँ ऐसे वक्त-बेवक्त पहले कभी नहीं आया करती थीं। किसी-किसी दिन तो लगता था कि घड़ी का अलार्म ही कहीं गलत तो नहीं लग गया! या फिर पता नहीं किसी ने उसमें चाबी भी भरी थी या नहीं! इमामबख्श सोचता था कि मीत सिंह की पाठ करने की आवाज सुनाई दे तो वह अपनी अजान दे और उधर मीत सिंह उठने के लिए मुल्ला की अजान की राह तकता! लोग मेल गाड़ी के इन्तजार में देर-देर तक सोए रहते। वे क्या जानते थे कि मेल गाड़ी उस दिन आनी ही नहीं थी! बच्चों को पता नहीं चलता था कि कब उन्हें भूख लगी, और कब माँओं से खाना माँगें। शाम को साँझ ढलने से पहले ही लोग अपने-अपने घरों में घुस जाते और एक्सप्रेस गाड़ी के आते ही सोने चले जाते थे। पर कभी-कभी तो एक्सप्रेस गाड़ी आती ही नहीं। मालगाड़ियों का आना तो बिलकुल ही बन्द हो गया था। अतः उन्हें लोरी देकर सुलानेवाला अब कोई नहीं रहा था। इनके बदले, आधी रात और भोर के बीच, वक्त-बेवक्त मनो-माजरा के लोगों की नींद भंग करती भुतहा गाड़ियाँ वहाँ से गुजरती रहतीं।

गाँव के जीवन में केवल यही एक परिवर्तन नहीं आया। सिख फौजियों

की एक यूनिट भी यहाँ आन उतरी थी और रेलवे स्टेशन के पास ही तम्बू लगाकर टिक गई थी।

उन्होंने पुल के पास सिगनल के ढाल के साथ रेत के बोरों का एक छह फुट ऊँचा चौकोर टीला-सा बनाया और उसके चारों तरफ चार मशीनगनें फिट कर दीं। हथियार-याफ्ता सन्तरी रेलवे प्लेटफार्म पर गश्त लगाने लगे और गाँव के किसी भी आदमी को स्टेशन के बाड़े के पास तक फटकने नहीं दिया जाता। दिल्ली से आनेवाली सभी गाड़ियाँ यहाँ रुकतीं और पाकिस्तान जाने से पहले उनके गार्ड और ड्राइवर बदल दिए जाते। पाकिस्तान से आनेवाली गाड़ियों के इंजन ऐसे सीटियाँ बजाते हुए आते, जैसे कैद से छूटकर आए हों।

एक सुबह, पाकिस्तान से आई एक रेलगाड़ी मनो-माजरा के रेलवे स्टेशन पर रुकी। पहली नजर में तो यह विभाजन के पहलेवाले शान्तिपूर्ण दिनों की ट्रेनों जैसी लगी। कोई छतों पर नहीं बैठा था, न कोई बोगियों के बीचवाले बफरों पर लटका था। फुटबोर्ड भी खाली था, पर कहीं-न-कहीं कुछ फर्क जरूर लग रहा था। इस गाड़ी में कुछ ऐसी बात थी जो व्याकुल कर देनेवाली लग रही थी। कुछ भुतहा-सी। जैसे ही रेलगाड़ी स्टेशन पर पहुँची, गाड़ी के आखिरी डिब्बे से गार्ड नीचे उतरा और सीधा स्टेशन मास्टर के दफ्तर की ओर बढ़ा।

दोनों बाहर निकलकर फौजियों के तम्बू में गए और उन्होंने उनके बड़े अफसर से बात की। सैनिकों को इकट्ठा किया गया और मनो-माजरा के मटरगश्ती करते लोगों को गाँव में लौटने को कहा गया। एक आदमी को मोटर साइकिल पर चन्दन नगर भेजा गया। घंटे-भर बाद करीब पचास हथियारबन्द सिपाहियों के साथ सब-इंस्पेक्टर स्टेशन पर पहुँचा। उनके पीछे-पीछे हुकुमचन्द भी अपनी अमेरिकन मोटर गाड़ी में वहाँ पहुँच गए।

दिन-दहाड़े इस भुतहा गाड़ी के आगमन की खबर ने मनो-माजरा में हलचल मचा दी। लोग अपने-अपने घरों की छतों पर चढ़कर देखने लगे कि स्टेशन पर क्या हो रहा था। पर उन्हें सिर्फ स्टेशन के एक सिरे से दूसरे सिरे तक फैली ट्रेन की काली छत के सिवा कुछ दिखाई नहीं दिया। स्टेशन की इमारत के कारण ट्रेन का बाकी हिस्सा दृष्टि की पहुँच से दूर था। बीच-बीच में कोई फौजी या सिपाही स्टेशन के बाहर निकलता और फिर

अन्दर घुस जाता।

दोपहर को लोग छोटे-छोटे गुटों में खड़े रेलगाड़ी के बारे में ही बातें कर रहे थे। पीपल के पेड़ के पास लोगों की भीड़ जमा हो गई। वहाँ से इकट्ठे होकर सब गुरुद्वारे की ओर चल दिए। औरतें एक घर से दूसरे घर होती एक कान से दूसरे कान में बातें पहुँचाती गईं और मुखिया के घर के पास आकर रेलगाड़ी के बारे में और अधिक जानने को उत्सुक हुई अपने मर्दों का इन्तजार करने लगीं।

जब भी मनो-माजरा में कोई महत्त्वपूर्ण घटना घटती है तो यहाँ के लोगों के व्यवहार का क्रम यही होता है। औरतें मुखिया के घर जाएँगी, मर्द गुरुद्वारे में। गाँव का कोई सर्वसम्मत नेता तो था नहीं। मुखिया बन्ता सिंह मूलतः लम्बरदार था। उसका मुख्य काम तो लगान वसूलना था। कई पीढ़ियों से उसका परिवार ही लम्बरदारी का काम कर रहा था। उसके पास अपनी जमीन औरों से कोई अधिक नहीं थी। और भी किसी तरीके से उसका मुखिया होना प्रकट नहीं होता था। उसमें अपने लम्बरदार होने का कोई घमंड नहीं था। अन्य किसानों की तरह वह भी मेहनत-मशक्कत करनेवाला व्यक्ति था। पर चूँकि उसका वास्ता हमेशा सरकारी अफसरों और पुलिस के लोगों से पड़ता रहता था इसलिए उसका एक सरकारी रुतबा तो था ही। कोई उसे नाम लेकर नहीं बुलाता था। अपने बाप-दादा, पड़दादा की तरह वह भी 'ओए लम्बरदारा' ही कहलाता था।

गाँव की सभाओं में जिन दो लोगों की आवाजें सुनी जाती थीं, वे थे गाँव की मस्जिद का मुल्ला इमामबख्श और भाई मीत सिंह। इमामबख्श जाति से जुलाहा था और पंजाब में जुलाहे सदियों से मखौल के निशाने रहे हैं। उन्हें स्त्रैण और कायर समझा जाता है, ऐसे आदमी जिनकी औरतों के पर-पुरुषों से जारज सम्बन्ध रहते हैं। पर अपनी उम्र और भलमनसाहत के कारण उसे गाँववालों के बीच सम्मान का स्थान प्राप्त था। उसके परिवार में हुई अनेक दुखद घटनाओं के कारण लोग उस पर तरस भी खाते थे और स्नेह भी करते थे। पंजाबी केवल उन्हें ही चाहते हैं जिन पर वे तरस खा सकें। उसकी घरवाली और इकलौता बेटा, एक के बाद एक, कुछ दिनों के अन्तराल में ही चल बसे थे। उसकी आँखों की रोशनी पहले भी कमजोर थी, पर अचानक ही और खराब हो गई और वह अपनी खड्डियों पर काम करने

के लायक भी न रहा। ऊपर से छोटी-सी बच्ची—नूराँ की देखभाल का जिम्मा! भीख माँगने की नौबत आन पहुँची। तभी से उसने मस्जिद में डेरा डाल लिया और मुसलमान बच्चों को कुरान पढ़ाने लगा। कुरान की आयतें लिख-लिखकर वह ताबीज बनाकर गाँववालों को पहनने के लिए देता। बीमार लोग चंगा होने के लिए भी उससे ताबीजें लेते। गाँव के लोगों के दिए आटे, सब्जी, खाने-पीने के सामान और उतरन के कपड़ों तथा छोटे-मोटे चढ़ावों ने उसे और उसकी बेटी को जिन्दा रखा। उसके पास कहानियों और किस्सों का ऐसा अद्‌भुत खजाना था कि गाँववाले सुन-सुनकर नहीं थकते थे। उसे देखते ही वे आदर से झुक जाते। दुबला-पतला-सा आदमी, गंजे सिर पर नाममात्र के थोड़े-से सफेद बाल, सफाई से छँटी हुई दाढ़ी जिसे वह अक्सर मेंहदी से रँगकर लाल किए रहता। आँखों में उतरा मोतियाबिन्द उसके चेहरे को एक धुँधला-सा दार्शनिक स्वरूप प्रदान करता था। साठ साल का होने के बावजूद शरीर बिलकुल सीधा, तना हुआ। सब मिलाकर उसके व्यक्तित्व में एक गरिमा-सी झलकती थी और लोग उसे एक नेक इनसान समझते थे। गाँव के लोगों के लिए वह मुल्ला या इमामबख्श नहीं था, वह उनके लिए सिर्फ चचा था।

मीत सिंह के प्रति लोगों में न तो ऐसा स्नेह था, न ही ऐसा सम्मान। पेशे से किसान होते हुए भी उसने काम से बचने के लिए धर्म की शरण ली हुई थी। उसकी थोड़ी-सी जमीन भी थी, जो उसने पट्टे पर दी हुई थी। गुरुद्वारे का चढ़ावा मिलाकर आजीविका आराम से चल रही थी। बीवी-बच्चे तो थे नहीं। उसको धर्मग्रन्थों का कोई विधिवत ज्ञान नहीं था, न ही उसमें बोलने-बतियाने की कोई पटुता थी। देखने-सुनने में भी प्रभावशाली नहीं था। नाटा, मोटा और बालों से भरा। उम्र इमामबख्श के बराबर ही होगी, पर दाढ़ी अब भी काली, यद्यपि बीच-बीच में सफेद लटें भी दिखती थीं। रहन-सहन में भी अस्त-व्यस्त-सा। पगड़ी केवल तभी पहनता जब ग्रन्थ साहब को पढ़ रहा होता, नहीं तो बालों की ढीली-सी गुट्टी में छोटी-सी कंघी फँसाए ही घूमता रहता। आधे केश तो गर्दन पर छितरे रहते। कमीज तो कभी-कदा ही पहनता, ज्यादातर तो मैला-सा कच्छा पहने ही दिखाई देता। पर मीत सिंह शान्तिप्रिय व्यक्ति था। इमामबख्श के प्रति उसके स्नेह को ईर्ष्या ने कभी नहीं डँसा। इमामबख्श की बताई कोई बात उसे पसन्द आती

तो वह इसे अपनी जिम्मेदारी समझता था कि अपने समुदाय को भी इससे परिचित कराए। उनकी बातचीत के पीछे हमेशा दोस्ताना प्रतिद्वन्द्विता की झलक लरजती रहती थी।

गुरुद्वारे में हुई सभा का वातावरण बड़ा अवसादमय था। लोगों के मुँह से बोल नहीं फूट रहे थे और जिनके मुँह खुलते भी थे वे भी पैगम्बरों की तरह धीरे-धीरे बोल रहे थे। बातचीत का सिलसिला इमामबख्श ने शुरू किया, ''अल्ला रहम करे, हम बुरे वक्त में जी रहे हैं।''

कुछ लोगों ने आहें भरते हुए कहा, ''हाँ, बहुत बुरे दिन।''

मीत सिंह बोला, ''हाँ, चचा! यह कलियुग है!''

कुछ देर लोगों में चुप्पी छाई रही। लोग व्याकुलता से 'या अल्लाह' या 'वाहे गुरु, वाहे गुरु' कर परमात्मा को गुहार दे रहे थे।

''लम्बरदारा,'' इमामबख्श ने फिर कहा, ''तुमको तो पता होगा कि क्या हुआ है! डिप्टी साहिब ने तुम्हें बुलवाया क्यों नहीं?''

''मैं क्या जानूँ, चचा? जब बुलाएँगे तो मैं चला जाऊँगा। वह भी स्टेशन पर ही हैं और किसी को भी स्टेशन के नजदीक नहीं आने दिया जा रहा।''

एक नौजवान ने जोर से जिन्दादिली से बोलते हुए बात काटी, ''अरे, तो क्या हम मरे थोड़े ही जा रहे हैं! अभी पता चल जाएगा कि क्या हो रहा है वहाँ! है तो रेलगाड़ी ही न! सरकारी खजाना लेकर आई होगी या हथियार होंगे। तभी तो लोग उसे घेरे खड़े हैं। सुना नहीं आजकल चारों तरफ कितनी लूटपाट मची हुई है।''

''चुप रह,'' उसके दाढ़ीवाले बाप ने गुस्से में फटकारा, ''बड़ों के बीच तुझे बोलने की क्या पड़ी है?''

''मैं तो सिर्फ...''

''बस, ठीक है।'' पिता ने कड़ाई से टोका। उसके बाद फिर एक लम्बी चुप्पी।

''मैंने सुना है,'' उँगलियों से धीरे-धीरे अपनी दाढ़ी को सँवारते हुए इमामबख्श बोला, ''कि गाड़ियों में काफी वारदातें हो रही हैं।''

'वारदातें' शब्द सुनकर श्रोताओं की भीड़ में कुछ खलबली-सी मची। थोड़ी देर बाद मीत सिंह ने हामी भरते हुए कहा, ''हाँ, काफी वारदातों के बारे में खबरें मिल रही हैं।''

"हम तो अल्लाह से रहम की पुकार ही कर सकते हैं," इमामबख्श ने विषय पर पूर्ण विराम लगाते हुए कहा, जिसे उसने स्वयं ही शुरू किया था।

मीत सिंह ने भी रब्ब की गुहार में पीछे रहना उचित नहीं समझा और 'वाहे गुरु, वाहे गुरु' दोहराने लगा। घेरे में पीछे की ओर बैठे कई लोग तो वहीं जमीन पर पसरकर सो ही गए।

अचानक गुरुद्वारे की चौखट पर एक सिपाही खड़ा दिखाई दिया। लम्बरदार और तीन-चार गाँववाले उठकर खड़े हो गए। सोए हुए लोगों को भी कोंच-कोंचकर उठाया जाने लगा। ऊँघते हुए लोग हक्के-बक्के से हुए उठ बैठे और हैरान होकर पूछने लगे, "क्या हुआ, क्या हुआ?" उन्होंने जल्दी-जल्दी अपने सिरों पर पगड़ियाँ ठीक करनी शुरू कीं।

"गाँव का लम्बरदार कौन है?"

बन्ता सिंह उठकर दरवाजे पर गया। सिपाही ने कोने में जाकर उसके कान में कुछ फुसफुसाया। बन्ता सिंह के मुड़ते ही वह जोर से बोला, "जल्दी करो। आधे घंटे के अन्दर-अन्दर। स्टेशन की तरफ दो मिलिटरी के ट्रक खड़े हैं। मैं वहीं मिलूँगा।"

सिपाही तेजी से निकल गया।

गाँववाले बन्ता सिंह को घेरकर खड़े हो गए। रहस्य को केवल बन्ता सिंह जानता था। उसकी आवाज में एक रौब-सा आ गया था, "जिसके घर में जितनी लकड़ी हो और जितना मिट्टी का तेल आप दे सकते हो, स्टेशन की तरफ खड़े ट्रकों के पास ले जाओ। उसके लिए पैसे मिल जाएँगे।"

गाँववाले राह देख रहे थे कि वह उन्हें बताए तो सही कि क्यों? पर उसने केवल रुखाई से अपना आदेश दोहराया, "बहरे हो क्या? सुना नहीं आप लोगों ने? या कि चाहते हो कि पुलिस आकर चूतड़ पर कोड़े लगाए, तभी हिलोगे? जाओ, जल्दी करो!"

लोग आपस में फुसफुसाते हुए अपने-अपने घरों की गलियों की तरफ तितर-बितर होने लगे। लम्बरदार अपने घर की तरफ मुड़ गया।

कुछ मिनटों बाद, गाँववाले गाँव के बाहर स्टेशन की तरफ लकड़ी के गट्ठर और तेल की बोतलों के साथ जमा होने लगे। फौज के दो हरे रंग के भारी-भरकम ट्रक अगल-बगल खड़े थे। मिट्टी की एक दीवार के साथ पेट्रोल के खाली डिब्बों की लाइन लगी थी। स्टेनगन लिए एक सिख फौजी

चौकसी में खड़ा था। एक और अफसर-सा दिखता सिख नौजवान एक ट्रक के पीछे पैर लटकाए बैठा था। गाँववालों के दुआ-सलाम का जवाब सिर हिलाकर देता हुआ वह दूसरे ट्रक में चढ़ रही लकड़ियों पर नजर रख रहा था। लम्बरदार पास ही खड़ा गाँववालों का नाम और उसके आगे उनके द्वारा लाई लकड़ी और तेल का हिसाब नोट करता जा रहा था। ट्रक में अपने-अपने गट्ठर डालकर और अपनी बोतलों को पेट्रोल के पीपों में उलटाकर ग्रामवासी थोड़ी दूरी पर जाकर एक छोटे से झुंड में खड़े हो गए।

इमामबख्श ने भी अपना लाया लकड़ी का गट्ठर ट्रक में उल्टा और हाथ की बोतल लम्बरदार को थमाई। अपनी पगड़ी को फिर से बाँधते हुए उसने अफसर का अभिवादन किया, "सलाम, सरदार साहब!"

अफसर ने अपना मुँह फेर लिया।

इमामबख्श ने फिर कहा, "सब कुछ ठीक-ठाक तो है, सरदार साहिब?"

अफसर ने अचानक मुँह उधर किया और गुर्राकर कहा, "चलते बनो! देखते नहीं काम में लगा हूँ!"

पगड़ी ठीक करते हुए शर्मिन्दा-सा हुआ इमामबख्श गाँववालों की टोली के पास चला गया।

दोनों ट्रकों में लकड़ी और तेल लद गया तो अफसर ने बन्ता सिंह को कहा कि अगले दिन कैम्प में आकर पैसे ले जाए। ट्रक स्टेशन की तरफ चल दिए।

उत्सुक ग्रामवासियों ने बन्ता सिंह को घेर लिया। बन्ता सिंह को लग रहा था कि जैसे वही इमामबख्श की बेइज्जती के लिए जिम्मेदार हो। सब गाँववाले उसकी बात सुनने को बेकरार हुए खड़े थे।

"ओ लम्बरदारा! तुम हमें कुछ बताते क्यों नहीं? यह कैसी भेद की बात है जो अकेले ही छुपाए फिर रहे हो? अपने आपको इतना ही समझने लगे हो कि हमसे बात भी नहीं कर सकते?" मीत सिंह ने गुस्से में भरकर कहा।

"ना, भाई ना, अगर जो मुझे पता होता तो भला तुम लोगों को मैं क्यों न बताता! तुम तो बच्चों की-सी बातें कर रहे हो। मैं इन फौजियों और सिपाहियों से क्या जुबान लड़ाऊँ? और तुमने देखा नहीं, उस...वाले ने चचा के साथ कैसे बोला? अपनी इज्जत अपने हाथ! अपनी छत पर चढ़कर देखो तो खुद ही पता चल जाएगा कि ये लोग क्या कर रहे हैं।"

गाँववाले अपनी-अपनी छतों पर जा पहुँचे। वहाँ से स्टेशन के करीब कैम्प के पास खड़े ट्रक दिखाई दे रहे थे। ट्रक फिर से चल पड़े थे और पूरब की तरफ रेलवे लाइन के साथ-साथ चलते हुए सिगनल के भी पार पहुँच गए। फिर उन्होंने बाईं ओर को पूरा-का-पूरा काटा और हिचकोले खाते हुए रेल की पटरियों के दूसरी तरफ पहुँच फिर बाएँ घूमे और स्टेशन की तरफवाली पटरियों के बगल से चलते हुए ट्रेन के पीछे ओझल हो गए।

सारी दोपहर गाँववाले छतों पर खड़े-खड़े एक-दूसरे से चीख-चीखकर बातें करते रहे और पूछते रहे कि किसी को कुछ दिखाई दिया या नहीं। अपनी उत्तेजना में वे खाना-पीना तक भूल गए। माँओं ने रात की बासी रोटियाँ खिलाकर ही अपने बच्चों को चुप कराया। चूल्हे जलाने की तो उन्हें फुर्सत ही नहीं मिली थी। शाम तक मर्दों को अपने पशुओं को चारा डालना और दूध दुहना तक याद नहीं आया। सूरज जब पुल की मेहराबों से नीचे उतर आया तो एकाएक उन्हें याद आया कि उनके तो सारे काम बाकी पड़े थे। अँधेरा घिरने ही वाला था। बच्चों को भूख लग रही थी। पर माँएँ अब भी स्टेशन की तरफ टकटकी लगाए खड़ी थीं। बाड़ों में बँधी गाय-भैंसें रँभा रही थीं, पर मर्द अब भी छतों पर खड़े स्टेशन की तरफ ही देख रहे थे। सभी जानते थे कि कुछ-न-कुछ जरूर होनेवाला है।

आसमान पर छितरे सफेद बादलों को गेरुए, ताँबई और सन्तरी छटा में रँगता सूरज पुल के पीछे अस्त हो गया। सन्ध्या की दीप्ति झुटपुटे के धूसर रंग में बदली और फिर झुटपुटा अँधेरे में परिवर्तित होने लगा।

स्टेशन एक काली दीवार-सा दिखने लगा। थककर लोग छतों से उतर अपने-अपने आँगनों में आ गए और बाकियों को भी नीचे बुलाने लगे, क्योंकि वे नहीं चाहते थे कि जो वे नहीं देख सकते उसे दूसरा कोई भी देख सके।

स्लेटी अँधेरे में डूबा उत्तर का क्षितिज फिर से सन्तरी-सा होता दीख पड़ा। आसमान की ओर उठता सन्तरी रंग ताँबई होने लगा और फिर प्रदीप्त गेरुआ। आग की लाल लपटें काले आकश में लपक रही थीं। गाँव की तरफ बहती हुई हवा में जलती हुई लकड़ी और मिट्टी के तेल की बू के साथ एक और भी बू आ रही थी—जलते हुए मांस की तीखी गन्ध।

सारे गाँव पर मातमी मौन छा गया। किसी ने किसी से नहीं पूछा कि

गन्ध किस चीज के जलने की थी। सभी को पता था। सभी को शुरू से ही इसी बात का शक था। जवाब साफ ही था, क्योंकि ट्रेन पाकिस्तान से आई थी।

मनो-माजरा की याददाश्त में यह पहली बार हुआ था कि उस दिन खुदा के इकबाल को बखानती इमामबख्श की अजान आकाश में नहीं गूँजी।

उस दिन की घटना से रेस्ट हाउस में भी उदासी का आलम छा गया। मिस्टर हुकुमचन्द सवेरे से ही बाहर थे। स्टेशन से उनका अर्दली चाय का थर्मस और सैंडविच लेने आया तो उसने बैरे और जमादार को ट्रेन की बाबत सब बता डाला। शाम को नौकरों और उनके परिवारों ने पेड़ों के झुरमुटों के पीछे से आग की लपटें ऊपर उठते देखीं। आग की अवसादमय लालिमा की छाया बँगले की खाकी दीवारों पर भी रह-रहकर झिलमिला जाती थी।

दिन-भर के काम से हुकुमचन्द बेहद थक गए थे, पर उनकी थकान शारीरिक नहीं थी। इतने शवों को एक साथ देखकर पहले तो वे सुन्न से हो गए थे। कुछ घंटों के बाद लगा जैसे उनके भीतर की सारी भावनाएँ, सारी संवेदनाएँ मर गई हों। मर्दों, औरतों और बच्चों की लाशों को घसीट-घसीटकर रेलगाड़ी से निकाले जाने के दृश्यों को वे ऐसी उदासीनता से देखते रहे मानो वे इनसानों के शव न होकर बक्से या बिस्तरबन्द हों। रेस्ट हाउस में आकर मोटरगाड़ी से उतरे तो वे बेहद पस्त और शिथिल-से लग रहे थे। बैरा, जमादार और उनके परिवार जन सभी छत पर खड़े लपटों को देख रहे थे। दरवाजा खुलवाने के लिए उन्हें उनके नीचे उतरने की राह देखनी पड़ी। उनके नहाने का पानी भी नहीं रखा गया था। इस उपेक्षा से उनके भीतर का अवसाद और भी गहराने लगा।

हुकुमचन्द नौकरों की टहल-सेवा को नजरअन्दाज करते हुए लेटे रहे। एक नौकर ने फीते खोलकर जूते उतारे और पाँवों को मलने लगा। दूसरे ने बाल्टियों से नहाने के टब को भरा। मजिस्ट्रेट एकाएक उठे और नौकरों को लगभग धकेलते हुए स्नानागार में घुस गए।

नहा-धोकर कपड़े बदल उन्हें कुछ राहत-सी महसूस हुई। पंखे की हवा ठंडी और आरामदेह लग रही थी। आँखों पर हाथ रखकर वे पुनः लेट गए। मुँदी आँखों के अँधेरे कमरों में सुबह की घटनाएँ विराट दृश्यों की भाँति

एक-एक कर उभरने लगीं। उँगलियों से आँखों को जोर से दबाकर वे उन दृश्यों को मिटाना चाह रहे थे, पर आकृतियाँ और भी काली और लाल होकर पुनः लौट आतीं—एक लाश ने अपने हाथों से अपनी ही आँतें थामी हुई थीं और आँखों में ऐसा भाव था मानो कह रहा हो, 'देखो, मैं क्या लाया हूँ!' एक कोने में ढेर हुई लाशें सिर्फ औरतों और बच्चों की थीं। आँखें भय से फटी, मुँह अब भी खुले के खुले, मानो उनकी चीत्कारें तभी-तभी थमी हों। कुछ शरीरों पर तो चोट का कोई निशान भी नहीं था। डिब्बों के अन्तिम कोनों से सटे हुए शव—भयाक्रान्त आँखों से खाली खिड़कियों के पार देखते हुए, जहाँ से भाले-बर्छियाँ, और गोलियाँ उनकी तरफ बरसी होंगी। शौचालयों में नौजवानों की लाशें भरी पड़ी थीं। वे दौड़-भागकर बचने के लिए वहाँ पहुँचे होंगे कि शायद वहाँ अपेक्षाकृत अधिक सुरक्षित रह सकें। चारों तरफ सड़ते हुए शवों, मल और मूत्र की घिनौनी दुर्गन्ध। खयाल आते ही हुकुमचन्द के मुँह में मितली आने लगी। सबसे जीवन्त तस्वीर तो उनके मन में सफेद दाढ़ीवाले उस वृद्ध किसान की बसी थी, जो मरा हुआ लगता ही नहीं था। सामान रखनेवाले ऊपरी फट्टे पर बिस्तरबन्दों के बीच फँसा बैठा वह बेहद उदास आँखों से नीचे चल रहे दृश्यों को देख रहा था। जमे हुए खून की एक पतली-सी रेखा उसके कान से होकर दाढ़ी तक जा रही थी। हुकुमचन्द ने उसे जिन्दा समझकर 'बाबा, बाबा' कहकर झकझोरते हुए उठाना चाहा था।

जिन्दा ही तो था वह बूढ़ा। उसके ठंडे हाथों ने बढ़कर कितनी विरूपता से मजिस्ट्रेट के दाहिने पाँव को जकड़ लिया था! हुकुमचन्द का सारा शरीर ठंडे पसीने से तर-बतर हो गया। वे चीखना चाह रहे थे, पर उनका मुँह केवल खुलकर रह गया। वह अदृश्य हाथ उनकी एड़ी से धीरे-धीरे ऊपर उठता हुआ पिंडलियों तक पहुँचा और पिंडलियों से घुटनों तक। हुकुमचन्द ने फिर चिल्लाना चाहा, पर आवाज फिर उनके गले में ही दबकर रह गई। उनको जकड़ता हुआ हाथ ऊपर को बढ़ता रहा। जंघा के मांसल भाग पर आकर उसकी पकड़ ढीली पड़ गई। हुकुमचन्द कराहने लगे। फिर एक अन्तिम प्रयास में, असह्य वेदना से चीखते हुए उन्होंने अपने भयावह स्वप्न से छुटकारा पाया। भय से विस्फारित आँखों से वे उठ बैठे।

उनके पास खड़ा नौकर भी डर-सा गया लगता था। घबराते हुए बोला,

"मैंने सोचा, साहब थके हुए होंगे सो पाँव दबाने आया था।"

हुकुमचन्द के मुँह से अब भी आवाज नहीं निकल रही थी। उन्होंने माथे से पसीना पोंछा और तकिए में धँसते हुए बुदबुदाने लगे, 'हाय राम, हाय राम' उत्तेजना के विस्फोट ने उन्हें कुछ तो राहत पहुँचाई ही थी। वे थकान से चकनाचूर महसूस कर रहे थे। धीरे-धीरे उनका चित्त शान्त होने लगा था।

"जरा व्हिस्की लाना!"

बैरा ट्रे में व्हिस्की, सोडा और गिलास लेकर आ पहुँचा। हुकुमचन्द ने व्हिस्की से गिलास को चौथाई भरा। बैरे ने बाकी सोडे से भर दिया। मजिस्ट्रेट ने एक ही घूँट में आधा गिलास गटक लिया और लेट गए। शराब ने उनकी शिथिल नसों में जीवन का संचार किया। नौकर ने फिर उनके पाँव दबाने शुरू किए। आराम महसूस करते हुए उन्होंने छत की ओर देखा। जमादार ने कमरे में आकर लैम्पों की बत्तियाँ जलाईं। एक लैम्प उसने हुकुमचन्द के पलँग के पास तिपाई पर रख दिया। एक पतिंगा चिमनी के गिर्द मँडराता हुआ गोल-गोल चक्कर काटता छत की तरफ उड़ा। दीवार से उछलकर दो छिपकलियाँ उसकी ओर लपकीं। पतिंगा छत पर जिस जगह टकराया था, वह छिपकलियों की पहुँच से काफी दूर थी, अतः वह फिर से चक्कर काटता लैम्प के पास लौट आया। छिपकलियों की चमकीली काली आँखें अब भी उसी पर लगी थीं। पतिंगा फिर ऊपर उड़ा और पुनः वापस लौटा। हुकुमचन्द जानते थे कि अगर यह अबकी बार छत पर बैठा तो निश्चय ही एक-न-एक छिपकली इसे अपने मगरमच्छी जबड़ों में दबोच लेगी। शायद यही इसकी नियति थी। कोई चाहे अस्पताल में हो या ट्रेन में, या छिपकली जैसे किसी जीव के जबड़ों में, सब बराबर है। बिस्तर पर अकेला पड़ा-पड़ा इनसान मर सकता है और किसी को पता भी नहीं चलेगा जब तक कि चारों तरफ दुर्गन्ध न फैलने लगे, आँखों के गड्ढों में कीड़े न पड़ जाएँ और मुँह पर छिपकलियाँ अपने लिजलिजे चिकने शरीर से रेंगने न लगें। पर इनसान अपने मन से कैसे मुक्त हो? बाकी बची व्हिस्की उन्होंने एक ही घूँट में गले के नीचे उतार ली और दूसरा पैग बनाने लगे।

मौत का विचार हुकुमचन्द के लिए हमेशा से ही एक मनोग्रन्थी रहा। बचपन में ही उन्होंने अपनी बुआ को मृत शिशु के प्रसव के बाद मरते देखा था। उसके सारे शरीर में जहर फैल गया था। कई दिनों तक मतिभ्रम में

तड़पती वह अपने पायताने खड़े मौत के साए को टालने के लिए हाथ-पैर पटकती रही। फटी-फटी आँखों से दीवार की ओर इशारा करके चीखते हुए उसके प्राण गए थे। वह दृश्य हुकुमचन्द कभी अपने मन से मिटा न पाए। बड़े होकर, जवानी में, यूनिवर्सिटी के निकटवाले श्मशानघाट में घंटों बिताकर उन्होंने अपने मृत्यु-भय पर विजय पाने की कोशिश की थी। उन्होंने देखा था कि बूढ़े और जवान सभी को बाँस की अनगढ़ अर्थियों पर डालकर वहाँ लाया जाता था। लोग शोक मनाते और फिर उन्हें जलाकर वहाँ से चले जाते थे। श्मशानघाट पर जाकर पता नहीं क्यों, उन्हें एक प्रकार का सुकून मिलता था। मृत्यु के तत्काल भय से तो उन्होंने स्वयं को मुक्त कर लिया था, पर उस अन्तिम विसर्जन का विचार उनके मानस में सदैव विद्यमान रहता था। इसी ने उन्हें दयालु बना दिया था, उदार और सहिष्णु भी। इसी ने उन्हें मुसीबतों में भी मुस्कराते रहने की शक्ति दी थी। अपने बच्चों की मृत्यु को भी उन्होंने एक भावशून्य सन्तुष्टि के साथ स्वीकार लिया था। अनपढ़ और अनाकर्षक पत्नी को भी बिना किसी प्रतिवाद के वे सहते आ रहे थे। यह सब उनकी इसी धारणा के कारण था कि मृत्यु ही जीवन का चरम सत्य है। बाकी सब बातें यथा प्रेम, महत्त्वाकांक्षा, गर्व, सभी प्रकार के मूल्य—अपने आप में इनमें से कोई भी पूर्ण नहीं। वे भी इन सबमें लिप्त होते थे, किन्तु साफ मन से। यद्यपि वे भी लोगों से भेंटें स्वीकार करते थे और मुसीबत में फँसे अपने मित्रों को उपकृत भी करते थे, लेकिन फिर भी वे भ्रष्ट नहीं थे। वे यदा-कदा पार्टियों में जाया करते थे। नाच-गाने और कभी-कभी सेक्स की भी व्यवस्था करवा लेते थे, फिर भी वे व्यभिचारी नहीं थे। 'जो भी कर लो, आखिर में क्या होना-हवाना है!' हुकुमचन्द के जीवन-दर्शन का यही सार था और इसीलिए वे जीवन को सम्पूर्णता में जीते थें।

पर लाशों से भरी हुई गाड़ी हुकुमचन्द की भाग्यवादिता के लिए भी एक चुनौती थी। मृत्यु की अनिवार्यता का उनका दार्शनिक विश्वास भी इस नर-संहार का जवाब नहीं दे सकता था। इतना बड़ा हत्याकांड, इतना हिंसक। वे हक्के-बक्के से रह गए थे। भय से काँप उठे थे। दाँतों तले जीभ काटती, मुँह से खून बहाती और टकटकी लगाए शून्य में ताकती आँखोंवाली अपनी बुआ की तस्वीर जीवन्त भयावहता के साथ उनकी आँखों के आगे फिर से तैरने लगी। व्हिस्की से यह कहाँ जानेवाली थी।

बाहर किसी मोटरगाड़ी की हेड लाइटें जलने से कमरा रोशनी से भर उठा और फिर पहले से भी अधिक अँधेरे में डूब गया। शायद कार को गैरेज में रखने के लिए ले जाया जा रहा था। हुकुमचन्द आनेवाली रात की सोच-सोचकर चिन्तित हो रहे थे। थोड़ी ही देर में नौकर अपने औरत-बच्चों के साथ अपने क्वार्टरों में सोने चले जाएँगे और खाली कमरोंवाले इस बँगले में अपने ही भय के भूतों के साथ वे अकेले रह जाएँगे। नहीं, वे अर्दलियों को यहीं कहीं अपने निकट ही सोने के लिए कहेंगे। वे सब बरामदे में सो सकते थे। लेकिन कहीं ये लोग यह तो नहीं सोचेंगे कि वे डर रहे थे। वह उनको कहेंगे कि शायद रात को उन्हें उनको बुलाने की जरूरत पड़े, इसीलिए निकट ही कहीं सोने को कह रहे थे। यह बात चल जाएगी।

''बेयरा!''

''जी मालिक?'' जाली के दरवाजे से बैरा तुरन्त प्रकट हुआ।

''मेरे सोने का इन्तजाम कहाँ किया है?''

''साहिब का बिस्तर तो अभी नहीं लगाया है। बादल छाए हुए हैं। शायद रात को पानी बरसे। हुजूर, आप बरामदे में सोएँगे क्या?''

''नहीं, मैं अपने कमरे में सोऊँगा। लड़के को बोलो, घंटा-दो घंटा पंखा डोला दे। जब ठंडा हो जाए तो बन्द कर दे। अर्दलियों को कहो, बाहर बरामदे में ही सो जाएँ। हो सकता है रात को किसी जरूरी काम के लिए मुझे उनकी जरूरत पड़ जाए।'' बैरे की ओर देखे बिना ही वे बोलते गए।

''जी साहिब! उनके सोने जाने से पहले ही मैं उन्हें बता देता हूँ। मालिक! आपका खाना लगा दें अब?''

खाने की बाबत तो हुकुमचन्द भूल ही गए थे। बोले, ''नहीं, मेरा खाने का जी नहीं हो रहा। तुम अर्दलियों को यहाँ बरामदे में सोने को कह दो। ड्राइवर को बोलो कि वह भी यहाँ सो जाए। अगर बरामदे में इतनी जगह नहीं तो ड्राइवर को दूसरे कमरे में सोने को कह दो।''

बैरा चला गया। हुकुमचन्द ने राहत महसूस की कि चलो उन्होंने अपनी इज्जत बचा ली। इन सब लोगों के रहते अब वे आराम से सो पाएँगे। अपने आसपास लोगों की बातचीत की आवाजें सुनकर वे आश्वस्त हुए। नौकर बरामदे में सोने की जगहों को लेकर बहस-मुबाहसा कर रहे थे, खटिएँ बिछाने के लिए जगह बनाने को फर्नीचर इधर-से-उधर कर रहे थे। कोई

लैम्प लेकर बगलवाले कमरे में जा रहा था। किसी का बिस्तर शायद उनके दरवाजे के बाहर ही लग रहा था।

किसी कार की हेड लाइट ने कमरे में फिर से रोशनी भर दी। कार बरामदे के बाहर आकर रुकी। हुकुमचन्द को कुछ मर्दों और औरतों की आवाजें सुनाई दीं और फिर घुँघरुओं की छनछनाहट। उठकर उन्होंने जाली के दरवाजे से झाँका। गवैयों की टोली थी, बुढ़िया और वह बच्ची-सी वेश्या। वे तो उनके बारे में भूल ही चुके थे।

''बेयरा!''

''हुजूर!''

''ड्राइवर को बोलो गवैयों और बुढ़िया को वापस ले जाए। और...नौकरों को बोलो अपने क्वार्टर में सोने चले जाएँ। अगर जरूरत लगी तो मैं बुलवा लूँगा।'' ऐसे बुरे फँसेंगे, उन्हें अनुमान नहीं था। नौकर मन-ही-मन जरूर हँसेंगे कि पहले तो यहाँ सोने को कहा और अब...! पर उन्होंने परवाह नहीं की। व्हिस्की का एक पैग और बनाया।

बैरे के कहने से पहले ही नौकर बाहर निकलने लगे थे। बगलवाले कमरे से लैम्प भी हटा ली गई थी। ड्राइवर ने कार फिर स्टार्ट कर दी और हेड लाइटें जलाईं। बुढ़िया कार में वापस बैठने को राजी ही नहीं हो रही थी। बैरे से बहस ही करती जा रही थी। बोलते-बोलते उसकी आवाज तेज होती जा रही थी। आखिर वह वहीं से मजिस्ट्रेट को सम्बोधित करके कहने लगी, ''हुजूर की सरकार बनी रहे। हजारों पे चल्लै कलम तेरी...!''

हुकुमचन्द अपना आपा खोने लगे थे। जोर से चिल्लाए, ''जाओ! तुम्हें तो अभी कल का मेरा हिसाब चुकाना बाकी है। बेयरा, जाओ और इसको वापस भिजवाओ!''

औरत की आवाज नीचे आने लगी। उसे जल्दी से गाड़ी में बैठा दिया गया। कार चल दी और हुकुमचन्द के पलँग के गिर्द लैम्प की टिमटिमाती हल्की-पीली रोशनी ही रह गई थी। उन्होंने उठकर तिपाई समेत लैम्प को कमरे के एक कोने में कर दिया। पतिंगा अब भी दोनों तरफ की दीवारों से टकराता, काँच की चिमनी के गिर्द नाच रहा था। छिपकलियाँ छत से उतरकर लैम्प के पासवाली दीवार पर आ गईं। पतिंगा दीवार पर बैठा ही था कि उनमें से एक छिपकली पीछे से धीरे से रेंगती हुई आई और उस पर

झपटी। पतिंगा छिपकली के जबड़ों में छटपटाने लगा। हुकुमचन्द व्यंग्य भरी उदासीनता से सारा तमाशा देखते रहे।

उनके कमरे का दरवाजा खुला और बन्द हुआ। एक छोटी-सी साँवली आकृति कमरे में दाखिल हुई। लैम्प की रोशनी में चमकते लड़की की साड़ी के सलमे-सितारे दीवार और छत पर रोशनी की टिमटिमाती आकृतियाँ फेंक रहे थे। हुकुमचन्द ने मुँह घुमाकर देखा। काली-काली लम्बी आँखों से उन्हें एकटक देखती लड़की बेहद डरी-डरी-सी लग रही थी।

"आओ।" मजिस्ट्रेट ने अपनी बगल में उसके लिए जगह बनाते हुए उसकी ओर हाथ बढ़ाया।

लड़की आकर दूसरी तरफ देखती हुई पलँग की पाटी पर बैठ गई। हुकुमचन्द ने उसकी कमर में अपनी बाँहें डाल दीं। उन्होंने उसकी जाँघों और कमर को सहलाया। उसके अपरिपक्व वक्ष को छुआ। लड़की भावहीन-सी तनी हुई बैठी रही। हुकुमचन्द थोड़ा और पीछे खिसके, "आओ लेट जाओ।" लड़की मजिस्ट्रेट की बगल में लेट गई। उसकी साड़ी के सितारे उनके चेहरे में गुदगुदी मचा रहे थे। उसने खस का इत्र लगा रखा था, मिट्टी की सोंधी गन्ध जैसा। उसकी साँसों से इलायची की गन्ध आ रही थी। हुकुमचन्द उससे बच्चों की तरह लिपटकर लेटे-लेटे गहरी नींद में डूब गए।

मानसून वर्षा का ही दूसरा नाम नहीं है। इसके मूल अरबी नाम की व्याख्या से तो यह एक मौसम है। लेकिन केवल ग्रीष्म काल की मेघाच्छन्न दक्षिण-पश्चिमी हवाएँ ही 'बारिश के मौसम' को बनाती हैं। सर्दियों का मानसून केवल सर्दी के दिनों की बारिश होती है। कोहराई हुई सुबहों में जैसे ठंडे पानी की बौछार। ठंड और कँपकँपी पैदा करनेवाली। यद्यपि यह फसल के लिए बहुत अच्छी होती है, पर लोग चाहते हैं कि जल्दी ही खत्म हो। सौभाग्य से यह अधिक दिन रहती भी नहीं।

गर्मियों की मानसून का तो एक अलग ही अन्दाज है। महीनों तक प्यासी सूखी धरती पर जब पानी बरसता है तो आनन्दित होकर वह इसे भीतर तक सोख लेती है। फरवरी के अन्तिम चरण में सूरज में गर्मी आने लगती है और वसन्त ऋतु ग्रीष्म ऋतु में परिवर्तित होने लगती है। फूल कुम्हला जाते हैं। लेकिन फिर फूलों से लदे पेड़ों की बारी आती है। पहले

आती है ढाक के फूलों की सन्तरी छटा की बहार, एरिथ्रीना की सिन्दूरी आभा और चम्पक का विशुद्ध धवल प्रस्फुटन। इसके बाद आता है कासनी रंग के नीलम, चटकीले गुलमोहर और चिकने सुनहरे अमलतास के गुच्छों का मौसम! फिर पेड़ों के फूल भी झरने लगते हैं। पतझड़ का मौसम आ जाता है। वृक्षों की शाखाएँ मानो आकाश को छूती हुई पानी की भीख माँग रही हों। पर पानी कहाँ? सूरज पहले से जल्दी उगने लगता है और तपी हुई धरती अपने सूखे होंठों को सिक्त कर सके, इसके पहले ही वह ओस की बूँदों को सोख लेता है। कुँओं, तालाबों, बावड़ियों और नदियों के जल को सुखाता सूरज बादल रहित सफेद आसमान में दिन-भर कड़कता है। घास और कँटीली झाड़ियाँ सूखकर इतनी कड़क हो जाती हैं कि झट आग पकड़ लेती हैं। आग के फैलने से जंगलों के जंगल माचिस की तीलियों की तरह जलकर नष्ट हो जाते हैं।

सूरज दिन-भर चमकता और झुलसाता हुआ पूरब से पश्चिम का सफर तय करता है। फटी हुई धरती की गहरी खुली दरारें मुँह बाए पानी को त्राहि-त्राहि करती हैं। पर पानी का कहीं पता नहीं। सिर्फ दोपहर की चौंधियानेवाली धूप होती है जो पानी की मृगमरीचिका पैदा करती रहती है। गरीब ग्रामवासी अपनी प्यासी गायों-भैंसों को पानी पिलाने बाहर निकलते हैं और लू में मारे जाते हैं। अमीर धूप के चश्मे लगाए बाहर निकलते हैं या फिर घरों में घुसे रहते हैं जहाँ खस की टट्टियों पर पानी का छिड़काव करके नौकर उन्हें ठंडा रखते हैं।

सूरज ने हवा से मानो सन्धि कर ली हो। हवा को वह इतना गर्म कर देता है कि यह लू बन जाती है और उसके सन्देशों को चतुर्दिक फैलाने लगती है। गर्मी इतनी ज्यादा होती है कि लू का तप्त स्पर्श भी भला लगता है। गर्मी के कारण शरीर पर पित्त निकल आती है। ऐसी सुस्ती छाती है कि सिर हिलने लगता है और आँखें झपकने लगती हैं। हवा जैसे तिनके को उड़ाकर ले जाती है वैसे ही लू की चपेट में आया व्यक्ति नहीं बच सकता।

इसके बाद आता है, झूठी आशाओं का काल। लू चलनी बन्द हो जाती है। हवा थम जाती है। दक्षिण के क्षितिज से एक काली दीवार उठने लगती है। हजारों की संख्या में कौए और चीलें उड़ते नजर आते हैं। तो क्या बारिश होनेवाली है? नहीं, नहीं, यह तो केवल गर्द-भरी आँधी है। चारों तरफ

धूल ही धूल हो जाती है। टिड्डी दलों से आकाश आच्छादित हो जाता है। पेड़ों और खेतों में अवशिष्ट पड़ा सब कुछ उन्हीं को होम हो जाता है। और तब आता है असली तूफान! कहर बरपाता हुआ खिड़कियाँ-दरवाजे भड़भड़ाता है। उनके शीशे टूट जाते हैं। छतों से उखड़कर छप्पर और टिन की चादरें कागज की चिन्दियों की तरह हवा में उड़ने लगती हैं। पेड़ जड़ों से उखड़कर बिजली की तारों पर गिर जाते हैं और उलझी हुई तारों से बिजली के करंट लगकर लोगों की जानें जाती हैं, घरों में आग भी लगती है। आँधी उस आग को दूसरे घरों तक फैलाकर अग्निकांडों में परिवर्तित कर देती है। सबका सब, बस, कुछ ही सेकंड में घटित हो जाता है। आप 'चक्रवर्ती राजगोपालाचारी' बोल पाएँ कि झक्कड़ खत्म! हवा में घुली गर्द किताबों, मेजों, कुर्सियों, खाने-पीने की तमाम चीजों—सब पर फैल जाती है। लोगों के आँख, कान, मुँह, नाक—सब धूल से सन जाते हैं।

ऐसी आँधियाँ इतनी बार आती हैं कि लोग बारिश के आने की आशा ही खो बैठते हैं। लोग निराश, लाचार, प्यासे और पसीने से तर-बतर हो जाते हैं। पीठ पर निकली घमोरियाँ रेगमार की तरह चुभती हैं। एक पथराई-सी निस्तब्धता वातावरण पर तारी रहती है।

इसके बाद किसी पक्षी की विलक्षण पुकार सुनने में आती है। अपना सघन छायादार बसेरा छोड़ क्यों यह चिड़िया धूप में आ बैठी है? थके-थके से लोग निर्जीव आकाश में ऊपर ताकते हैं। हाँ! दिखाई दे गई। वही तो है, अपने जोड़े के साथ बैठी। यह चिड़िया मिले-जुले काले और सफेद रंगवाली बुलबुल-जैसी लगती है। इसकी पूँछ लम्बी और सिर फुर्तीला होता है। रंग-बिरंगी कलगीवाली यह कोयल मानसून के आगमन से पहले अफ्रीका से उड़कर यहाँ आती है। तो क्या मन्द हवाएँ चलनी शुरू हो गईं? तब तो हवाओं में नमी की गन्ध भी होगी? और क्या वह गड़गड़ाहट, जिसमें इस पक्षी की सन्तप्त पुकार डूब गई थी, मेघों का गर्जन था? देखने के लिए लोग छतों पर दौड़ते हैं। पूरब में फिर वही आबनूसी दीवार खड़ी होने लगी है। बगुलों का एक झुंड उड़ता हुआ निकल गया है। बिजली की कौंध दिन के प्रकाश को लजा जाती है। बादलों के काले पंखों में हवा भर रही है। हवा से
प्रकाश को लजा जाती है। बादलों के काले पंखों में हवा भर रही है। हवा से
युक्त काले पंखोंवाले ये बादल सूरज के इर्द-गिर्द डूबते-उतराते तैर रहे हैं।

एक गहरी-सी साँवली छाया धरती को आच्छादित करने लगती है। बिजलियाँ और जोर से कड़केंगी। बादलों का और भी गर्जन होगा। यह लो, पानी की बड़ी-बड़ी बूँदें धरती पर गिरने लगीं और गिरते ही मिट्टी में समा झटपट सूख गईं। मिट्टी से सोंधी-सोंधी गन्ध फूटने लगी। बिजली की एक और कड़क। बादलों की एक और गड़गड़ाहट! आ गई! वर्षा आ गई! पानी की तहें की तहें। लहरों पर लहरें। लोग बादलों की ओर मुँह कर तकते हैं। भर दें उनके तन-मन को पानी की ये बूँदें! और फिर इतना बरसता है कि स्कूल और दफ्तर तक बन्द करने पड़ते हैं। सारा काम ठप्प हो जाता है। गलियों में आदमी, औरतें, बच्चे सब मानसून का स्तुतिगान करने निकलते हैं।

मानसून कोई साधारण बारिश नहीं है कि आए और चली जाए। यह तो एक बार आती है तो दो या अधिक महीनों तक लगातार पानी बरसता रहता है। इसका समापन हर्षोल्लास का विषय होता है। लोग पिकनिकों पर निकलते हैं और घूमने-फिरने के स्थानों पर आमों की गुठलियाँ और छिलके बिखरे दिखाई देते हैं। गाँवों में औरतें और बच्चे पेड़ों की डालियों पर झूले लटकाकर झूलते और नाचते-गाते हैं। मोर-मोरनियों के जोड़े पंख फैला-फैलाकर खुशी में झूमते हुए नाच उठते हैं। वन-उपवन उनकी तीखी ध्वनियों से गूँज उठते हैं।

पर कुछ दिनों बाद लोगों का सारा उत्साह ठंडा पड़ने लगता है। चारों ओर कीचड़ ही कीचड़। झीलें, तालाब, पोखरे अपनी सीमा से उफन आते हैं। शहरों में गटर बन्द हो जाते हैं; गलियाँ गन्दगी की नदियाँ बन जाती हैं। गाँवों में मिट्टी की दीवारें पानी पड़ने से गलने लगती हैं। छतों के छप्पर चूने लगते हैं या ढह जाते हैं। जब से ग्रीष्म ऋतु का तपता सूरज पर्वतों की बर्फ पिघलानी शुरू करता है, नदियों का जल तो तब से ही बढ़ने लगता है, पर वर्षा के आगमन से तो इतना बढ़ जाता है कि नदियों में बाढ़ आ जाती है। सड़कें, रेल की पटरियाँ और पुल तक पानी में डूब जाते हैं।

मानसून के साथ-साथ जीवन और मृत्यु का नाता भी जुड़ा होता है। रातों-रात ही घास उग जाती है और पत्तों से रहित पेड़ हरे हो जाते हैं। साँप, बिच्छू और कनखजूरे वगैरह पता नहीं कहाँ से पैदा हो जाते हैं। मिट्टी केंचुओं, सोनपंखियों और छोटे-छोटे मेंढकों से भर जाती है। रात में असंख्य पतिंगे प्रकाश के चतुर्दिक फड़फड़ाने लगते हैं और लोगों की खाने-पीने की

चीजों में भी गिरते रहते हैं। छिपकलियाँ कीड़ों-मकोड़ों से अपने पेट इतने भर लेती हैं कि अपना ही वजन नहीं सँभाल पातीं और छतों से टपक पड़ती हैं, कमरों के भीतर मच्छरों और भुनगों का भिनभिनाना पागल कर सकता है। लोग उन्हें मारने के लिए फ्लिट का छिड़काव करते हैं। मरे हुए भुनगों से फर्श भर जाते हैं, पर दूसरे ही दिन उतने ही और लैम्प-शेडों के गिर्द घूमते हुए दिख जाते हैं।

मानसून के दिनों में बारिश बिना बताए आती है और थम भी जाती है। उड़ते हुए बादल मैदानों को तर करते हुए हिमालय की ओर बढ़ते हैं। पहाड़ों पर पहुँचकर जी भरकर बरसते हैं। बिजलियों की कड़क और बादलों की गड़गड़ाहट उनका साथ देती है। यह सब अगस्त के अन्तिम चरण और सितम्बर के शुरू के दिनों की बातें हैं। इसके बाद आता है पतझड़ का मौसम!

बिजली की कौंध ने हुकुमचन्द की नींद तोड़ी। उन्होंने अपनी आँखें खोलीं। कमरे में धुँधली-सी रोशनी आ रही थी। कोने में पड़े लैम्प की काली चिमनी से बुझी-बुझी-सी पीली लौ निकल रही थी। फिर एक बार बिजली कड़की और बादल गरजे। शीतल आर्द्र हवा का एक झोंका कमरे के आर-पार हुआ। लैम्प की लौ फड़फड़ाकर बुझ गई। बाहर वर्षा की हल्की फुहारें पड़ने लगी थीं।

'वर्षा! तो आखिर आ ही गई वर्षा!' मजिस्ट्रेट ने सोचा। इस साल मानसून का बुरा हाल था। बादल उमड़ते थे, पर रुई जैसे ऊपर ही ऊपर तैरते हुए गुजर जाते, प्यासी धरती को और अधिक क्षुधित करते हुए। सितम्बर में बारिशें शुरू होने का मतलब है कि मानसून ने इस साल बहुत देर कर दी। पर देर से आने के कारण यह वर्षा और भी सुखद लग रही थी। कितनी अच्छी महक आ रही थी, कैसी भली लग रही थी बूँदों की पटपटाहट, कितना सुहावना मौसम हो गया था। सब कुछ कितना सुखकर बना दिया था वर्षा ने। पर क्या सचमुच? हुकुमचन्द को हरारत-सी महसूस होने लगी। वे लाशें? वे हजारों जलती हुई लाशें जो बारिश की बूँदों से आग के बुझ जाने पर धुआँ रही होंगी? जले हुए शवों का सौ गज में फैला हुआ वह मजमा (विस्तार)? उनकी कनपटियों पर पसीने की बूँदें उभर आईं। भय

से उन्हें कँपकँपी लगने लगी। उन्होंने करवट बदली। लड़की शायद जा चुकी थी। कमरे में वे अकेले रह गए थे। तकिए के नीचे से उन्होंने अपनी घड़ी निकाली। साढ़े छह बजे थे। वे आश्वस्त हुए कि चलो दिन चढ़ आया था। धुँधलका तो इसलिए होगा कि शायद बाहर बदली छाई हो। बरामदे में किसी के खाँसने की आवाज आई। राहत-सी महसूस करते हुए वे झटके के साथ उठकर बैठ गए।

उन्हें माथे में हल्का-सा दर्द महसूस हो रहा था। उन्होंने आँखें बन्द करके सिर को दोनों हाथों से दबाया। नसों का फड़कना थमा। रात व्हिस्की ज्यादा पी ली थी और साथ में खाया कुछ भी नहीं। कुछ मिनटों के बाद आँखें खोलीं और कमरे में नजर दौड़ाई तो उन्होंने लड़की को देखा। तो यह गई नहीं! बड़ीवाली आरामकुर्सी पर अपनी सलमों-सितारोंवाली काली साड़ी में लिपटी वह सोई पड़ी थी। हुकुमचन्द को अपनी मूर्खता पर ग्लानि हो आई। लड़की दो रातों तक उनके साथ थी। और देखो, अकेली कुर्सी पर सोई पड़ी थी! वह बिलकुल निश्चेष्ट पड़ी सो रही थी, केवल श्वास-निश्वास से सीना हिल रहा था। उन्होंने महसूस किया कि वे बूढ़े हैं और कामुक! इस बच्ची के साथ वे ऐसा कैसे कर सकते थे? उनकी अपनी बेटी अगर जिन्दा होती तो इसी उम्र की होती। उन्हें पछतावा होने लगा था। लेकिन वे जानते थे कि यह पछतावा और अच्छा बनने के संकल्प सिर्फ खुमार उतरने तक की ही बातें थीं। वे फिर पीएँगे तो फिर इसी लड़की को बुलाएँगे। फिर इसके साथ सोने की सोचेंगे। और शायद फिर से उन्हें ऐसा ही पछतावा लगे। यही जिन्दगी है; बेशक ग़मों से भरी।

धीरे से उठकर उन्होंने मेज पर पड़ा अपना अटैचीकेस खोला। ढक्कन के अन्दर लगे आईने में अपने आपको देखा। आँखों की कोरों में पीला कीच भरा था और बालों की जड़ों से सफेदी झलक रही थी। ठुड्डी के नीचे मांस की कितनी ही तहें लटक आई थीं। वे बूढ़े और बदसूरत थे। उन्होंने जीभ बाहर निकालकर देखी। मध्य भाग से लेकर पीछे तक पीली पड़ी हुई थी। जीभ की नोक से लार टपककर मेज पर गिर पड़ी। उन्हें अपनी साँस में बदबू-सी महसूस हुई। लड़की ने कैसे सहा होगा उन्हें? जभी तो कुर्सी पर कठिनाई से लेटकर भी रात बिताना उसने बेहतर समझा। उन्होंने 'लिवर सॉल्ट' की शीशी निकालकर उसके कुछ चम्मच एक गिलास में डाले और

पानी मिलाया। फेन के बुलबुले गिलास के कोने से निकलकर मेज पर फैलने लगे। घोल-घोलकर उन्होंने उसकी झाग मारी और गटागट पी गए। दोनों हाथों को मेज पर टिकाए, सिर को झुकाकर वे कुछ देर वहीं खड़े रहे।

'लिवर सॉल्ट' की खुराक ने पेट में उतरकर अपनी प्रतिक्रिया शुरू की। एक लम्बा डकार आया तो उन्हें चैन मिला। नसों का फड़कना रुक गया और सिरदर्द धीरे-धीरे कम हो चला। अब गरम चाय के कुछ प्याले पिएँ तो बिलकुल दुरुस्त हो जाएँगे। हुकुमचन्द बाथरूम में गए। नौकरों के क्वार्टरों की ओर खुलनेवाले दरवाजे के पास जाकर बैरे को बुलाने लगे, "मेरा शेव का पानी लाओ और जरा चाय लाना। यहीं ले आना। मैं खुद ही भीतर ले जाऊँगा।"

बैरा आया तो हुकुमचन्द चाय की ट्रे और शेव के पानी को खुद ही बेडरूम में ले गए और मेज पर रख दिया। उन्होंने अपना चाय का प्याला बनाया और शेव का सामान फैलाकर बैठ गए। शेविंग क्रीम से झाग बनाकर दाढ़ी बनाते हुए वे चाय की चुस्कियाँ लेते रहे। कप-प्लेटों और चम्मचों की खनक के बावजूद लड़की सोई रही। उसका मुँह थोड़ा-सा खुला हुआ था। सीने की धड़कनों के सिवाय और कोई गति शरीर में नहीं लग रही थी। बाल मुँह पर बिखरे थे। तितली के आकार की गुलाबी रंग की कचकड़े की उसके बालों की चिमटी कुर्सी के पाए के साथ झूल रही थी। साड़ी गुची-मुची थी। कुछ सलमे-सितारे फर्श पर भी चमक रहे थे। शेव करते-करते और चाय की चुस्कियाँ लेते हुकुमचन्द उसे एकटक निहार रहे थे। वे अपनी भावनाओं का सम्यक् विश्लेषण नहीं कर पा रहे थे। तो क्या वे रात की कसर पूरी करना चाह रहे थे? लड़की अगर चाहे तो वे उसके साथ सो सकते थे। वे कुछ उद्विग्न से हो उठे। पर अब ऐसा कुछ करने के लिए उन्हें जमकर पीना पड़ेगा।

दरवाजे पर किसी के खाँसने की आवाज ने उनके ध्यान को भंग कर दिया। सब-इंस्पेक्टर ही होगा। हुकुमचन्द ने अपनी चाय खत्म की और कपड़े बदलने बाथरूम में चले गए। फिर नौकरों के क्वार्टरों की ओर खुलनेवाले दरवाजे से होकर बरामदे में आए। सब-इंस्पेक्टर अखबार पढ़ रहा था। उन्हें देखते ही उसने कुर्सी से उठकर सैल्यूट मारा, "हुजूर, क्या बारिश में ही सैर कर रहे थे?"

‘‘नहीं, यों ही नौकरों के क्वार्टरों की तरफ चक्कर काट रहा था। इतनी जल्दी आए हो? सब कुशल-मंगल तो है?’’

‘‘आजकल तो आदमी जिन्दा बचा हो तो समझिए कि सब कुशल-मंगल है। कहीं कोई शान्ति नहीं रह गई है। एक मुसीबत टलती है तो दूसरी हाजिर!’’ मजिस्ट्रेट को एकाएक लाशों का ध्यान हो आया, ‘‘क्या रात को भी बारिश हो रही थी? रेलवे स्टेशन के पास क्या हाल है?’’

‘‘अभी जब बारिश शुरू हुई थी तो मैं वहीं था। कुछ खास नहीं बचा है। सिर्फ अस्थियों का ढेर है। चारों तरफ कपाल ही कपाल बिखरे पड़े हैं। उनका क्या करें, समझ नहीं आता। मैंने लम्बरदार को कहलवा भेजा है कि पुल और रेलवे स्टेशन के करीब किसी को भी न जाने दिया जाए।’’

‘‘कितने थे? क्या तुमने गिने थे?’’

‘‘नहीं सर, सिख अफसर बता रहा था कि हजार से तो ज्यादा ही थें। मेरे खयाल से उसने बोगियों की गिनती से अन्दाजा लगाया होगा कि एक-एक बोगी में कितने आदमी होंगे। वह कह रहा था कि तकरीबन पाँच सौ तो छतों, फुटबोर्डों और बफरों पर बैठे मारे गए होंगे। गाड़ी की छत पर सूखे हुए खून के धब्बे भी हैं।’’

‘‘हरे राम! हरे राम! डेढ़ हजार निर्दोष बन्दे! कलयुग और किसे कहेंगे। इस धरती पर कोई काला साया पड़ गया है। यह तो सरहद का एक हिस्सा है, ऐसी वारदातें तो सब कहीं हो रही होंगी। और मुझे लगता है कि हमारे लोग भी यही कर रहे होंगे। इस गाँव में रहनेवाले मुसलमानों के बारे में क्या खबर है?’’

‘‘सर, मैं वही बताने आया था। कुछ गाँवों से मुसलमान लोग शरणार्थी कैम्पों में जाना शुरू हो गए हैं। बलूची और पठान फौजी, जहाँ-जहाँ से खबरें मिल रही हैं, मुसलमानों को पाकिस्तानी लारियों में उठा रहे हैं। पर मनो-माजरा के मुसलमान अभी वहीं हैं। आज सवेरे ही लम्बरदार ने बताया कि चालीस-पचास सिख शरणार्थी भोर-तड़के ही कम गहरे पानीवाली जगह से नदी पार करके यहाँ आ गए हैं। सबके सब गुरुद्वारे में डेरा डाले हैं।’’

‘‘उनको यहाँ क्यों रुकने दिया गया?’’ हुकुमचन्द ने पूछा, ‘‘तुम तो अच्छी तरह जानते हो, ऑर्डर है कि पाकिस्तान से आनेवाले रिफ्यूजियों को जालन्धर कैम्पों में भेजा जाए। यह तो बड़ा गम्भीर मामला है। अगर उन

लोगों ने मनो-माजरा में मार-काट करनी शुरू कर दी तो?''

''नहीं, सर, हालात अभी तक तो काबू में हैं। इन रिफ्यूजियों का पाकिस्तान में ज्यादा नुकसान नहीं हुआ है और जाहिर है कि इनके साथ रास्ते में कोई छेड़छाड़ भी नहीं हुई है। मनो-माजरा के मुसलमान इनके लिए गुरुद्वारे में खाना-पीना भी पहुँचा रहे हैं। लेकिन अगर ऐसे शरणार्थी भी यहाँ आते हैं जो कत्लेआमों से गुजरकर आए हैं और जिनके भाई-बन्धु मारे गए हैं तब जरूर बात फर्क हो जाती है। लोग नदी पार करके आ जाएँगे, यह तो मैंने सोचा ही नहीं था। आमतौर पर बारिशों के बाद नदी करीब मील-भर चौड़ी हो जाती है और नवम्बर-दिसम्बर तक पानी कहीं भी इतना कम नहीं हो पाता कि लोग पाँव-पाँव चलकर इसे पार कर लें। इस साल तो बारिश न के बराबर हुई है। नदी को कई नुक्तों से पार किया जा सकता है, लेकिन मैंने उन सभी जगहों पर सिपाहियों को गश्त लगाने के लिए तैनात कर रखा है।''

हुकुमचन्द ने रेस्ट हाउस के लॉन के पार देखा। बारिश लगातार हो रही थी। छोटे-छोटे गड्ढों में पानी भर आया था। सारा आसमान स्लेटी हुआ पड़ा था।

''हाँ, अगर बारिशें यों ही होती रहीं तब तो नदी चढ़ेगी ही और लोग आसानी से नदी पार कर इधर नहीं आ सकेंगे। और पुलों से शरणार्थियों का आना तो रोका ही जा सकता है।''

बिजली की कड़क और बादलों की गर्जन वर्षा के वेग की सूचक थी। हवा बारिश की फुहारों को बरामदे के भीतर तक पहुँचा रही थी।

''लेकिन हमें इस इलाके के मुसलमानों को तो यहाँ से निकालना ही होगा, भले उन्हें अच्छा लगे या बुरा और यह जितनी जल्दी हो सके, उतना ही अच्छा!''

बातचीत में काफी देर तक विराम लगा रहा। दोनों जन बारिश को निहारते रहे। हुकुमचन्द ने ही फिर से बोलना शुरू किया; ''इस तूफान के सामने झुकते हुए इसे गुजर जाने देना चाहिए। इस पैंपास घास को ही देखो। इसकी पत्तियाँ हवा में झुक जाती हैं, पर इसका पंखदार तना अकड़कर खड़ा रहता है। तूफान आता है तो तिड़ककर इसके सफेद पंख रोंए-रोंए हुए हवा में बिखर जाते हैं।'' कुछ रुककर वे पुनः बोले, ''अक्लमन्द इनसान हवाओं

का रुख देखकर ही तैरता है।''

सब-इंस्पेक्टर ने उनकी घिसी-पिटी उक्ति को बड़ी विनम्रता से ध्यान देते हुए सुना, लेकिन हुकुमचन्द ने पुलिस अफसर के चेहरे का सपाट भाव पढ़ लिया था कि बात उसके पल्ले नहीं पड़ी थी, सो खुलकर साफ शब्दों में ही इसे बताना होगा।

''रामलाल के कत्ल की बाबत तुमने क्या किया है? कोई और गिरफ्तारी की है?''

''जी सर, जग्गा बदमाश ने हमें कल उनके नाम बता दिए थे। ये लोग कभी उसके ही गिरोह में थे। नदी के उतार की तरफ करीब मील-भर दूर कसूरा गाँव से मल्ली और उसके चार साथियों को गिरफ्तार करने के लिए मैंने कुछ सिपाहियों को भेज दिया है। जग्गा इनके साथ नहीं था, यह बात पक्की है।''

हुकुमचन्द को उसकी बातों में खास दिलचस्पी नहीं लग रही थी। लगता था उनका मन कहीं और अटका था।

''हम लोगों को जग्गा और उस दूसरे आदमी पर नाहक ही शक रहा,'' सब-इंस्पेक्टर कहता गया, ''मैंने आपको बताया था कि जग्गा का एक मुसलमान जुलाहे की बेटी से इश्क का चक्कर है। दरअसल हर रात वह इसी चक्कर में फँसा रहता था। मल्ली ने ही डकैती के बाद जग्गे के आँगन में चूड़ियों का बंडल फेंका था।''

हुकुमचन्द का मन अब भी एकाग्र नहीं था।

''सर, अगर आप मानें तो मल्ली और उसके साथियों की गिरफ्तारी के बाद जग्गा और इकबाल को छोड़ दें?''

''मल्ली और उसके साथी कौन हैं? मुसलमान या सिख?'' हुकुमचन्द अचानक ही पूछ बैठे।

''सारे ही सिख हैं, सर!''

मजिस्ट्रेट फिर सोच में डूब गए। कुछ देर के बाद अपने आप में ही बड़बड़ाने लगे, ''अच्छा होता, अगर वे मुसलमान होते! यह सुनकर और उस मुस्लिम लीगी सोशलिस्ट की बाबत सुनकर, मनो-माजरा के लोग गाँव के मुसलमानों को जाने से नहीं रोकते।''

फिर एक लम्बी चुप्पी।

सब-इंस्पेक्टर ने मन-ही-मन योजना बना ली थी। बिना कुछ टीका-टिप्पणी किए वह उठ खड़ा हुआ। पर हुकुमचन्द भी किसी तरह का खतरा मोल लेना नहीं चाहते थे। "सुनो," वे बोले, "मल्ली और उसके गिरोह को बिना रपट लिखे ही छोड़ दो। पर उनकी गतिविधियों पर नजर रखो। उन्हें हम फिर गिरफ्तार कर लेंगे, जरूरत पड़ी तो! और, उस सोशलिस्ट और उस बदमाश को अभी मत छोड़ो! हो सकता है हमें उनकी जरूरत पड़े।"

सब-इंस्पेक्टर ने सैल्यूट मारा।

"ठहरो, अभी मेरी बात पूरी नहीं हुई है," हुकुमचन्द ने हाथ उठाकर उसे रोका, "यह कर लो तो मुस्लिम रिफ्यूजी कैम्प के कमांडर को मेरा सन्देश पहुँचा देना कि हमने मनो-माजरा के मुसलमानों को निकाल ले जाने के लिए ट्रक मँगवाए हैं।"

सब-इंस्पेक्टर ने एक और सैल्यूट मारा। वह जानता था कि इस नाजुक और उलझे हुए मामले को उस पर छोड़कर हुकुमचन्द ने उसे सम्मान का स्थान दिया था। उसने अपनी बरसाती पहन ली।

"मैं तुम्हें इस बारिश में ऐसे जाने को न मजबूर करता, पर मामला ऐसा है कि एक पल की देर करना भी ठीक नहीं।" अब भी बाहर देखते हुए हुकुमचन्द ने कहा।

"मैं जानता हूँ, सर," सब-इंस्पेक्टर ने फिर सलाम ठोंका, "मैं जाते ही एक्शन लेता हूँ।" अपनी साइकिल पर सवार होकर वह रेस्ट हाउस से निकल कीचड़ भरी सड़क पर बढ़ने लगा।

मूसलाधार पड़ती बारिश को बरामदे में बैठे हुकुमचन्द टकटकी लगाए देखते रहे। उन्हें अपने आदेशों के सही-गलत से कोई मतलब नहीं था। वे मजिस्ट्रेट थे, मिशनरी नहीं। यह तो रोजमर्रा की समस्याएँ थीं, जिनका समाधान उन्हें ढूँढ़ना होता था। उन्हें अपने निर्णयों को औचित्य के किसी तराजू पर तोलने की जरूरत नहीं थी। वैसे भी उनके जीवन में 'कर्तव्यों' का कोई खास स्थान नहीं था। स्थान था तो सिर्फ वर्तमान का मुकाबला करने का। उन्होंने जीवन को ज्यों-का-त्यों स्वीकार कर लिया था, मानो जो होता है होने दो। वे न तो इसका रुख बदलना चाहते थे, न ही इसके प्रति कोई विद्रोह था उनके मन में! इतिहास की प्रक्रियाओं में लोगों का योगदान

हठात् हुआ है, जानबूझकर नहीं। उनका विश्वास था कि व्यक्ति को जानबूझकर जीवन-धारा से टकराव तभी करना चाहिए जब जान पर बन आई हो या समाज के ढाँचे के बिखरने अथवा परम्पराओं के टूटने का खतरा सामने हो। इस समय उनकी मुख्य समस्या थी मुसलमानों की जान की रक्षा करना। वह इसके लिए कोई भी तरीका अपना सकते थे। और फिर अभी तक उन्होंने ऐसा कोई भी उग्र कदम नहीं उठाया था, जिसका विरोध हो। जिन दो व्यक्तियों को उनके द्वारा जारी किए गए वारंटों पर गिरफ्तार किया गया था, उन्हें तो वैसे भी पकड़ना ही था। एक तो क्रान्तिकारी था, दूसरा गुंडा था। अशान्ति के इन दिनों में वैसे भी उन्हें हिरासत में रखना जरूरी था। इतने बड़े मामले में अगर कोई छोटी-मोटी गलती हो भी जाए तो वे उसको कबूल करने में नहीं डरेंगे। हुकुमचन्द को स्वयं पर गर्व हो आया। उनकी योजना ठीक तरह से कार्यान्वित हो जाए, बस! और अगर उनके निर्देशन में हुई तो सब ठीक ही होगा। उनके अधीनस्थ लोग अक्सर उनके मन की बात अच्छी तरह समझ नहीं पाते हैं और कई बार उन्हें बड़ी जटिल परिस्थिति में ला खड़ा करते हैं।

रेस्ट हाउस के भीतर से बाथरूम का दरवाजा खोलने और बन्द करने की आवाजें आ रही थीं। हुकुमचन्द ने उठकर नाश्ता लाने के लिए बैरे को आवाज लगाई।

लड़की पलँग की पाटी पर हाथों में ठुड्डी टिकाए बैठी थी। उन्हें देख वह सिर पर पल्ला लेती हुई उठकर खड़ी हो गई। हुकुमचन्द कुर्सी पर बैठ गए तो वह भी वापस अपनी जगह पर जा बैठी और फर्श की ओर ताकने लगी। दोनों के बीच अटपटी-सी चुप्पी थी। कुछ देर बाद हुकुमचन्द ने हिम्मत करके कहा, "तुम्हें भूख लगी होगी। मैंने चाय के लिए कह दिया है।"

लड़की ने अपनी उदास लम्बी आँखों से देखते हुए कहा, "मुझे घर जाना है।"

"कुछ खा लो तो मैं ड्राइवर से कह दूँगा कि तुम्हें घर छोड़ आए। कहाँ रहती हो तुम?"

"चन्दन नगर, जहाँ इंस्पेक्टर साहिब का थाना है।"

एक लम्बा विराम और!

हुकुमचन्द ने गला साफ किया, "तुम्हारा नाम क्या है?"

"हसीना, हसीना बेगम!"

"हसीना! तुम सचमुच हसीन हो। तुम्हारी माँ ने बहुत खूब नाम रखा है तुम्हारा। वह बूढ़ी औरत क्या तुम्हारी माँ है?"

लड़की पहली बार मुस्कराई! इसके पहले कभी किसी ने उसकी ऐसी तारीफ नहीं की थी और अब सरकार ने खुद उसे खूबसूरत कहा था और उसके घरवालों के बारे में पूछ रहे थे।

"नहीं सरकार, यह तो मेरी नानी है। मेरी माँ तो मेरे पैदा होते ही मर गई थी।"

"तुम्हारी उम्र क्या होगी?"

"मालूम नहीं। सोलह-सत्रह की होऊँगी। या फिर अठारह की। मैंने कोई माँ के पेट में ही पढ़ाई थोड़े कर ली थी जो अपना जन्मदिन लिखकर रख लेती!"

अपने बचकाने मजाक पर वह खुद ही मुस्करा दी। हुकुमचन्द भी हँस पड़े। बैरा चाय की ट्रे और अंडा-टोस्ट लेकर आया था।

लड़की चाय बनाने के लिए उठी। उसने एक टोस्ट पर मक्खन लगाकर तश्तरी हुकुमचन्द के सामनेवाली मेज पर रख दी।

"मैं कुछ नहीं खाऊँगा। मैंने अभी-अभी चाय पी ली है।"

लड़की ने ऐसे दिखाया जैसे वह नाराज हो गई हो।

"अगर आप नहीं खाएँगे तो, जाइए, मैं भी नहीं खाती!" वह नखरे करती हुई बोली और मक्खन लगानेवाली छुरी को प्लेट में रखकर वापस पलँग पर जा बैठी।

मजिस्ट्रेट उसकी अदाओं पर रीझ गए। बोले, "अच्छा चलो, मुझसे नाराज मत होओ।" करीब जाकर उन्होंने उसके कन्धों पर हाथ रखा, "तुमको खाना ही पड़ेगा। कल रात भी कुछ नहीं खाया तुमने।"

लड़की उनकी बाँहों में कसमसाई, "आप खाएँगे तभी मैं खाऊँगी। आप नहीं खाएँगे तो मैं भी नहीं खाऊँगी!"

"अच्छा, अच्छा, तुम जिद करती हो तो," हुकुमचन्द उसकी कमर में हाथ डालकर उसे अपनी मेज के करीब ले आए, "चलो, हम दोनों ही खाते हैं। आओ, यहाँ बैठो मेरे पास।"

लड़की सहज होने लगी थी। वह उनकी गोद में बैठ गई। उसने मक्खन से लथपथ टोस्ट मजिस्ट्रेट के मुँह में ठूँस दिया। उनके 'बस, बस' कहने पर हँसते हुए वह उनकी मूँछों पर लगा मक्खन पोंछने लगी।

"तुम इस धन्धे में कब से हो?"

"कैसा वाहियात सवाल पूछ रहे हैं आप? क्यों? मैं जब से पैदा हुई हूँ, तभी से इसी धन्धे में हूँ। मेरी माँ गायिका थी, मेरी नानी भी गायिका थी।"

"मेरा मतलब गाने से नहीं। वह दूसरी बातें...?" हुकुमचन्द ने दूसरी तरफ देखते हुए स्पष्ट किया।

"दूसरी बातों से मतलब?" लड़की ने अक्खड़ता से पूछा, "हम लोग पैसे के लिए वह दूसरा काम नहीं करती फिरतीं। हम नाचती और गाती हैं। आप शायद नहीं जानते कि नाच और गाना क्या चीज होती है। आप तो सिर्फ दूसरी बातों को ही जानते हैं। व्हिस्की की बोतल और वो दूसरी बातें! बस!"

हुकुमचन्द असहज होते हुए खँखारकर बोले, "मैंने तो...पर मैंने तो तुम्हें कुछ नहीं किया..."

लड़की ने हँसकर मजिस्ट्रेट के चेहरे को अपने हाथ से दबाया, "बेचारे मजिस्ट्रेट साहब! आपका इरादा तो बुरा ही था, पर आप थके हुए थे। आप तो रेलवे के इंजन की तरह खर्राटे मार रहे थे।" लड़की उनके खर्राटों का स्वाँग करते हुए जोरों से हँसने लगी।

हुकुमचन्द ने लड़की के बालों को सहलाया। उनकी बेटी जिन्दा होती तो इतनी ही उम्र की होती, यही सोलह-सत्रह की। उनके कान में अपराधबोध का नहीं, बल्कि एक अजीब-सी उपलब्धि का भाव उभर रहा था। वे इस लड़की के साथ सोना नहीं चाह रहे थे, न ही उसके होंठों को चूमना, उसे प्यार करना या उसके शरीर को सहलाना। वे तो सिर्फ इतना ही चाह रहे थे कि वह उनकी छाती पर अपना सिर रखकर उनकी गोदी में बैठ जाए।

"आप तो फिर खयालों में डूब गए लगते हैं," लड़की ने उनके सिर को उँगलियों से खुजलाते हुए कहा। उसने प्याले में चाय बनाई और प्लेट में उँडेलते हुए बोली, "लीजिए, चाय पी लीजिए। आपका सोचना बन्द हो जाएगा।"

"नहीं, नहीं! मैं तो पी चुका हूँ।"

"अच्छा! तो मैं चाय पीती हूँ और आप अपने खयालों को पीजिए।"

लड़की सुड़क-सुड़ककर चाय पीने लगी।

"हसीना!" उसका नाम दोहराते हुए उन्हें अच्छा लग रहा था, "हसीना!"

"हाँ! बस, हसीना, हसीना ही करते रहेंगे कि कुछ कहेंगे भी?"

हुकुमचन्द ने उसके हाथ से खाली तश्तरी लेकर मेज पर रख दी। उन्होंने उसे अपने करीब खींच लिया और उसका सिर अपने सिर से सटाकर उसके बालों में उँगलियाँ फिराने लगे।

"तुम मुसलमान हो?"

"हाँ, मैं मुसलमान हूँ। हसीना बेगम और क्या होगी? दढ़ियल सिख होगी क्या?"

"मैंने सोचा था कि चन्दन नगर से सभी मुसलमान जा चुके हैं। तुम कैसे बची हुई हो यहाँ?"

"बहुत से चले गए हैं। पर इंस्पेक्टर साहब ने कहा कि उनके कहने तक हम वहाँ रुके रहें। वैसे भी गायक लोग उस मायने में न हिन्दू होते हैं न मुसलमान। सभी जातियों के लोग हमारा गाना सुनने आते हैं।"

"तुम्हें छोड़कर और भी मुसलमान हैं चन्दन नगर में क्या?"

"हाँ, क्यों?" लड़की ने लड़खड़ाती-सी आवाज में बात बदलते हुए कहा, "आप उनको मुसलमान, हिन्दू-सिख कुछ भी कह सकते हैं," और फिर शरमाते हुए बोली, "हिजड़ों की एक टोली अब भी वहाँ है!"

हुकुमचन्द ने उसकी आँखों पर हाथ रखकर कहा, "बेचारी हसीना! शरमा गई है। मैं नहीं हँसूँगा। चलो, मान लिया कि तुम हिन्दू या मुसलमान नहीं हो, कम-अज-कम उस मायने में तो नहीं जिस मायने में हिजड़े हिन्दू या मुसलमान नहीं होते।"

"मुझे मत चिढ़ाइए।"

अपना हाथ हटाते हुए वे बोले, "चलो, नहीं चिढ़ाता।" लड़की अब भी शरमा रही थी। उन्होंने पूछा, "अच्छा यह बताओ कि हिजड़ों को क्यों छोड़ दिया गया?"

"बताती हूँ, अगर आप वादा करें कि हँसेंगे नहीं।"

"हाँ, वादा रहा!"

लड़की अचानक सजीव-सी हो उठी, ''हिन्दू मुहल्ले में किसी के घर बच्चा हुआ था। मजहबी दंगों का सोचे बिना हिजड़े उनके घर गाने चले गए। हिन्दुओं और सिखों ने, मुझे सिख अच्छे नहीं लगते, उनको पकड़ लिया, क्योंकि वे मुसलमान थे।'' वह जानबूझकर रुकी।

''फिर क्या हुआ?'' हुकुमचन्द ने उत्सुकतापूर्वक पूछा।

लड़की हँसने लगी और हिजड़ों की तरह उँगलियाँ फैलाकर तालियाँ बजाती हुई बोली, ''ढोलकी बजाकर वे अपनी फटी हुई मर्दानी आवाज में गाने लगे और इतनी जोर-जोर से घूम-घूमकर नाचने लगे कि उनके साए ऊपर उठ गए। रुककर उन्होंने भीड़ के अगुओं से पूछा, ''आप लोगों ने हमें देख लिया है, अब बताओ—हम हिन्दू हैं कि मुसलमान?'' सिखों को छोड़कर जितने लोग वहाँ खड़े थे सब हँस-हँसकर लोट-पोट हो गए।''

हुकुमचन्द भी हँसने लगे।

''अभी बात खत्म नहीं हुई। सिख अपनी किरपानें लेकर आए और उन्हें धमकाने लगे, 'इस बार छोड़ देते हैं। लेकिन अगर तुम चन्दन नगर से न निकले तो हमने तुम्हें मार डालना है।' एक हिजड़े ने फिर तालियाँ बजाते हुए कहा, 'क्यों? क्या हमारे रहने से तुम लोग हमारे जैसे हो जाओगे? और तुम्हारे बच्चे पैदा होने बन्द हो जाएँगे?' यह सुनकर तो सिख भी हँसने लगे।''

''यह तो बहुत खूब रहा,'' हुकुमचन्द ने कहा, ''पर जब तक यह खलबली है तुम्हें जरा सचेत रहना चाहिए। कुछ दिन तक घर में ही रहो!''

''मैं नहीं डरती। हम बहुत से लोगों को अच्छी तरह जानती हैं और फिर इतना बड़ा ताकतवर मजिस्ट्रेट मेरे साथ है। जब तक वह यहाँ है, कोई मेरा बाल भी बाँका नहीं कर सकता।''

हुकुमचन्द बिना कुछ बोले लड़की के बालों को सहलाते रहे। लड़की ने शरारत से मुस्कराते हुए उनकी तरफ देखा, ''आप मुझे पाकिस्तान भेजना चाहते हैं?''

हुकुमचन्द ने उसे और करीब सटा लिया। उनकी भावनाओं में एक ज्वार-सा आया। 'हसीना!' शब्द उनकी जुबान पर नहीं आ रहे थे, ''हसीना...''

''हसीना, हसीना, हसीना! मैं कोई बहरी नहीं हूँ। आप कुछ कहते क्यों नहीं?''

"तुम आज यहाँ रुकोगी न? अभी तो नहीं चली जाओगी न?"

"बस, यही कहना था आपको? अगर आप अपनी कार नहीं भेजेंगे तो मैं इस बारिश में पाँच मील कैसे जाऊँगी! पर अगर आप मुझसे गवाएँगे और एक रात और रोकेंगे तो आपको नोटों का एक बड़ा बंडल और देना होगा।"

हुकुमचन्द ने राहत की साँस ली।

"पैसा क्या चीज है!" मखौल के अन्दाज में बहादुरी दिखाते हुए वे बोले, "मैं तुम्हारे लिए जान भी कुर्बान कर सकता हूँ!"

हफ्ते-भर तक इकबाल अपनी कोठी में अकेला ही था। अखबारों और पत्रिकाओं के ढेर उसके इकलौते साथी थे। उसकी कोठरी में बिजली की कोई व्यवस्था न थी, न ही कोई लैम्प वगैरह उसे दिया गया था। जबरदस्त गर्मी में, बगल की कोठरी से खर्राटों और बाहर से बीच-बीच में गोली चलने की आवाजों को सुनता वह लेटा रहता। बारिशें शुरू होने के बाद से तो थाना और भी मनहूस लगने लगा था। लगातार पड़ती पानी की बूँदों को निहारने के सिवा देखने को और कुछ भी नहीं था। या फिर कभी-कभी कोई सिपाही बैरकों और रिपोर्टिंग रूम के बीच आता-जाता दिख जाता। बूँदों की पटपटाहट और बिजली की कड़क के सिवाय सुनने को भी क्या था? बगलवाली कोठरी से जग्गा भी कभी-कदा ही दिखता। पहली दो शामों को तो सिपाही जग्गा को कहीं ले जाते रहे और एक घंटा बाद वापस ले आते। इकबाल को नहीं पता था कि वे उसके साथ क्या करते थे? उसने कभी पूछा नहीं और जग्गा ने कुछ बताया नहीं। लेकिन पुलिसवालों के साथ जग्गा की हाजिर-जवाबियाँ दिन-ब-दिन बेतकल्लुफ और अश्लील होती जा रही थीं।

एक सुबह पाँच आदमियों को हथकड़ी पहनाकर पुलिस थाने लाया गया। उनको देखते ही जग्गा अपना आपा खो बैठा और उन्हें गालियाँ बकने लगा। इस पर आपत्ति करते हुए वे पाँचों रिपोर्टिंग रूम में ही जमकर खड़े हो गए और वहाँ से हिलने का नाम ही न लें। इकबाल हैरान था कि वे कैदी आखिर कौन थे? बातचीत का जो भी हिस्सा वह सुन पाया, उससे यही अन्दाजा लग रहा था कि बाहर लोग लूट-मार पर निकले हुए थे। यहाँ तक कि थाने से कुछ गज की ही दूरी पर चन्दन नगर में भी हत्याएँ हो रही थीं। आग की गुलाबी लौ इकबाल ने भी देखी और लोगों के चीत्कार भी सुने थे।

पर पुलिस ने किसी को भी गिरफ्तार नहीं किया था। इसलिए यह कैदी निश्चय ही कोई खास किस्म के होंगे। वह सोच ही रहा था कि इतने में उसके कमरे का ताला खुला और एक सन्तरी के साथ जग्गा भीतर घुसा। जग्गा का मिजाज अच्छा लग रहा था।

"सत श्री अकाल बाबू जी," उसने कहा, "मैं आपके चरणों की सेवा करने आ पहुँचा हूँ। आपसे कुछ सीखने का भी मौका मिलेगा।"

"इकबाल साहिब," कोठरी को पुनः बन्द करते हुए सिपाही ने जोड़ा, "सीधे रास्ते पर लाने के लिए इस बदमाश को कुछ सीख दीजिए।"

"चलता बन," जग्गा ने कहा, "बाबू जी तो यह सोचते हैं कि तुम लोगों ने और सरकार ने मुझे बदमाश बनाया है। क्यों बाबू जी?"

इकबाल ने जवाब नहीं दिया। उसने दूसरी कुर्सी पर अपने पाँव टिका लिए और अखबारों के ढेर को देखने लगा। जग्गा ने इकबाल के पैर कुर्सी से नीचे किए और अपने भारी-भरकम हाथों से उन्हें दबाने लगा।

"बाबू जी, आखिरकार मेरी किस्मत खुल ही गई। अगर आप मुझे थोड़ी अंग्रेजी सिखा दें तो मैं आपकी चाकरी करूँगा। कुछेक वाक्य ही ताकि मैं भी थोड़ी गिट-पिट कर सकूँ।"

"दूसरी कोठरी में कौन आ रहा है?"

"मुझे क्या पता!" जग्गा ने तनिक हिचकिचाते हुए कहा, "कह रहे हैं कि रामलाल के कातिलों को पकड़कर लाए हैं।"

"मैं तो सोच रहा था कि उसके कत्ल के लिए तुम्हें पकड़ा गया था।"

"मैं भी तो यही सोच रहा था," सोने के कील मढ़े सफेद दाँत चमकाते हुए जग्गा मुस्कराया, "मनो-माजरा में कुछ भी होता है तो मुझे पकड़ लिया जाता है। आप जानते ही हैं—मैं बदमाश हूँ न!"

"तो तुमने रामलाल को नहीं मारा?"

जग्गा ने पैर दबाना बन्द किया। अपने हाथों से कानों को छू जीभ बाहर निकाली, "तोबा-तौबा, अपने ही गाँव के बनिए को मारूँगा? बाबू जी, कौन उस मुर्गी को मारता है जो अंडे देती हो। जब मेरा बाप जेल में था, रामलाल ही वकीलों को देने के लिए मुझे पैसे देता रहा था। मैं हरामियोंवाला काम नहीं करता।"

"तब तो वे अब तुम्हें छोड़ देंगे!"

"पुलिस इस मुल्क की राजा है। वो जब चाहेंगे मुझे छोड़ेंगे! अगर वे मुझे यहाँ रखना चाहेंगे तो कोई-न-कोई केस मेरे खिलाफ गढ़ ही लेंगे कि लम्बरदार को बिना बताए गाँव से बाहर गया था या कोई भी और इल्जाम!"

"पर तुम तो उस रात गाँव के बाहर गए ही हुए थे। क्यों?"

जगत सिंह कूल्हों के बल बैठ गया और इकबाल के पैरों को गोद में रखकर दबाने लगा।

"मैं गाँव से बाहर था," आँखों में शरारत भरकर वह बोला, "पर मैं किसी का कत्ल नहीं कर रहा था। कत्ल तो खुद मेरा हो रहा था।"

उसके हाव-भाव से इकबाल समझ गया था कि वह क्या कहने जा रहा था। वह जग्गा को आगे बोलने की शह देना नहीं चाहता था। एक बार जग्गा का मुँह खुल ही गया था तो अब उसे रोकना मुश्किल था। वह और जोर-जोर से इकबाल के पैर दबाने लगा।

"आप यूरोप में बहुत सालों तक रहे हैं?" आवाज धीमी करते हुए उसने पूछा।

"हाँ, बहुत सालों तक।" इकबाल ने उसको टालने की गरज से जवाब दिया।

"तब तो बाबू जी," और भी धीरे से जग्गा ने पूछा, "आप तो बहुत-सी मेम साहिबों के साथ सोए होंगे? नहीं?"

इकबाल को चिढ़ आने लगी। हिन्दुस्तानियों को सेक्स के विषय पर बात करने से ज्यादा देर तक नहीं रोका जा सकता। इनका मनो-मस्तिष्क हमेशा इससे त्रस्त रहता है। शहरों में हस्तमैथुन के दुष्प्रभावों से मुक्त होने और कामोत्तेजना बढ़ाने की दवाओं के इश्तहारों के बड़े-बड़े पोस्टर सड़कों पर लगे दिख जाएँगे। अदालतें भी इससे अछूती नहीं। बाजारों में फुटपाथों पर बैठे ऐसे फेरीवाले भी दिख जाएँगे, जिनका लिंग का आकार बढ़ाने की दवाइयों का धन्धा बड़ी तेजी से फल-फूल रहा होता है। इसके दर्शन नीम-हकीमों के विज्ञापनों में भी हो जाते हैं जो बाँझपन को दूर करने और बेटा पैदा करने के शर्तिया इलाज का दावा करते हैं। आप इसके मुतल्लिक हर वक्त सुन सकते हैं। हिन्दुस्तानियों से ज्यादा बेझिझक माँ-बहन की गालियाँ और कौन निकाल सकता है। साला और ससुरा जैसी शब्दावली का प्रयोग दोस्तों और दुश्मनों के लिए समान रूप से किया जाता है। राजनीति,

दर्शन, खेलकूद—बातचीत किसी भी विषय पर हो रही हो, घूम-फिरकर सेक्स पर ही आ पहुँचती है, जिसे सभी चस्के ले-लेकर ही-ही करते हुए सुनते-सुनाते हैं।

"हाँ, सोया हूँ," इकबाल ने जग्गा की बात का सरसरी तौर पर जवाब दिया, "कइयों के साथ।"

"वाह, वाह," जग्गा और अधिक उत्साह से इकबाल के पैर दबाने लगा, "वाह बाबू जी...यह तो बड़ी भारी बात है। आपने तो बड़ा लुत्फ उठाया होगा? मेम साहिबें तो जन्नत की हूरों जैसी होती हैं—गोरी, चिट्टी, चिकनी—रेशम की तरह! हमें तो यहाँ काली भैंसें ही नसीब होती हैं!"

"औरतों में कोई फर्क नहीं होता। बल्कि सच कहें तो गोरी औरतों में कुछ नहीं रखा। तुम शादी-शुदा हो क्या?"

"नहीं, बाबू जी! एक बदमाश को कौन अपनी बेटी देगा? मुझे तो जब मौका मिलता है अपना जुगाड़ कर लेता हूँ।"

"तो क्या तुम अक्सर...?"

"कभी-कभी...जब मुकदमे की सुनवाई के लिए फिरोजपुर जाना होता है तो वकीलों और बाबुओं से कुछ बच जाता है तो जरा मौज-मस्ती हो जाती है। सारी रात के लिए तय कर लेता हूँ। औरतें सोचती हैं कि दो बार या हद से हद तीन बार..." जग्गा ने अपनी मूँछों को मरोड़ी दी, "दूसरे मर्द भी शायद यही सोचते हों! पर जब जगत सिंह उनको छोड़ता है तो वे अपने कान पकड़कर 'हाय-तौबा' करने लगती हैं और रब्ब का वास्ता देकर जाने को कहती हैं, भले ही अपना दिया पैसा भी लौटा लूँ!"

इकबाल जानता था कि जग्गा बक रहा था। जवानी में लोग ऐसी ही डींगें हाँकते हैं।

"जब शादी हो जाएगी न तुम्हारी, तब तुम्हें अपनी टक्कर का मिल जाएगा," इकबाल ने कहा, "आने दो अपनी जनानी को, फिर कान पकड़ने और तौबा-तौबा करने की बारी तुम्हारी होगी!"

"शादी में कुछ नहीं रखा, बाबू जी! मौज-मस्ती के लिए न वक्त मिलता है, न ठिकाना! गर्मियों में सब लोग छतों पर सोते हैं। बस थोड़ी देर के लिए ही कहीं खिसका जा सकता है। सर्दियों में औरतें अलग सोती हैं, आदमी अलग। रात में दोनों को एक ही वक्त में मैदान जाने का बहाना करके

निकलना पड़ता है।''

''शादी के बिना ही, लगता है तुम्हें इसके बारे में काफी कुछ ज्ञान हो गया है?''

जग्गा हँसा, ''मैं आँखें बन्द करके नहीं रहता, बाबू जी! शादी-शुदा नहीं हूँ, पर शादी-शुदा आदमी का काम तो करता हूँ।''

''तो किसी के साथ एक साथ मैदान जाने का बहाना भी करते होगे?''

जग्गा और जोर से हँसा, ''हाँ, बाबू जी, करता हूँ। उसी के चलते तो यहाँ जेल में पड़ा हूँ। पर मैं खुद से ही कहता हूँ कि अगर मैं उस रात गाँव से बाहर न होता तो आपसे मिलने का सौभाग्य कहाँ मिला होता मुझे, बाबू जी? मुझे आप से अँगरेजी सीखने का मौका कहाँ से मिलता? अब मुझे आप थोड़ी-बहुत गिटपिट सिखा दो, जैसे कि 'गुड मार्निंग'! क्यों, बाबू जी, सिखाओगे न?''

''अंग्रेजी सीखकर क्या करोगे?'' इकबाल ने पूछा, ''साहिब लोग जा चुके हैं। तुम्हें अपनी भाषा सीखनी चाहिए।''

लगता था जग्गा को उसकी सलाह पसन्द नहीं आई। उसके लिए पढ़ाई-लिखाई का मतलब अंग्रेजी जानना था। बाबू (क्लर्क) और गुरमुखी तथा उर्दू में चिट्ठियाँ लिखनेवाले खतनवीस साक्षर तो थे, पर शिक्षित नहीं।

''वह तो मैं किसी से भी सीख सकता हूँ। भाई मीत सिंह ने मुझे गुरमुखी सिखाने का वादा किया है, पर मैं ही शुरू नहीं कर पाता। बाबू जी आप कितनी क्लासों तक पढ़े हो? दसवीं तो आपने जरूर पास की होगी?''

''हाँ, दसवीं पास की है। दरअसल मैंने सोलहवीं पास की हुई है।''

''सोलहवीं? वाह, वाह! मैं कभी इतने पढ़े-लिखे आदमी से नहीं मिला! हमारे गाँव में तो सिर्फ रामलाल ही चौथी पास था। अब वह मर चुका है। अब तो कोई कुछ पढ़-लिख सकनेवाला है तो वह है भाई मीर सिंह! पड़ोसी गाँवों में तो कोई भाई भी नहीं है। हमारे इंस्पेक्टर साहब भी तो सिर्फ सातवीं तक पढ़े हुए हैं और डिप्टी साहब दसवीं तक। सोलहवीं तक? आप तो बड़े तेज दिमाग के होंगे?''

इतनी ज्यादा वाहवाही सुनकर इकबाल को अटपटा लग रहा था। उसने पूछा, ''तुम क्या थोड़ा-बहुत लिख-पढ़ सकते हो?''

''मैं? नहीं बाबूजी! मेरे चाचे के लड़के ने मुझे एक कवित्त सिखाया था,

जो उसने स्कूल से सीखा था। आधा अंग्रेजी, आधा हिन्दुस्तानी में है :

'पिजन–कबूतर, उड़न–फ्लाई,
लुक–देखो, आसमान–स्काई।'

''आपको आता है यह?''

''नहीं! उसने तुम्हें वर्णमाला नहीं सिखाई?''

''ए बी सी? यह तो उसको खुद भी नहीं आती थी, उसको भी उतना ही आता था, जितना मुझको :

ए बी सी कहाँ गई थी?
एडवर्ड मर गया, पीटन गई थी!''

''यह तो आपको भी आता होगा?''

''नहीं, मुझे यह भी नहीं आता।''

''अच्छा, तो अब आप मुझे अंग्रेजी में कुछ बताओ।''

इकबाल ने उसकी बात रख ली। उसने जग्गा को 'गुड मार्निंग' और 'गुड नाइट' कहना सिखाया। जग्गा ने जीवन के कुछ मुख्य-मुख्य कामों के लिए प्रयुक्त होनेवाले अंग्रेजी शब्दों को पूछा तो इकबाल धीरज खो बैठा। इतने में ही बगलवाली कोठरी में ले जाए जाते पाँच कैदी दिख गए। जग्गा की खुशमिजाजी जितनी जल्दी आई थी, उतनी ही जल्दी गायब भी हो गई।

ग्यारह बजे तक बारिश कम होकर बूँदाबाँदी तक सीमित रह गई थी। दिन खुल रहा था। सब-इंस्पेक्टर ने अपनी साइकिल से ऊपर देखा–सामने की तरफ कुछ दूरी पर बादल छँट रहे थे और नीला आकाश साफ हो रहा था। बारिश को काटती धूप की तिरछी किरणें तर-बतर खेतों पर खेल रही थीं। चन्दन नगर शहर को रंग-बिरंगी आभा में ढालता इन्द्रधनुष आकाश में फैला हुआ था।

सब-इंस्पेक्टर और तेजी से साइकिल चलाने लगा। मल्ली की गिरफ्तारी को हवलदार द्वारा रजिस्टर में दर्ज करने से पहले ही वह पुलिस थाने पहुँच जाना चाहता था। थाने की डायरी से पन्ने फाड़ने का मतलब था, मुसीबत मोल लेना। कभी कोई टेढ़ा वकील पीछे पड़ गया तो सवाल पर सवाल कर छुट्टी कर डालेगा। हवलदार अनुभवी था पर जग्गा और इकबाल की गिरफ्तारी के बाद सब-इंस्पेक्टर का उसभें विश्वास कुछ-कुछ डाँवाडोल-सा हो

गया था। रोजमर्रा को छोड़कर बाकी स्थितियों में उस पर भरोसा करना ठीक नहीं था। पता नहीं उसे समझ भी आएगी कि नहीं कि कहाँ उन नए कैदियों को रखना चाहिए। जाति से वह किसान था, पढ़े-लिखे लोगों के नाम से ही वह खौफ खाता था। इकबाल को खलल देने की उसे हिम्मत नहीं पड़ेगी। और अगर उसने मल्ली और जग्गा को एक ही कोठरी में कर दिया तो दोनों मिलकर एक-दूसरे को मदद करने की तरकीबें निकाल लेंगे।

सब-इंस्पेक्टर पुलिस स्टेशन पहुँचा तो बेंचों पर बैठे कुछ सिपाही उसके सम्मान में उठ खड़े हुए। एक ने उसकी साइकिल सँभाली, दूसरे ने बरसाती। साथ ही वे उसके बारिश में भीगने के प्रति अफसोस व्यक्त कर रहे थे।

''ड्यूटी,'' सब-इंस्पेक्टर ने गर्व से कहा, ''ड्यूटी! अगर भूचाल भी आ जाए तो भी ड्यूटी पहले है। हवलदार आ गए?''

''जी, सर, वे कुछ देर पहले मल्ली और उसके साथियों को लेकर पहुँचे थे। अब चाय पीने अपने क्वार्टर गए हैं।''

''डेली डायरी में उन्होंने रपट दर्ज कर ली है क्या?''

''नहीं, सर, वे कह रहे थे कि आपके आने का इन्तजार करेंगे।''

सब-इंस्पेक्टर ने चैन की साँस ली। वह रिपोर्टिंग रूम में आया और अपनी पगड़ी को खूँटी से टाँगकर कुर्सी पर बैठ गया। मेज तरह-तरह के रजिस्टरों से भरी पड़ी थी। कई स्तम्भों में बँटा पीले पन्नोंवाला एक बड़ा-सा रजिस्टर उसके सामने खुला पड़ा था। उसने अन्तिम प्रविष्टि पर नजर डाली तो देखा कि उसकी अपनी ही लिखावट में सुबह उसके मनो-माजरा से प्रस्थान का विवरण था।

''गुड,'' उसने अपने हाथों को जोर से मलकर कहा। फिर जाँघ पर हाथ मारते हुए अपने दोनों हाथों को माथे से ले जाकर बालों के बीच फँसा लिया, 'राइट'...उसने अपने आप से ही जोर से कहा, ''राइट!''

एक सिपाही उसके लिए चाय का प्याला लेकर पहुँचा। प्याले में जोर-जोर से चीनी चलाते हुए उसे मेज पर रखते हुए उसने कहा, ''आपके कपड़े तो भीज गए हैं!''

सब-इंस्पेक्टर ने बिना उसकी तरफ देखे ही पूछा, ''तुमने मल्ली और उसके साथियों को जग्गावाली कोठरी में तो नहीं डाल दिया?''

''तौबा-तौबा,'' सिपाही ने विस्मय से कहा, ''सर, तब तो थाने में कत्ल

ही हो गया होता। काश, आप यहाँ होते जब हम मल्ली को यहाँ लाए थे। जग्गा तो उसे देखते ही होश खो बैठा। मैंने जिन्दगी में ऐसी गालियाँ पहले कभी नहीं सुनीं। माँ, बहन-बेटी—उसने किसी को नहीं बख्शा। उसने इतनी जोर से सलाखों को हिलाया कि हम तो सोच रहे थे कि कहीं दरवाजा ही न टूट जाए। मल्ली को वहाँ रखने का सवाल ही नहीं उठता था और मल्ली को उसकी कोठरी में घुसने की हिम्मत ही कहाँ थी! शेर के पिंजड़े में मेमना भला घुस सकता है?"

सब-इंस्पेक्टर मुस्कराया, "मल्ली ने उलटकर गालियाँ नहीं दीं?"

"नहीं! वह बेहद डरा हुआ लग रहा था और कहता जा रहा था कि मनो-माजरा की डकैती से उसका कोई वास्ता नहीं। जग्गा ने फिर चिल्लाकर कहा कि उसने उसे अपनी आँखों से देखा था और बाहर छूटते ही वह उससे अपने सारे बदले निकालेगा। मल्ली कहने लगा कि उसे उसका कोई डर नहीं है, क्योंकि जग्गा अपनी उस जुलाहे की बेटी के साथ सोने के सिवा अब और कुछ करने लायक था ही नहीं। आप उस वक्त जग्गा की हालत देखते! बिलकुल जानवरों की तरह व्यवहार कर रहा था। उसकी आँखें गुस्से से लाल हो गईं, वह अपने मुँह पर हाथ रखकर चिल्लाने लगा और छाती पीट-पीटकर लोहे की सलाखों को हिलाने लगा। चीख-चीखकर गालियाँ बक रहा था कि मल्ली की बोटी-बोटी कर देगा। इतने गुस्से में मैंने कभी किसी को नहीं देखा। हम लोग कोई खतरा मोल नहीं लेना चाहते थे, इसलिए हमने मल्ली को जग्गा का गुस्सा ठंडा होने तक रिपोर्टिंग रूम में ही रखे रखा। फिर हमने जग्गा को बाबू जी की कोठरी में किया और मल्ली और उसके गिरोह को जग्गावाली कोठरी में।"

"बड़ा बढ़िया तमाशा रहा होगा!" सब-इंस्पेक्टर ने खिसियाते हुए कहा, "थोड़ा-सा और होगा अभी—मैं मल्ली और उसके साथियों को रिहा करने जा रहा हूँ!"

सिपाही हैरानी में पड़ गया। वह कुछ पूछ पाता, इससे पहले ही सब-इंस्पेक्टर ने हाथ के इशारे से उसको विदा कर दिया।

"पालिसी की बात है। जब मेरी जितनी नौकरी हो जाएगी तुम्हारी, तभी जान सकोगे।...जाकर देखो, हवलदार चाय पी चुके? कहना, बहुत जरूरी काम है।"

थोड़ी देर बाद तृप्ति से डकार मारता हुआ हवलदार वहाँ पहुँच गया। चेहरे पर ऐसा भाव था मानो मजाल थी कि कोई उसकी कार्य-क्षमता के विरुद्ध कुछ बोल सकता। सब-इंस्पेक्टर ने उसके चेहरे की विनम्र मुस्कान की ओर ध्यान दिए बगैर उसे दरवाजा बन्द करके बैठ जाने को कहा। वह दरवाजा बन्द करके मेज के सामने आकर खड़ा हो गया, "जी सर, क्या आज्ञा है?"

"बैठो, बैठो," सब-इंस्पेक्टर ने ठहरी हुई आवाज में कहा, "हड़बड़ी की कोई बात नहीं!"

हवलदार बैठ गया!

सब-इंस्पेक्टर ने पेंसिल का बना हुआ सिरा अपने कान में घुसाया और घुमाकर मैल निकाली। सुलगाने से पहले उसने सिगरेट को कई बार माचिस की डिब्बी पर थपथपाया। वह जोर-जोर से कश ले रहा था और नथुनों से निकलते धुएँ के गोल-गोल लच्छे टेबल से होते हुए सारे कमरे में फैल रहे थे।

अपनी जीभ से तम्बाकू का नन्हा-सा टुकड़ा हटाते हुए उसने अन्ततः कहा, "हेड-कांस्टेबल साहब, आज बहुत से काम करने हैं और मैं चाहता हूँ कि उन्हें खुद आप करो!"

"जी सर!" हवलदार ने गम्भीरता से जवाब दिया।

"पहला, मल्ली और उसके साथियों को मनो-माजरा ले जाइए और उनको वहाँ जाकर रिहा करिए जहाँ गाँववाले देख सकें, मेरे खयाल से गुरुद्वारे के पास। फिर बातों-बातों में गाँववालों से पूछिए कि क्या किसी ने सुल्ताना को या उसके गिरोह के किसी आदमी को देखा। उन्हें यह बताने की जरूरत नहीं कि क्यों! बस, सिर्फ तहकीकात कीजिए!"

"लेकिन सर, सुल्ताना और उसका गिरोह तो पाकिस्तान चला गया है। सभी जानते हैं।"

सब-इंस्पेक्टर ने पेंसिल का सिर फिर अपने कान में घुमाया और मैल निकालकर मेज के नीचे चिपका दिया। उसने सिगरेट के कुछ कश और भरे और अपने होंठों को गोल करते हुए धुएँ का एक लच्छा हवलदार के मुँह पर छोड़ा—

"आप समझ लीजिए कि हम नहीं जानते कि सुल्ताना पाकिस्तान गया है कि नहीं। वैसे भी वह मनो-माजरा की डकैती के बाद ही गया है।

गाँववालों से यह पूछने में कोई हर्ज तो नहीं है कि क्या उन्हें पता है कि वह कब गया? क्यों?"

हवलदार का चेहरा खिल उठा, "मैं समझ गया हूँ, सर! और कोई हुक्म?"

"हाँ, गाँववालों से यह भी पूछना कि मुस्लिम लीगी इकबाल जब मनो-माजरा में था तो वह किस खुराफात में लगा था!"

हवलदार फिर कुछ भ्रमित-सा दिखा, "सर बाबू का नाम इकबाल सिंह है। वह तो सिख है। इंग्लैंड में रहता रहा है इसीलिए मोन्ना हो गया।"

सब-इंस्पेक्टर हवलदार को घूरते हुए मुस्कराया, "इकबाल बहुत से होते हैं। मैं मुहम्मद इकबाल की बात कर रहा हूँ, तुम इकबाल सिंह समझ रहे हो। मुहम्मद इकबाल मुस्लिम लीग का मेम्बर हो सकता है। समझे आप?"

"जी, समझ गया सर!" हवलदार ने पुनः कहा। पर वास्तव में उसकी समझ में कुछ खास नहीं आया था। उसने सोचा कि चलो वक्त आने पर पता चल ही जाएगा। उसने कहा, "आपके हुक्म की तामील होगी, सर!"

"एक बात और," सब-इंस्पेक्टर ने मेज से उठते हुए जोड़ा, "किसी सिपाही को भेजना, मेरा एक खत ले जाए। मुस्लिम रिफ्यूजी कैम्प के कमांडर को पहुँचाना है। और मुझे याद दिलाना कि कल जब मनो-माजरा में मुसलमानों को ले जाने के लिए पाकिस्तानी आर्मी के लोग आएँगे तो अपने भी कुछ सिपाहियों को वहाँ भेजना होगा!"

हवलदार समझ गया था कि तथाकथित योजना को उसके दिमाग में घुसाने के लिए ही यह सब कुछ कहा जा रहा था। उसने मन-ही-मन सब कुछ नोट कर लिया था। "यस सर!" कहकर एक बार और उसने सैल्यूट मारा और विदा हो गया।

सब-इंस्पेक्टर ने अपनी पगड़ी पहनी। दरवाजे पर खड़ा वह थाने के अहाते को निहारने लगा। दीवार पर 'रेलवे क्रीपर' की बेल की पत्तियाँ बारिश में धुलकर धूप में चमक रही थीं। बाईं ओर सिपाहियों की बैरकों में चारपाइयों की कतारों पर उनके गोल किए हुए बिस्तर करीने से पड़े थे। बैरकों के सामने थाने की जेल की दो कोठरियाँ थीं। वास्तव में यह दो सामान्य से कमरे थे, जिनके सामने की दीवारों की जगह लोहे की सलाखें लगा दी गई थीं। अहाते में कहीं भी खड़े होकर उसके भीतर का सारा कुछ

देखा जा सकता था। इकबाल की कोठरी थोड़ा करीब पड़ती थी। वह कुर्सी पर बैठा अपने पाँवों को चारपाई पर टिकाए कोई पत्रिका पढ़ रहा था। फर्श पर बहुत-से अखबार फैले पड़े हुए थे। जगत सिंह सलाखों को पकड़े बैठा सिपाहियों की बैरकों को शून्यभाव से देख रहा था। दूसरी कोठरी में मल्ली और उसके साथी फर्श पर पसरे आपस में बतिया रहे थे। बन्दूकधारी सिपाहियों और हवलदार को हथकड़ियाँ लिए कोठरी की ओर आते देख वे उठ खड़े हुए। जगत सिंह ने बगलवाली कोठरी में जाते सिपाहियों की ओर कुछ खास ध्यान नहीं दिया। उसने सोचा शायद मल्ली को सुनवाई के लिए अदालत में ले जाया जा रहा होगा।

जगत सिंह के विस्फोट से मल्ली बेतरह घबराया हुआ था। वह जगत सिंह से उसकी शर्तों पर ही सुलह करने को उद्यत था। वह जानता था कि जग्गा पूरे जिले का सबसे खूँखार आदमी था और इसीलिए वह उसके कोप से बचना चाहता था। लेकिन जगत सिंह की गाली-गलौज ने अब सुलह की सम्भावना को समाप्त कर दिया था। मल्ली अपने गिरोह का सरदार था और उसे अपने साथियों की नजर में अपनी इज्जत बनाए रखने के लिए जग्गा द्वारा किए गए अपमान का जवाब देना जरूरी था।

अगर उसे पता होता कि उसकी सुलह के प्रस्ताव का जवाब जग्गा ने गाली-गलौज से देना है, तो वह भी बहुत कुछ कर सकता था। उसे दुख भी हुआ था और गुस्सा भी आया था। अगर एक बार फिर मौका मिले तो वह भी गाली-गलौज में जग्गा की ईंट-से-ईंट न बजा दे तो कहे। लेकिन लोहे की सलाखें और पुलिस के सिपाही उनके बीच थे।

सिपाहियों ने मल्ली और उसके साथियों को हथकड़ियाँ लगा दीं और सबकी हथकड़ियों को एक लम्बी जंजीर के साथ बाँधकर एक सिपाही की बेल्ट के साथ अटका दिया। हवलदार उनके आगे-आगे चल रहा था। बन्दूकें थामे सिपाही पीछे थे। जैसे ही वे अपनी कोठरी से बाहर निकले, जग्गा की नजर मल्ली पर पड़ी। उसने अपना मुँह फेर लिया।

"तुम तो यारों को भूल ही गए," मल्ली ने मजाक उड़ाते हुए दोस्ताना लहजे में कहा, "तुम तो हमारी तरफ देखते भी नहीं और हम तुम्हारे लिए सोच-सोचकर परेशान हैं।"

उसके साथी हँसने लगे, "रहने दे, इसे रहने दे।"

जग्गा फर्श पर नजरें गड़ाए बैठा रहा।

"इतने गुस्से क्यों हो, मेरे प्यारे? क्या परेशानी है? क्या किसी के इश्क के गम में जान निकली जा रही है?"

"चलो, चलो, आगे बढ़ो," सिपाहियों ने कहा। पर दरअसल वे भी नजारे का लुत्फ उठा रहे थे।

"अपने पुराने यार को क्या 'सत श्री अकाल' भी नहीं कह सकते? सत श्री अकाल, सरदार जगत सिंह जी! कोई सनेया तो नहीं भेजना कहीं? कोई प्यार का सन्देशा? उस जुलाहे की बेटी को?"

जग्गा सलाखों से ऐसे घूरता रहा मानो उसने कुछ सुना ही नहीं। गुस्से से उसका खून ही सूख गया हो जैसे। मुँह पीला पड़ गया। सलाखों पर उसके हाथों की पकड़ कसती जा रही थी।

मल्ली ने अपने हँसते हुए साथियों की ओर मुड़कर देखा, "सरदार जगत सिंह का मिजाज आज अच्छा नहीं लग रहा। हमारे सत श्री अकाल का जवाब नहीं देगा। हमें फिर भी कोई मलाल नहीं। हम तो इसको फिर भी सत श्री अकाल कहेंगे।"

मल्ली ने अपने हथकड़ियाँ बँधे हाथ जोड़े और जगत सिंह की कोठरी की लोहे की सलाखों के सामने झुकते हुए जोर से कहा, "सत श्री..."

जग्गा के हाथों ने लपककर सलाखों के पार पगड़ी से निकले मल्ली के केशों को पकड़ लिया। मल्ली की पगड़ी नीचे गिर पड़ी। जग्गा कातिलाना आवेश में चिल्लाया और झटके के साथ मल्ली के सिर को खींचते हुए उसने सलाखों से ला टकराया।

टेरियर कुत्ता जैसे कपड़े के चीथड़े को मुँह में लिए इधर-से-उधर मार रहा हो, जग्गा आगे-पीछे करते हुए बार-बार मल्ली के सिर को बुरी तरह सलाखों से टकराता रहा। हर झटके के साथ एक चुनिन्दा गाली होती 'यह ले तेरी माँ की...और यह ले तेरी बहन की...और यह ले तेरी बेटी की...और यह फिर तेरी माँ...और यह...और यह...'

इकबाल, जो सारा दृश्य अपनी कुर्सी पर बैठा-बैठा देख रहा था, उठकर कोने में खड़ा हो गया और चिल्लाकर सिपाहियों को पुकारने लगा, "आप लोग कुछ करते क्यों नहीं? देखते नहीं, यह उस आदमी को मार ही डालेगा...!"

सिपाही भी चिल्लाने लगे। एक ने जग्गा के मुँह पर अपनी बन्दूक का कुन्दा गड़ाना शुरू किया। पर जग्गा मुँह हटा-हटाकर वार बचाता रहा। मल्ली का सिर खून से लथपथ हुआ पड़ा था। उसकी खोपड़ी और माथे पर जगह-जगह नील के निशान पड़ गए। उसने रोना-पीटना शुरू कर दिया। सब-इंस्पेक्टर दौड़कर कोठरी के पास आया और उसने जग्गा के हाथों पर अपनी फौजी छड़ी से कई वार किए। जग्गा अब भी मल्ली को छोड़ने को राजी नहीं हो रहा था। सब-इंस्पेक्टर ने अपना रिवाल्वर निकालकर जग्गा की ओर ताना और कहा, "छोड़ दे इसे, सूअर! नहीं तो मैं गोली दाग दूँगा!"

जग्गा ने अपने दोनों हाथों से मल्ली के सिर को और ऊपर उठाया और उसके मुँह पर थूक दिया। और भी गन्दी गालियाँ बकते हुए उसने उसे धकियाकर छोड़ दिया। मल्ली ढेर होकर नीचे गिर पड़ा। उसके बाल उसके सारे चेहरे पर बिखरे पड़े थे। उसके साथियों ने उसे सहारा देकर उठाया और उसकी पगड़ी से उसके मुँह पर लगे थूक और खून को पोंछा। वह गालियाँ बकता और हलफें उठाता बच्चों की तरह बिलख रहा था, "रब्ब करे तेरी माँ मर जाए...तू सूअर का पुत्तर...मैं भी तुझे छोड़ दूँ तो कहना..."

पुलिस मल्ली और उसके गिरोह को ले गई। दूर से भी मल्ली के रोने की आवाजें आती रहीं।

जग्गा फिर उसी व्यामोह में खो गया, जिसमें इस हादसे से पहले खोया बैठा था। सब-इंस्पेक्टर की छड़ी से अपनी हथेलियों के पीछे पड़े निशानों को उसने गौर से देखा। इकबाल अब भी उत्तेजित-सा चिल्लाता जा रहा था। जग्गा गुस्से से भरपूर उसकी तरफ मुड़ा, "ओए, चुप कर तू, बाबू! मैंने तुझे क्या किया है जो इतना बड़बड़ करता जा रहा है?"

इससे पहले जग्गा ने उससे कभी ऐसी बदतमीजी से बात नहीं की थी, इसलिए इकबाल और भी अधिक सहम गया।

"इंस्पेक्टर साहिब, अब तों दूसरी कोठरी खाली हो गई है। अब आप मुझे वहाँ भेज दीजिए!" उसने इंस्पेक्टर से विनती करते हुए कहा।

सब-इंस्पेक्टर तिरस्कार-भाव से मुस्कराया, "क्यों नहीं, मिस्टर इकबाल, आपकी सुविधा के लिए हमसे जो बन पड़ेगा, सब करेंगे। मेजें, कुर्सियाँ और शायद बिजली का पंखा भी...!"

जब लोगों को पता चला कि गाड़ी लाशों का एक ढेर लेकर आई थी तो पूरे गाँव पर गहरा मातमी सन्नाटा छा गया। लोगों ने अपने घरों के दरवाजों को अच्छी तरह बन्द कर लिया। कइयों ने तो फुसफुसाहटों में बातें करते ही सारी रात गुजारी। सबके दिलों के प्रति शक-ओ-शुबह आन घुसा। सबको दोस्तों और साथियों की तलाश हो आई। उन्हें अब तारों को आच्छादित करते बादलों को लक्ष्य करने का भी ध्यान नहीं रहा, न ही हवा में बसी ठंडी नमी को महसूस कर पाने का अहसास। जब वे सुबह उठे और देखा कि बारिश हो रही थी तो उन्हें सबसे पहले गाड़ी का ही खयाल आया और उन जलती हुई लाशों का। सारा-का-सारा गाँव ही स्टेशन की तरफ देखता छतों पर उमड़ आया।

गाड़ी जिस रहस्यमयता के साथ आई थी, उसी रहस्यमयता के साथ चली जा चुकी थी। स्टेशन सुनसान लग रहा था। फौजियों के तम्बुओं से पानी चू रहा था और वे बड़े ही उदासी-भरे से लग रहे थे। न तो कहीं सुलगती हुई आग दिख रही थी, न ही कहीं से उठता धुआँ। वस्तुतः वहाँ न तो जीवन का ही कोई संकेत दीख रहा था, न ही मृत्यु का। फिर भी लोग उधर ताकते रहे। शायद एक और रेलगाड़ी आए, कुछ और लाशों को लेकर!

दोपहर तक बादल पश्चिम की ओर उड़ चले थे। बारिश ने आकाश साफ कर दिया था और दूर-दूर तक के दृश्य दृष्टिगत होने लगे थे। गाँववाले इस घटना के बारे में और अधिक जानकारी हासिल करने के लिए अपने-अपने घरों से निकल पड़े। वापस लौटकर वे फिर अपनी छतों पर पहुँचे। यद्यपि बारिश बन्द हो चुकी थी पर स्टेशन के प्लेटफार्म पर, मुसाफिरखाने में अथवा मिलिटरी कैम्प में, कहीं भी, कोई इक्का-दुक्का आदमी भी नजर नहीं आया। केवल कुछ चीलें स्टेशन की इमारत की मुँडेर पर पंक्ति बाँधे बैठी थीं और ऊपर चमगादड़ गोल-गोल चक्कर काट रहे थे।

अपने कैदियों और सिपाहियों की टोली के साथ आते हवलदार को गाँववालों ने दूर से देख लिया था। लोगों ने एक-दूसरे को चीख-चीखकर इसके बारे में सूचित किया। लम्बरदार को भी बुला लिया गया। हवलदार और उसके दल के पहुँचने तक गुरुद्वारे के पासवाले पीपल के पेड़ के पास लोगों की खासी भीड़ इकट्ठी हो चुकी थी।

हवलदार ने गाँववालों के सामने ही कैदियों की हथकड़ियाँ खोलीं।

कैदियों से किन्हीं कागजों पर उनके अँगूठे के निशान लगवाए गए और उन्हें थाने में हफ्ते में दो बार आकर हाजिरी लगाने को कहा गया। ग्रामवासी खिन्न-से हुए देखते रहे। वे जानते थे कि बदमाश जग्गा और परदेशी इकबाल का डकैती से कोई वास्ता नहीं था। उन्हें ये विश्वास था कि मल्ली और उसके गिरोह को पकड़कर पुलिस ने सही दिशा में ही कदम उठाया था। हो सकता था कि डकैती में उन पाँचों का हाथ न रहा हो, कुछ को गलती से ही पकड़ लिया गया हो। लेकिन ऐसा तो कभी हो ही नहीं सकता था कि उन पाँचों में से कोई भी कसूरवार न हो। फिर भी पुलिस उन्हें रिहा कर रही थी और वह भी उनके अपने गाँव में नहीं बल्कि मनो-माजरा में उन्होंने डाका डाला था और कत्ल किया था। ऐसा जोखिम उठाने से पहले पुलिस को उनकी बेगुनाही की पूरी परख तो कर लेनी चाहिए थी।

हवलदार ने लम्बरदार को एक तरफ ले जाकर कुछ गुप्त गवेषणा की। फिर लम्बरदार ने आकर गाँववालों को सम्बोधित करते हुए कहा, "सन्तरी साहब जानना चाहते हैं कि क्या किसी ने यहाँ सुल्ताना डाकू या उसके गिरोह के किसी आदमी को देखा या उनके बारे में कुछ सुना है!"

गाँव के कई लोग खबर देने के लिए आगे आए। सबने यही बताया कि वह अपने गिरोह के साथ पाकिस्तान जा चुका है। सुल्ताना और उसके साथी तो मुस्लिम थे और उनके गाँव के सारे मुसलमानों को निकाल ले जाया गया था।

"वह लाला के कत्ल से पहले गया था या बाद में?" हवलदार ने लम्बरदार के बगल में आते हुए पूछा।

"बाद में।" सबने एकसुर में जवाब दिया। देर तक सन्नाटा छाया रहा। गाँववाले भ्रमित-से एक-दूसरे को देखने लगे। तो क्या डाका उन्होंने डाला था? वे पुलिसवालों से कुछ पूछ पाते, इसके पहले ही हवलदार ने फिर से बोलना शुरू किया—

"तुम लोगों में से किसी ने क्या कभी मुस्लिम लीग के मेम्बर एक नौजवान मुसलमान बाबू मोहम्मद इकबाल को देखा था या उससे बात की?"

लम्बरदार सकते में आ गया। उसे नहीं पता था कि इकबाल मुसलमान था। उसे धुँधला-सा याद आया कि मीत सिंह और इमामबख्श तो उसको इकबाल सिंह कहकर बुलाते थे। जमघट में उसने इमामबख्श को खोजने की

कोशिश की, पर वह वहाँ नहीं था। कई गाँववालों ने उत्तेजित होते हुए हवलदार को बताना शुरू किया कि उन्होंने इकबाल को खेतों की तरफ और पुल के पास रेलवे लाइन की ओर जाते देखा था।

"क्या तुम लोगों को उसके बारे में कोई शक-ओ-शुबह हुआ?"

"शक-ओ-शुबह? यानी..."

"क्या तुम लोगों को उसके बारे में किसी तरह का सन्देह...?"

"क्यों भाई?" वे आपस में एक-दूसरे का मुँह ताकने लगे।

कोई सही-सही कुछ नहीं कह सकता था। पढ़े-लिखे लोगों के बारे में वैसे भी कुछ सही-सही नहीं कहा जा सकता : ये सब इतने चालाक होते हैं कि इनके बारे में कुछ पता ही नहीं चलता। सिर्फ मीत सिंह ही एक ऐसा आदमी था जो बाबू के बारे में कुछ बता सकता था; बाबू की कुछ चीजें तो अभी भी उसके पास गुरुद्वारे में पड़ी हैं।

मीत सिंह को धकेलकर आगे किया गया।

मीत सिंह की ओर ध्यान दिए बिना हवलदार ने उन्हीं लोगों को सम्बोधित करते हुए कहा जो उसकी बातों का जवाब दे रहे थे, "भाई से मैं बाद में बात कर लूँगा। आप लोगों में से क्या कोई बता सकता है कि यह इकबाल डकैती के पहले मनो-माजरा में आया था या बाद में?"

यह एक और झटका था। एक शहरी बाबू का डकैती या कत्ल से क्या वास्ता? तो क्या यह कत्ल पैसे के लिए नहीं हुआ था? कोई ठीक से नहीं कह सकता था। अब तो उन्हें किसी बात पर कोई यकीन ही नहीं रहा। हवलदार ने यह कहते हुए सभा का समापन किया, "अगर किसी भी आदमी को बनिए के कत्ल के बारे में या सुल्ताना के बारे में या इकबाल के बारे में पक्की तौर पर कोई खबर हो तो वह तुरन्त ही पुलिस थाने में आकर रिपोर्ट करे!"

लोग छोटे-छोटे जत्थों में बँटे और जोर से हाथ हिला-हिलाकर बातें करते हुए अपने-अपने रास्ते चल पड़े। हवलदार अपने सिपाहियों के साथ वापस जाने को तैयार हो रहा था कि मीत सिंह उसके पास पहुँचा।

"सन्तरी साहिब, आपने उस दिन जिस नौजवान को गिरफ्तार किया था, वह मुसलमान नहीं है। वह सिख है—इकबाल सिंह।"

हवलदार ने उसकी बात पर ध्यान नहीं दिया। वह पीले रंग के कागज

पर कुछ लिखने में व्यस्त रहा। मीत सिंह धैर्य से उसके खाली होने का इन्तजार करता रहा। जब हवलदार ने कागज को तहा लिया तो वह फिर से बोला, "सन्तरी साहिब!" हवलदार ने उसकी तरफ देखा तक नहीं। उसने इशारे से एक सिपाही को बुलाया और उसको वह कागज थमाते हुए कहा—"किसी साइकिल का इन्तजाम कर लो या ताँगा ले लो और इस चिट्ठी को पाकिस्तान मिलिटरी यूनिट के कमांडेंट को दे आओ। और अपनी ओर से यह भी कह देना कि तुम मनो-माजरा से आ रहे हो और वहाँ हालात बड़े नाजुक हैं। वह जल्दी-से-जल्दी वहाँ के मुसलमानों को निकाल ले जाने के लिए ट्रक और फौजें भेज दें। अच्छा, अब तुम जाओ, तुरन्त।"

"जी, सर!" सिपाही ने एड़ियाँ खटखटाते हुए जवाब दिया।

"सन्तरी साहिब!" मीत सिंह ने अनुनय के स्वर में फिर हवलदार का ध्यान आकर्षित करना चाहा।

"सन्तरी साहिब, सन्तरी साहिब, सन्तरी साहिब," हवलदार ने उसे फटकारते हुए कहा, "तुमने मेरा सिर खा लिया है! क्या चाहिए तुमको? बोलो!"

"इकबाल सिंह सिख है।"

"तुमने क्या उसके पायजामे का नाड़ा खोलकर देखा है कि वह सिख है या मुसलमान? तुम गुरुद्वारे के मामूली भाई हो। जाओ अपना पाठ करो।"

दोहरी पंक्तियों में खड़े वापस जाने को तैयार सिपाहियों के आगे जाकर हवलदार ने अपना स्थान ग्रहण किया—

"सावधान! बाएँ मुड़..."

ग्रामवासियों के उत्सुकतापूर्ण प्रश्नों का जवाब दिए बगैर ही मीत सिंह गुरुद्वारे की ओर मुड़ चला।

हवलदार के आगमन ने मनो-माजरा के लोगों को ठीक उसी तरह दो भागों में बाँट दिया जैसे चाकू मक्खन की चक्की को।

मुसलमान अपने घरों में उदास बैठे थे। पहले जब उन्होंने पटियाला, अम्बाला और कपूरथला में सिखों के मुसलमानों पर कहर ढाने की अफवाहें सुनी थीं तो उन्हें विश्वास नहीं हुआ था, पर अब वे फिर सोच में पड़ गए थे। उन्होंने अच्छे घरों की महिलाओं के बुर्के उतार, उन्हें नंगी करके भरे

बाजारों में सरेआम घुमाने और उनके साथ दुष्कर्म करने की खबरें भी सुनी थीं। कइयों ने तो ऐसी ज़िल्लत करवाने से मर जाना ही बेहतर समझा था। उन्होंने मस्जिदों के अहातों में सूअरों को मारकर उन्हें अपवित्र करने की वारदातों के बारे में भी सुना था और यह भी सुना था कि वे नास्तिक कुरान की प्रतियाँ भी फाड़ रहे थे। एकाएक ही मनो-माजरा का हर सिख उनके लिए अजनबी बन गया, जिसके इरादे नेक नहीं थे। उसके लम्बे केश और दाढ़ी उन्हें असभ्यता की निशानी लगने लगी। उन्हें उनकी कृपाण के इस्लाम-विरोधी होने का खतरा लगने लगा। पहली बार उन्हें 'पाकिस्तान' नाम का महत्त्व समझ में आया जो उनका असली आसरा होगा, जहाँ उन्हें सिखों के साथ नहीं रहना पड़ेगा।

इधर सिख भी रुष्ट और नाराज हुए बैठे थे। वे कहने लगे, "मुसलमान का विश्वास तो कभी नहीं करना चाहिए।" अन्तिम गुरु ने तो उन्हें चेतावनी भी दी थी कि मुसलमान कभी किसी का सगा नहीं होता। उन्होंने ठीक ही कहा था। हिन्दुस्तान के इतिहास के सारे मुगलकाल के दौरान गद्दी के लिए बेटों ने अपने सगे बाप को जेलों में डाला और भाइयों ने भाइयों की आँखें निकालीं। और सिखों के साथ उन्होंने क्या किया? उनके दो गुरुओं को प्राणदंड दिए, एक अन्य गुरु और उसके दो बच्चों की नृशंस हत्याएँ करवाईं; सैकड़ों-हजारों निर्दोष लोगों को सिर्फ इसीलिए तलवार के घाट उतार दिया गया कि उन्होंने इस्लाम को मानने से इनकार किया था। इन्होंने गो-हत्याओं से उनके गुरुद्वारों को अपवित्र किया और पवित्र गुरुग्रन्थ साहिब के टुकड़े-टुकड़े किए। और मुसलमान ऐसे लोग नहीं, जो औरतों की इज्जत कर सकें। पाकिस्तान से आए शरणार्थी सिखों ने बताया कि कैसे औरतों ने आग में और कुँओं में कूद-कूदकर मुसलमानों के हाथों पड़ने से अपने आपको बचाया। जो नहीं कूद सकीं उन्हें नंगा करके गलियों में घुमाया गया, उनके साथ मुँह काले किए गए और फिर उन्हें मार डाला गया। अब मुसलमानों द्वारा कत्ल किए गए गाड़ी-भर सिखों की लाशें मनो-माजरा में जलाई गईं। हिन्दू और सिख अपने घर-बार छोड़ पाकिस्तान से भाग मनो-माजरा में आकर आसरा ढूँढ़ रहे थे। उधर लाला रामलाल को मार डाला गया। कोई नहीं जानता किसने उसे मारा, पर यह तो सभी जानते थे कि लाला हिन्दू था और सुल्तान और उसके गिरोह के लोग मुसलमान थे और वे पाकिस्तान

भाग गए थे। एक अजनबी आदमी भी इधर गाँव में घूम रहा था जिसकी न दाढ़ी थी, न केश। लोगों की नाराजी के लिए जबरदस्त कारण थे। सो उन्होंने मुसलमानों पर अपनी नाराजगी निकालने का फैसला कर ही डाला। मुसलमान बुनियादी तौर पर ही एहसानफरामोश होते हैं। सिखों के लिए तर्क का कोई विशेष स्थान नहीं होता। और फिर, जब वे भड़क रहे होते हैं तो तर्क उनके लिए वैसे भी कोई मायने नहीं रखता।

अँधेरी रात थी। जो हवा बादलों को उड़ाकर ले गई थी, वही उन्हें वापस ले आई। पहले तो रुई के फाहों की तरह सफेद बादल छाए और इनसे झाँकता चाँद दिखाई दिया। फिर बादलों ने उमड़ना शुरू किया और चाँदनी को ढक डाला। बादलों से राह बनाता चाँद बीच-बीच में चाँदी की तरह चमक उठता। अब काले-घनेरे बादलों के साए आकाश पर छाने लगे और बिजली की चमक अथवा बादलों की गरज के बिना ही बूँदें पड़ने लगीं।

सिख नौजवानों का एक जत्था लम्बरदार के यहाँ एकजुट हुआ। लालटेन के चारों तरफ, कोई चारपाई पर और कोई फर्श पर ही बैठ गया। मीत सिंह भी उनके बीच था।

काफी देर तक कोई कुछ नहीं बोला सिवाय यह दोहराने के, 'परमात्मा हमें हमारे कर्मों की ही सजा दे रहा है।'

"पाकिस्तान में बड़ा जुल्म हो रहा है।"

"वह इसलिए कि वह हमें हमारे पापों की सजा देना चाहता है। बुरे कामों का बुरा ही नतीजा होता है।"

तभी एक नौजवान से लड़के ने उठकर कहा, "क्या किया है हमने ऐसा? हम तो मुसलमानों को अपने भाई-बहन समझते रहे और उनको देखो, हमारी जासूसी करने लोगों को भेजते हैं।"

"तुम्हारा मतलब इकबाल से है?" मीत सिंह ने कहा, "मेरी उससे लम्बी बातचीत हुई थी। हम सिखों की तरह उसने कलाई में लोहे का कड़ा भी पहन रखा था। उसने मुझे बताया कि उसकी माँ चाहती थी कि वह कड़ा पहना करे। वह मोना सिख है। सिगरेट भी नहीं पीता। और फिर वह तो लाला के कत्ल के बाद ही यहाँ आया था।"

"भाई, तुम भी बड़ी जल्दी बातों में आ जाते हो," उसी लड़के ने जवाब दिया, "क्या किसी मुसलमान को कड़ा पहनने से या एक दिन सिगरेट नहीं

पीने से कुछ फर्क पड़ जाएगा—वह भी तब, जबकि वह किसी जरूरी काम पर निकला हो?"

"बेशक, मैं एक मामूली भाई हूँ," मीत सिंह भी अपनी बात पर अड़ा रहा, "पर मैं अच्छी तरह जानता हूँ कि उसका कत्ल से कोई वास्ता नहीं है; अगर ऐसा होता तो वह उसके बाद भी गाँव में न टिका रहता। इतना तो कोई मूरख भी समझ सकता है।"

नौजवान ने थोड़ा लज्जित-सा महसूस किया।

"और इसके अलावा," मीत सिंह और अधिक आश्वस्त होकर कहने लगा, "पुलिस ककने डकैती के सिलसिले में मल्ली को गिरफ्तार कर लिया है।"

"तुम्हें कैसे पता कि मल्ली को किस सिलसिले में गिरफ्तार किया गया है?" नौजवान ने बीच में ही टोककर पूछा।

"हाँ, तुमको कैसे पता कि पुलिस को क्या खबर लगी है? जानते हो, उन्होंने मल्ली को रिहा कर दिया है। तुमने क्या कभी सुना है कि पुलिस ने कातिलों को बिना मुकदमा चले और रिहाई का आदेश मिले छोड़ दिया हो?" कुछ और गाँववाले भी बोल पड़े।

"भाई, तुम हमेशा बेसबब की ही बातें करते हो!"

"अच्छा, अगर सारी दलीलें तुम लोगों के पास ही हैं तो बताओ कि जग्गा के घर में चूड़ियों का बंडल किसने फेंका?"

"हमें क्या पता?" सबने एक सुर में जवाब दिया।

"मैं बताता हूँ। जग्गा के दुश्मन मल्ली ने फेंका। तुम सबको पता है कि उनकी आपस में अनबन हो गई थी। उसको छोड़कर और कौन जग्गे की ऐसी बेइज्जती कर सकता था?"

किसी ने कोई जवाब नहीं दिया। मीत सिंह ने अपनी बात पर जोर देते हुए आक्रामकता से कहा, "और यह 'सुल्ताना, सुल्ताना' जो लगा रखा है, उसका डकैती से क्या वास्ता है?"

"हाँ, भाई जी, हो सकता है तुम्हारी ही बात सही हो," एक दूसरे नौजवान ने कहा, "पर लाला तो मर ही चुका है। हमें अब उसकी क्या पड़ी है? पुलिस का काम है, वह करेगी। और जग्गा, मल्ली और सुल्ताना भी अपने झगड़े आपस में सुलझाते रहें। रही बाबू की बात! तो वह भले अपनी

माँ के साथ सोए! हमें क्या! हमारी परेशानी तो यह है कि हम इन सूअरों के साथ क्या करें जो अब भी हमारे बीच हैं। पीढ़ियों से ये हमारा नमक खाते आ रहे हैं और देखो, क्या गुल खिलाए हैं इन्होंने! हम इनको अपने भाई-बन्धुओं की तरह मानते रहे और ये? ये तो निरे साँप निकले!"

एकत्रित लोगों में अचानक ही जैसे उबाल-सा आने लगा। मीत सिंह गुस्से में भरकर बोला—

"उन्होंने तुम्हारा क्या बिगाड़ा है? क्या उन्होंने तुम्हारी जमीनें छीन ली हैं या कि तुम्हारे घरों पर कब्जा कर लिया? या कि उन्होंने तुम्हारी औरतों को बरगला लिया है? बताओ तो जरा, क्या किया है उन्होंने?"

"रिफ्यूजियों से पूछो कि क्या किया है उन्होंने उनके साथ?" जिस लड़ाके लड़के ने बहस शुरू की थी उसी ने भड़कते हुए कहा, "तुम क्या कहना चाहते हो कि वे हमें झूठ बता रहे हैं कि वहाँ गुरुद्वारे जला दिए गए हैं और लोग मारे-काटे जा रहे हैं?"

"मैं तो सिर्फ मनो-माजरा की बात कर रहा था। हमारे यहाँ की रैय्यत ने क्या किया है?"

"वे मुसलमान हैं।"

मीत सिंह कन्धे उचकाकर रह गया!

लम्बरदार ने बहस को बन्द करवाना अपनी जिम्मेदारी समझा; "जो होना था सो तो हो चुका। अब तो हमें यह सोचना है कि अब क्या किया जाए। ये रिफ्यूजी जो गुरुद्वारे में आकर ठहरे हुए हैं, कुछ ऐसा न कर दें कि हमारे गाँव का नाम बदनाम हो जाए।"

'कुछ' का नाम सुनते ही लोगों के मिजाज में बदलाव-सा आ गया। बाहर से आनेवाले भला उनके गाँववालों के साथ कुछ करने की हिम्मत कैसे कर सकते हैं? लोगों की तार्किकता पर एक और रोक आ लगी थी। अपने गाँव के प्रति वफादारी किसी भी दलील से बढ़कर थी। जिस नौजवान ने मुसलमानों को सूअर कहकर पुकारा था उसी ने अक्खड़ता से कहा, "हम देखेंगे कि हमारे रहते कौन हमारी रैय्यत पर उँगली भी उठाने की हिम्मत करता है!"

लम्बरदार ने उसको झिड़का, "तुम भी अजीब उतावले इनसान हो। कभी तो तुम मुसलमानों को मारने पर उतारू हो जाते हो और कभी

रिफ्यूजियों को। हम कुछ कहते हैं और तुम बात को कहाँ का कहाँ ले जाते हो!"

"अच्छा, अच्छा, लम्बरदारा!" लड़के ने जवाब दिया, "अगर जो तुम अपने आपको इतना ही चालाक समझते हो तो तुम्हीं कुछ कहो!"

"सुनो भाइयो," लम्बरदार ने अपनी आवाज नीची करते हुए कहना शुरू किया, "यह गुस्सा करने का वक्त नहीं है। यहाँ कोई किसी को मारना नहीं चाहता। लेकिन दूसरे लोगों के दिलों में क्या है, हमें क्या पता? हमारे गाँव में आज चालीस-पचास रिफ्यूजी ठहरे हुए हैं, पर गुरु की कृपा से वे सब अमनपसन्द लोग हैं और सिर्फ बातें ही बताते हैं वहाँ की। कल को यहाँ ऐसे भी लोग आ सकते हैं जिनकी माएँ-बहनें कत्लेआमों में मरी हों। हम क्या उनसे कह देंगे कि भाई, इस गाँव में मत आओ? और अगर वे आ गए तो क्या हम उन्हें अपनी रैय्यत पर कहर ढाकर बदला लेने दे सकेंगे?"

एक वृद्ध आदमी बोला, "तुमने तो बड़े पते की बात कही है। हमें इस बारे में सोच-विचार करना चाहिए।"

किसानों ने अपनी परेशानी के बारे में सोचना शुरू किया। वे शरणार्थियों को आसरा देने से मना नहीं कर सकते थे, क्योंकि बेघरबारों का आतिथ्य-सत्कार करना मन-बहलाव का साधन नहीं था, बल्कि एक पवित्र कर्तव्य था। और अपने मुसलमानों को क्या वे यहाँ से जाने के लिए कह सकते थे? बिलकुल नहीं। अपने साथी ग्रामवासियों के प्रति वफादारी बाकी सारी बातों से बढ़कर थी। भले ही उन्होंने मुसलमानों के लिए अपशब्द प्रयुक्त किए थे, किन्तु उनमें से कोई भी उन्हें निकाल बाहर करने की सलाह देने की हिम्मत नहीं कर पा रहा था, जबकि एकत्रित लोगों में सबके सब सिख ही थे। लोगों का गुस्सा परेशानी में बदलने लगा था।

कुछ देर बाद लम्बरदार ही बोला—

"सभी पड़ोसी गाँवों के मुसलमानों को निकालकर चन्दन नगर के पासवाले रिफ्यूजी कैम्प में ले जाया जा चुका है। कुछ तो पाकिस्तान पहुँच भी गए हैं। बाकियों को जालन्धर के बड़े कैम्प में भेजा जा रहा है।"

"हाँ," एक और आदमी बोला, "कपूरा और गुज्जू माट्टा के मुसलमानों को तो पिछले हफ्ते ही निकालकर ले जाया जा चुका है। मनो-माजरा ही एक ऐसा गाँव बचा है जहाँ मुसलमान अभी तक बाकी हैं। बस, मैं तो यही

जानना चाहता हूँ कि लोगों ने कैसे अपने ही साथी गाँववालों को कहा होगा कि वे गाँव से निकल जाएँ। हम तो अपने यहाँ की रैय्यत को ऐसा नहीं कह पाएँगे कि तुम लोग यहाँ से जाओ, जैसे अपने ही बेटों को कोई कहे कि हमारे घर से निकल जाओ। है कोई ऐसा जो कह सके मुसलमानों को कि भाइयो, आप लोग मनो-माजरा से चले जाओ!"

कोई कुछ कह पाता, इससे पहले ही गाँव का एक और आदमी आकर घर की चौखट पर खड़ा हो गया। सभी एक साथ उधर देखने को मुड़े, पर लैम्प के मद्धिम प्रकाश में वह पहचाना नहीं जा सका।

"कौन है?" लम्बरदार ने लैम्प की रोशनी से चौंधियाती आँखों पर हाथ से छाया करते हुए पूछा, "अन्दर जा जाओ!"

इमामबख्श भीतर घुस आया। पीछे-पीछे दो और जन थे। वे दोनों भी मुस्लिम थे।

"सलाम, चचा इमामबख्श! सलाम, खैर दीना! सलाम, सलाम!"

"सत श्री अकाल, लम्बरदारा! सत श्री अकाल!" मुस्लिमों ने जवाब दिया।

लोगों ने उनके बैठने के लिए जगह बनाई और इमामबख्श के बोलने का इन्तजार करने लगे।

इमामबख्श ने अपनी दाढ़ी को उँगलियों से सँवारते हुए धीमे से पूछा, "तो भाइयो, आप लोगों ने हमारे बारे में क्या तय किया?"

लोगों में एक अटपटी-सी खामोशी छा गई। सभी की नजर लम्बरदार पर टिक गई।

"हमें क्या पूछना है?" लम्बरदार ने जवाब दिया, "यह गाँव जितना हमारा है, उतना ही तुम्हारा भी है!"

"आप लोगों ने तो सुना ही होगा कि आसपास के सभी गाँवों से मुसलमानों को निकाल दिया जा चुका है? सिर्फ हमीं बचे हैं। अगर आप सब चाहते हों कि हम भी चले जाएँ, तो हम लोग भी चले जाएँगे!"

मीत सिंह नाक से सूँ-सूँ करने लगा। वह सोच रहा था कि उसे इस वक्त बोलने की जरूरत नहीं थी। वह पहले ही काफी बोल चुका था। और फिर वह तो महज एक भाई था जो गाँववालों के ही दिए पर गुजर-बसर कर रहा था। एक नौजवान ने ही जवाब दिया—

''चचा इमामबख्श! देखो, ऐसा है कि जब तक हम लोग यहाँ हैं, कोई तुम्हारा बाल भी बाँका नहीं कर सकता। हम लोग—पहले मरेंगे, फिर तुम्हारा जिम्मा तुम पर!''

''हाँ,'' एक दूसरे आदमी ने भी गर्मजोशी से हामी भरी, ''हाँ, हमें मारकर ही कोई तुम्हारे तक पहुँच सकेगा। अगर किसी ने तुम्हारी तरफ आँख भी उठाई तो हम उनकी माँ की...''

''माँ, बहन और बेटियों, सबको...,'' बाकियों ने भी साथ दिया।

इमामबख्श ने अपनी आँख से ढुलका एक आँसू पोंछा और कमीज की बाँह से नाक साफ करने लगा।

''हमें पाकिस्तान से क्या लेना-देना! हमारा जनम यहाँ हुआ! हमारे पितरों का जनम यहाँ हुआ! हम यहाँ तुम्हारे साथ भाई-भाई की तरह रहते रहे हैं।'' इमामबख्श अभिभूत-सा हो गया। मीत सिंह उसको अपनी बाँहों में भरकर सुबकने लगा। एकत्रित लोगों में से बहुत से लोग धीमे-धीमे रोने और नाक सुड़कने लगे।

लम्बरदार ने बोलना शुरू किया, ''हाँ, तुम लोग हमारे भाई हो! जहाँ तक हमारा सम्बन्ध है, तुम, तुम्हारे बच्चे और तुम्हारे नाती-पोते सब, जब तक यहाँ चाहो, रह सकते हो! अगर कोई भी तुम्हारे साथ या तुम्हारी औरतों और बच्चों के साथ गुस्ताखी से बोले भी तो हम, हमारी बीवियाँ और बच्चे तुम्हारा बाल बाँका होने से पहले अपने आपको आगे कर देंगे। पर चचा, हम लोग तादाद में इतने कम हैं और पाकिस्तान से हजारों की तादाद में रिफ्यूजी आ रहे हैं। अगर उन्होंने कुछ कर-करा डाला तो कौन जिम्मेदार होगा।''

''हाँ,'' बाकियों ने भी हाँ में हाँ मिलाई, ''जहाँ तक हमारा सवाल है, हमारे लिए तो तुम सब बिलकुल ठीक हो, पर उन रिफ्यूजियों की क्या कहें?''

''मैंने सुना है कि कुछ गाँवों में तो हजारों की तादाद में बन्दूकें और भाले लिए हुए भीड़ जमा हो गई है। उनका मुकाबला करने का तो सवाल ही नहीं उठता।''

''हम लोग भीड़ से नहीं डरते,'' एक दूसरे ने बीच में बोला, ''आने दो उनको। ऐसा मारेंगे पट्ठों को कि मनो-माजरा की तरफ मुड़ के भी न देखेंगे।''

किसी ने भी इस ललकारनेवाले की बात पर ध्यान नहीं दिया। क्योंकि वे जानते थे कि यह डींग कितनी खोखली थी। इमामबख्श ने फिर अपनी नाक सुड़की और भावुक होकर पूछा–

"भाइयो! फिर आप हमको क्या सलाह देते हो?"

"चचा," लम्बरदार ने भारी आवाज में कहा, "यह कहना तो मेरे लिए बड़ा मुश्किल है, पर मौजूदा हालात को देखते हुए, मैं तो तुम्हें यही सलाह दूँगा कि जब तक यह मुसीबत जारी है, तुम रिफ्यूजी कैम्प में चले ही जाओ! अपने घर में ताला मार दो! हम तुम्हारे लौटने तक तुम्हारे पशुओं की देखभाल कर लेंगे।"

लम्बरदार की सलाह ने माहौल में एक तनाव-सा पैदा कर दिया। गाँववालों ने अपनी साँसें भी रोके रखीं कि कहीं उनके मुँह से कुछ निकल न जाए! लम्बरदार को भी खयाल आया कि अपने उन कोरे शब्दों का प्रभाव कम करने के लिए उसे कुछ बोलना चाहिए।

"कल तक तो," उसने जोर से सुनाते हुए कहा, "अगर पता होता कि ऐसी मुसीबत आन पड़नी है, तो हमने पांझतार के रास्ते तुम्हें नदी पार करवा देनी थी। पर अब तो दो दिनों से लगातार बारिश होने के कारण नदी चढ़ आई है। अब तो इसे सिर्फ ट्रेनों या पुल के रास्ते ही पार किया जा सकता है। और तुम तो जानते ही हो कि ट्रेनों में क्या हो रहा है! इसीलिए हम तो तुम्हारी अपनी ही खैरियत के लिए तुम्हें सलाह दे रहे हैं कि कुछ दिनों के लिए कैम्प में चले जाओ और फिर जब हालात सुधर जाएँ तो लौट आना। और जहाँ तक हमारा सवाल है," उसने बड़ी गर्मजोशी से दोहराया, "अगर तुम लोग यहाँ रहना चाहते हो तो तुम्हारा स्वागत है। हम अपनी जान देकर भी तुम्हारी रक्षा करेंगे।"

किसी को भी लम्बरदार की बातों के मतलब पर शंका नहीं थी। वे सब इमामबख्श के उठने तक सिर झुकाए बैठे रहे।

"अच्छा तो फिर," इमामबख्श ने गम्भीरता से कहा, "अगर हमें जाना ही है तो हमें अपने बिस्तरे और बाकी चीजें बाँध लेनी चाहिए। जिस घर को बनाने में हमारे बाप-दादों को बरसों लगे होंगे, उन्हें समेटने में हमें कम-अज-कम रात-भर तो लग ही जाएगी।"

लम्बरदार अपराधबोध के बोझ तले दबने लगा। भावनाओं के आवेश में

भर उसने उठकर इमामबख्श को सीने से लगा लिया और जोर-जोर से रोने लगा। सिख और मुसलमान ग्रामवासी एक-दूसरे के गले लगते, बच्चों की तरह रोने लगे। इमामबख्श ने लम्बरदार से स्वयं को अलग किया। सुबकते हुए वह कहने लगा—

"रोने की कोई जरूरत नहीं। यही जमाने का चलन है—

सदा ना बागाँ बुलबुल बोले
सदा ना मौज बहाराँ
सदा ना मापे हुसन जवानी
सदा ना मजलिस याराँ...

जो यह नहीं जानते, वे जिन्दगी को नहीं समझते!"

कइयों ने आहें भरते हुए उसकी बात का समर्थन किया, "हाँ, इमामबख्श चचा, यही जिन्दगी है!"

इमामबख्श और उसके साथी आँखों में आँसू लिए वहाँ से चल दिए।

गाँव के बाकी मुसलमानों के घरों का चक्कर लगाने से पहले इमामबख्श मस्जिद के साथ लगती अपनी झोंपड़ी में पहुँचा। नूराँ तो सो भी गई थी। दीवार के आले में बस मिट्टी के तेल की बत्ती जल रही थी।

"नूरू, नूरू," उसने नूराँ को कन्धों से हिलाकर जगाया, "उठ, नूरू!"

लड़की ने पलकें खोलीं, "क्या बात है अब्बू?"

"उठ और सामान बाँधना शुरू कर! हमें कल सवेरे ही जाना है।" उसने तनिक नाटकीय ढंग से बताया।

"जाना है? कहाँ?"

"मुझे नहीं पता।...शायद पाकिस्तान!"

लड़की झटके के साथ उठकर बैठ गई, "मैं पाकिस्तान नहीं जाऊँगी!"

इमामबख्श ने ऐसे जताया जैसे सुना ही न हो, "सारे कपड़े ट्रंक में डाल ले और बर्तन-भाँडे बोरे में! भैंस के लिए भी कुछ ले लेना। हम भैंस को भी ले चलेंगे!"

"मैं पाकिस्तान नहीं जाऊँगी।" लड़की ने उसकी बातों की परवाह किए बगैर उद्दंडता से कहा।

"तुम तो जाना नहीं चाहतीं न! पर वे तुम्हें निकाल बाहर कर रहे हैं।

समझी! सारे मुसलमान कैम्पों में जा रहे हैं।"

"कौन निकालेगा हमें? यह हमारा गाँव है। सरकार और पुलिस क्या मर गई है?"

"बेवकूफी की बातें ना कर, लड़की! जैसा कहा जा रहा है, वैसा कर! सैकड़ों-हजारों लोग पाकिस्तान जा रहे हैं उतने ही वहाँ से यहाँ आ रहे हैं। जो वहीं पड़े हैं, वे मारे जा रहे हैं। जल्दी उठ और सामान बाँधना शुरू कर! मुझे औरों के घर भी खबर देने जाना है कि वे भी तैयारी शुरू करें।"

इमामबख्श नूराँ को बिस्तर में वैसे ही बैठा छोड़ चला गया। नूराँ आँखें मलती दीवार को घूरने लगी। उसे समझ में नहीं आ रहा था कि क्या करे? सोच रही थी कि क्यों न चुपके से कहीं निकल जाए और रात-भर कहीं बाहर ही रहे। जब अब्बू और बाकी सब लोग चले जा चुकें तो वापस लौट आए। पर ऐसा जोखिम अकेले तो नहीं लिया जा सकता था। फिर बाहर बारिश भी हो रही थी। एक जग्गा का ही आसरा था। मल्ली को रिहा कर दिया गया था। हो सकता है, जग्गा भी घर लौट आया हो। वह मन-ही-मन जानती थी कि यह सम्भव नहीं था, फिर भी एक क्षीण-सी आशा उसके मन में बसी हुई थी और उसी के सहारे वह उठकर खड़ी हो गई।

नूराँ बारिश में ही निकल पड़ी। रास्ते में उसने कई लोगों को सिरों और कन्धों पर बोरे उठाए हुए देखा। रात के इस पहर भी सारा गाँव जागा पड़ा था। कई घरों में दीया-बत्तियों की हल्की लौ दीख रही थी। कोई दोस्तों-यारों से मिलने आए हुए थे। औरतें जमीन पर बैठी एक-दूसरे से गले मिलती रोए जा रही थीं। उदासी का ऐसा आलम था कि लगता था जैसे हर घर में कोई मौत हुई हो।

नूराँ ने जग्गा के घर का दरवाजा खड़काया! भीतर लटकी कुंडी हिली, पर अन्दर से किसी का जवाब नहीं आया। धुँधली रोशनी में उसने पाया कि दरवाजा तो बाहर से बन्द था। लोहे की कुंडी खोलकर वह भीतर चली गई। जग्गा की माँ बाहर गई हुई थी, शायद अपने मुसलमान पड़ोसियों को मिलने गई हो। घर में न दीया जल रहा था, न बाती। नूराँ खटिया पर बैठ गई। वह जग्गा की माँ का अकेले सामना नहीं करना चाहती थी, न ही घर लौट जाने को उसका मन मान रहा था। सोच रही थी कि काश, कुछ ऐसा हो जाता और जग्गा धीरे से कहीं से भीतर आ घुसता। बैठी-बैठी वह सोचती रही और

राह तकती रही।

नूराँ घंटे-भर तक वहीं बैठी एक-दूसरे के पीछे भागते बादलों की धुँधली आकृतियों को निहारती रही। हल्की फुहारें कभी तेज होतीं तो फिर धीमी और पुनः तेज। तभी बाहर कीचड़ भरी गली से किसी के पैरों की आवाज सुनाई दी। किसी ने दरवाजा हिलाया।

"कौन है?" जग्गा की बूढ़ी माँ की आवाज थी।

नूराँ का दिल धक्-धक् करने लगा। उससे हिला भी न जा रहा था।

"कौन है?" वृद्धा ने गुस्से से पूछा, "बोलते क्यों नहीं?"

नूराँ उठकर खड़ी हो गई और धीरे से बुदबुदाई, "बेबे!"

वृद्धा जल्दी से भीतर घुसकर दरवाजे की साँकल चढ़ाने लगी।

"जग्गा, जग्गा, तू है क्या?" उसने हौले से पूछा, "तुझे उन्होंने छोड़ दिया क्या?"

"नहीं बेबे, मैं हूँ नूराँ, चचा इमामबख्श की बेटी!"

"नूराँ? तू इस वक्त यहाँ क्या करने आई है?" बेबे ने गुस्से में भरकर पूछा।

"जग्गा लौट आया है क्या?"

"तुझे जग्गा से क्या मतलब?" वृद्धा ने कड़ककर कहा, "तेरे कारण वह जेल गया। तूने ही उसे बदमाश बनाया है। तेरे बाप को पता है कि तू रंडियों की तरह आधी रात को अनजान लोगों के घर जाती है।"

नूराँ रोने लगी, "हम लोग कल जा रहे हैं! पाकिस्तान!"

बूढ़ी औरत का दिल तनिक भी नहीं पिघला; "तुम्हारा हमारे से क्या रिश्ता है जो मिलने चली आई है? हमारी तरफ से तू जहाँ जाती है जा!"

नूराँ ने अपनी आखिरी चाल चली, "मैं नहीं जा सकती। जग्गा ने मुझसे शादी का वादा किया था।"

"निकल जा, कुतिया," वृद्धा गुर्राई, "तू मुसलमान जुलाहे की बेटी सिख किसान से ब्याह करेगी? निकल जा! नहीं तो मैं जाके तेरे बाप को और सारे गाँव को बुलाकर लाती हूँ? जा पाकिस्तान! मेरे जग्गे को छोड़!"

नूराँ उदास और सुस्त-सी हो गई, "अच्छा बेबे! जाती हूँ। मेरे से गुस्से ना हो। जब जग्गा आए तो कहना मैं 'सत श्री अकाल' कहने आई थी।" लड़की वृद्धा के पाँवों में झुककर सुबकने लगी, "बेबे, मैं जा रही हूँ और मैंने

फिर लौटकर नहीं आना। जाते वक्त तो मेरे साथ ऐसी निठुर ना बन!"

जग्गा की माँ वैसे ही तनी खड़ी रही। बिलकुल भावशून्य-सी। पर मन के भीतर कहीं कुछ पिघला था, "कह दूँगी जग्गे से।"

नूराँ का रोना थम गया। बीच-बीच में कभी कोई हिचकी फूट पड़ती। अब भी वह बेबे के पैरों को थामे झुकी थी। उसका सिर झुककर वृद्धा के पैरों पर ही टिक गया।

"बेबे!"

"अब और क्या कहना चाहती है?" उसे कुछ-कुछ पूर्वाभास हो चला था कि वह क्या कहनेवाली थी।

"बेबे!"

"बेबे, बेबे, कुछ फूटती क्यों नहीं मुँह से?" नूराँ को धक्का देकर परे करते हुए बेबे ने पूछा, "बोल क्या है?"

लड़की ने मुँह का थूक घोंटा–

"बेबे, मेरे पेट में जग्गा का बच्चा है। अगर मैं पाकिस्तान गई और लोगों को पता चला कि इसका बाप कोई सिख है तो वे जरूर इसे मार डालेंगे।"

नूराँ का सिर फिर बेबे के पैरों पर आ गिरा। अबकी बार उसने नूराँ को धकेलकर परे नहीं किया। नूराँ उसके पैरों को और भी कसकर पकड़े हुए फूट-फूटकर रोने लगी।

"कितने महीने का है?"

"अभी ही पता चला है। दो महीने होंगे।"

जग्गा की माँ ने उठाकर नूराँ को अपने पास चारपाई पर बैठा लिया। नूराँ ने रोना बन्द कर दिया।

"मैं तुझे यहाँ नहीं रख सकती!" आखिरकार बेबे के मुँह से निकला, "पुलिस के साथ आगे ही हमारा झंझट चल रहा है। जब सब ठीक-ठाक हो जाएगा और जग्गा लौट आएगा तो तू जहाँ भी होगी, वह तुझे ले आएगा। तेरे बाप को पता है क्या?"

"नहीं, अगर जो उसे पता चला तो मुझे मार ही सुट्टेगा या फिर किसी के साथ ब्याह डालेगा।" वह पुनः रोने लगी।

"अच्छा, बस कर यह रोना-धोना," बेबे ने कड़ाई से आदेश दिया,

"ऐसी खुराफात करते वक्त नहीं सोचा था? मैं तुझे पहले ही कह चुकी हूँ कि जग्गा जैसे ही जेल से निकलेगा, तुझे ले आएगा।"

नूराँ ने सुबकियाँ दबाते हुए कहा, "बेबे, उसको ज्यादा देर ना करने देना!"

"जल्दी तो वह अपनी ही गरज को करेगा। तुझे नहीं लाएगा तो खरीदकर लानी होगी उसको अपने लिए जनानी! और यहाँ तो घर में फूटी कौड़ी तक नहीं है। घरवाली चाहिए होगी तो तुझे लेने आएगा ही। जा, डरने की कोई बात नहीं!"

एक धुँधली-सी आशा नूराँ के मन में जगी। उसे लगा, जैसे यह घर उसी का हो और वह इस घर की; जैसे सब कुछ उसका अपना ही हो, यह चारपाई जिस पर वह बैठी हुईथी, खूँटे से बँधी भैंस, जग्गा की बेबे, सब उसके अपने थे, वह कभी भी यहाँ वापस लौट सकती थी, खुद अपने आप भी, भले जग्गा उसे लेने आए या न आए। वह लोगों से कह सकती थी कि वह शादी-शुदा है। पर अपने अब्बा का खयाल आते ही जैसे उसकी उजली आशाओं पर घने बादल छाने लगे। वह अब्बा को बिना बताए ही यहाँ वापस लौट आएगी!

"बेबे, अगर मौका मिला तो कल सवेरे मैं 'सत श्री अकाल' कहने आऊँगी। अच्छा अब मैं चलती हूँ। सामान बाँधना है।" नूराँ ने वृद्धा को कसकर गले लगाया और हाँफते हुए 'सत श्री अकाल' कहकर चली गई।

जग्गा की माँ देर गए तक चारपाई पर बैठी तारों को घूरती रही।

उस रात मनो-माजरा में शायद ही कोई सोया हो। लोग बातें करते, रोते और दोस्ती की कसमें खाते एक-दूसरे को तसल्ली दे रहे थे कि सब कुछ जल्दी ही ठीक-ठाक हो जाएगा।

नूराँ के लौटने के पहले ही इमामबख्श मुसलमानों के घरों के चक्कर लगाकर लौट आया था। नूराँ ने अभी तक कुछ भी बाँधा-बूँधा नहीं था। पर उसका मन इतना दुखी था कि उसे गुस्सा भी नहीं आ रहा था। पाकिस्तान जाने का खयाल जितना दुखदायी बड़ी उम्रवालों के लिए था, उतना ही जवानों के लिए भी होगा। अपनी सखी-सहेलियों से विदा लेने गई होगी बेचारी। इमामबख्श व्यर्थ ही इधर-उधर टिन, बोरे और बक्सों की खोज करने

लगा। कुछ देर बाद नूराँ लौट आई।

"सारी सहेलियों को मिल आई? चल, अब सामान बाँध ले। सोने के पहले सारी तैयारी कर रखनी है।" इमामबख्श ने कहा।

"तुम सो जाओ। सामान मैं बाँध लूँगी। कुछ ज्यादा तो करना नहीं है। फिर तुम थके भी तो हुए हो।" नूराँ ने जवाब दिया।

"हाँ, थका हुआ तो हूँ," चारपाई पर बैठते-बैठते वह बोला, "तू कपड़े-कुपड़े बाँध रख। बर्तन सवेरे रख लेंगे। रास्ते में खाने के लिए भी तो कुछ बनाना होगा सवेरे।" लेटते ही इमामबख्श को नींद आ गई।

नूराँ को ज्यादा कुछ करने को नहीं था। किसी खेतिहर पंजाबी के पास होगा भी क्या—दो-चार कपड़ों, एकाध रजाई और तकिए, खाना पकाने के कुछ बर्तनों और पीतल की थालियों-गिलासों के सिवा। सब कुछ एक इकलौती चारपाई में समेटा जा सकता था। नूराँ ने अपने और अब्बू के कपड़ों को एक पुराने-से सलेटी रंग के सन्दूक में भर लिया। उसे याद था कि यह ट्रंक उनके पास तब से था जब से उसने होश सँभाला था।

चूल्हा धरकर उसने दूसरे दिन के लिए कुछ रोटियाँ सेंकी। बर्तनों को धोकर उन्हें बोरे में भर लिया। बिस्कुटों और सिगरेट के पुराने डिब्बों में बचे हुए मसाले और नमक वगैरह भर-भरकर उसने लकड़ी के ढक्कनवाले मिट्टी के तेल के खाली पीपे में समेट लिए। सामान बाँधा जा चुका था। बस अब रजाई में तकियों को लपेटकर गोल करना बाकी था। कुछ इधर-उधर की चीजें भी उठाकर चारपाई पर डालनी थीं। कल सवेरे ही सब हो जाएगा। फिर चारपाई को उठाकर बस भैंस पर रख देना था। टूटे हुए आईने के टुकड़े को तो वह हाथ में ही ले जा सकती थी।

पानी सारी रात रुक-थमकर बरसता रहा, पर सवेरे तड़के तो जैसे बारिश की झड़ी ही लग गई। बारिश की एकरस पटपटाहट और सुबह की ताजी हवा की मदहोशी ने रात-भर के जगे थके-हारे गाँववालों को नींद की गोद में सुला दिया।

कीचड़-मिट्टी में धीरे-धीरे रेंगती जीप के हॉर्न और ट्रकों के इंजनों की घरघराहटों ने सारे गाँव की नींद तोड़ दी। काफिला मनो-माजरा में घूम-घूमकर ऐसी सड़क की तलाश करता रहा जिसमें से होकर ट्रक भीतर जा

पाते। काफिले में सबसे आगे चल रही जीप में दो अफसर थे—एक मुसलमान और दूसरा सिख, जो भुतहा गाड़ी के आने के बाद यहाँ आया था। जीप में लाउडस्पीकर लगे हुए थे और इसके पीछे करीब दर्जन-भर ट्रक थे। एक ट्रक पूरा-का-पूरा पठान फौजियों से भरा हुआ था, दूसरा सिखों से। सबके हाथों में स्टेनगनें थीं।

काफिला गाँव के बाहर आकर रुक गया। सिर्फ जीप ही भीतर जा सकी। जीप गाँव के बीचोबीच पहुँची और पीपल के पेड़वाले चबूतरे के पास आकर रुकी। सिख ने एक ग्रामीण को कहा कि जाकर लम्बरदार को बुला लाए। मुसलमान अफसर और उसके पीछे-पीछे पठान फौजी भी आ पहुँचे। मुसलमान अफसर ने अपने फौजियों को तीन-तीन के गुटों में बाँटकर सारे मुसलमान घरों से लोगों को बुला लाने को भेजा। कुछ मिनटों तक मनो-माजरा में एक ही पुकार की प्रतिध्वनि आती रही, ''पाकिस्तान जानेवाले सारे मुसलमान तुरन्त यहाँ आ जाएँ। आओ! सभी मुसलमान लोग। एकदम अभी!''

धीरे-धीरे पशुओं और बैलगाड़ियों पर अपनी चारपाइयों में लपेटे हुए बिस्तरे, टिन के बक्से, मिट्टी के तेल के पीपे और पीतल के बर्तन आदि डाले, मुसलमानों ने अपने-अपने घरों से निकलना शुरू किया। मनो-माजरा के बाकी लोग भी घरों से बाहर निकल आए, उनको बिदा करने।

दोनों अफसर और लम्बरदार सबसे बाद में गाँव से बाहर आए। जीप उनके पीछे-पीछे आ रही थी। वे हाथ हिला-हिलाकर बड़ी जिन्दादिली से बतिया रहे थे। ज्यादातर तो मुस्लिम अफसर और लम्बरदार में ही बातें हो रही थीं—

''मेरे पास इनका यह सारा सामान—यह बैलगाड़ियाँ, बिस्तरे और बर्तन भाँडे ले जाने के वास्ते कोई बन्दोबस्त नहीं है। यह काफिला सड़क के रास्ते पाकिस्तान नहीं जा रहा है। हम लोग इन्हें चन्दन नगर रिफ्यूजी कैम्प में ले जा रहे हैं। वहाँ से सबको ट्रेन से लाहौर ले जाया जाएगा। ये लोग सिर्फ अपने कपड़े, बिस्तरे, नगदी और गहने ही साथ ले जा सकते हैं। बाकी का सारा कुछ यहीं छोड़ जाने को कह दो। इनके सामान की देखभाल का जिम्मा आप ले सकते हैं।''

मनो-माजरा के मुसलमानों को पाकिस्तान ले जाए जाने की खबर

सुनकर तो लोग जैसे आसमान से ही गिरे। लम्बरदार तो अब तक यही सोच रहा था कि शायद यह सब अफवाह ही थी और उन लोगों को कुछ दिनों के लिए रिफ्यूजी कैम्पों में रखा जाएगा और फिर हालात सुधरते ही वापस आ जाएँगे।

"नहीं साहिब, हम लोग कुछ नहीं कर सकते," लम्बरदार ने कहा, "अगर यह एक-दो दिन की बात होती तो हम उनके सामान की देखभाल कर भी लेते। आप तो कह रहे हैं कि इन्हें पाकिस्तासन ले जाएँगे। तब तो इनके लौटने में महीनों भी लग सकते हैं। माल-मिल्कियत भी बुरी चीज होती है। लोगों का मन बदलते क्या देर लगती है। नहीं, हम तो किसी चीज को भी हाथ नहीं लगाएँगे। हम तो सिर्फ इनके घरों का खयाल कर लेंगे।"

मुसलमान अफसर भड़क उठा, "मेरे पास बहस करने का वक्त नहीं है। तुम खुद ही देख रहे हो कि मेरे पास सिर्फ बारह ट्रक हैं। इनमें भैंसें और बैलगाड़ियाँ नहीं लादी जा सकतीं।"

"नहीं, साहिब," लम्बरदार अपनी जिद पर अड़ा रहा, "आप जो मर्जी कहो, और हमारे ऊपर गुस्सा भी कर लो, पर हम अपने भाई-बन्धों की जायदाद को नहीं छुएँगे। आप हमारे बीच फूट डालना चाहते हो?"

"वाह, वाह, लम्बरदार साहिब!" मुसलमान अफसर ने ठट्ठा मारकर हँसते हुए कहा, "शाबाश, कल तो तुम इनको मारने पर उतारू थे और आज भाई बना रहे हो! कल फिर कहीं तुम्हारा मन न बदल जाए!"

"ऐसे ताना मत मारो, कैप्टन साहिब, हम भाई हैं और हमेशा भाई रहेंगे।"

"अच्छा तो ठीक है, लम्बरदार, तुम लोग भाई हो न!" अफसर ने कहा, "मैं मान लेता हूँ। फिर भी मैं ये सारा सामान नहीं ले जा सकता। तुम जाओ, जाकर अपने सरदार अफसर और गाँववालों से इसके बारे में बात कर लो। मैं मुसलमानों के साथ बात करता हूँ।"

मुसलमान अफसर जीप पर चढ़ गया और भीड़ को सम्बोधित करने लगा। वह एक-एक शब्द तौल-तौलकर बोल रहा था—

"हमारे पास सिर्फ दर्जन भर ट्रक हैं। और तुम सब लोग जो पाकिस्तान चल रहे हो, दस मिनटों के अन्दर ऊपर चढ़ जाओ। हमें और गाँवों को भी खाली करना है। तुम लोग सिर्फ उतना सामान लेकर जा सकते हो जितना

तुम उठा सको, फालतू नहीं। अपनी गाय-भैंसें, बैलगाड़ियाँ, चारपाइयाँ, बाल्टियाँ, घड़े और बाकी का लटरम- पटरम तुम लोग गाँव के अपने दोस्त-यारों के पास छोड़ सकते हो। अगर मौका मिला तो तुम्हारा ये सामान हम फिर कभी लिवा लाएँगे। तुम लोगों को मैं यह सब कुछ निबटाने के लिए सिर्फ दस मिनट दे सकता हूँ। उसके बाद काफिला चल पड़ेगा।"

मुसलमानों ने बैलगाड़ियों से उतरकर जीप को घेर लिया और जोर-जोर से प्रतिवाद करने लगे। मुसलमान अफसर जीप से नीचे उतर आया और उसने माइक्रोफोन के पास जाकर फिर घोषणा की–

"खामोश, मैं तुम लोगों को होशियार करता हूँ कि दस मिनट के अन्दर-अन्दर ट्रक यहाँ से चल पड़ेंगे, भले तुम लोग इनमें बैठो या नहीं, इससे मुझे कोई मतलब नहीं।"

पास खड़े सिख किसान सुनते ही सिख अफसर से सलाह करने पहुँचे। अफसर ने उनकी ओर कोई ध्यान नहीं दिया। अपनी बरसाती के उठे हुए कालर से झाँकता वह भीड़ जमाए लोगों को, उनके पशुओं, बैलगाड़ियों को और बारिश-कीचड़ में धुआँ उड़ाते ट्रकों को उपेक्षा भरी नजरों से घूरता रहा।

"क्यों सरदार साहिब!" मीत सिंह ने अधीरता से पूछा, "लम्बरदार ने क्या गलत कहा? दूसरे की माल-मिल्कियत छूना क्या अच्छी बात है? गलतफहमी का खतरा तो पैदा हो ही जाता है न?"

अफसर ने मीत सिंह को ऊपर से नीचे तक घूरा, "आप बिलकुल ठीक कहते हो, भाई जी! गलतफहमी का खतरा तो होता ही है। कभी किसी दूसरे की माल-मिल्कियत पर, दूसरे की जनानी पर नजर नहीं डालनी चाहिए। मतलब कि दूसरे की मिल्कियत किसी और को उड़ाकर ले जाने देना चाहिए और अपनी बहनों के साथ ही सोना चाहिए। क्यों? तुम जैसे लोगों को समझाने का तो बस एक ही तरीका है और वह यह कि तुम्हें पाकिस्तान भेज दिया जाए, जहाँ तुम अपनी आँखों से अपनी माँओं और बहनों की इज्जत लुटती देखो और जब तुम्हें नंगा करके तुम्हारे चूतड़ों पर लात मार के वे थूकें तो..."

अफसर के भाषण ने वहाँ खड़े सभी किसानों के मुँह पर तमाचे जड़ दिए थे। पर उनमें से कोई एक निर्लजता से हँसा। सभी ने मुड़कर पीछे देखा। मल्ली और उसके पाँच साथी थे। उन्हीं के साथ, गुरुद्वारे में ठहरे हुए

कुछ शरणार्थी भी वहाँ खड़े थे। उनमें से कोई भी मनो-माजरा का रहनेवाला नहीं था।

"सरकार," मल्ली ने मुस्कराते हुए कहा, "इस गाँव के लोग अपनी दरियादिली के लिए मशहूर हैं। अपना तो खयाल कर नहीं सकते, दूसरों के घरों का क्या करेंगे? पर आप फिकर ना करें, सरदार साहिब, हम मुसलमानों की जायदाद का खयाल कर लेंगे। आप दूसरे अफसर से कह दो कि हमारे पास सारा कुछ छोड़ जाएँ। हम इस सब कुछ को बिलकुल खैरियत से रखेंगे बशर्ते कि ये लोग बाद में लूट के न ले जाएँ। आप इस बात के लिए अपने कुछ सिपाही यहाँ तैनात कर दें, ताकि ये लोग कुछ गड़बड़ी न कर सकें।"

लोगों में खलबली मच गई। लोग चिल्लाते हुए इधर-से-उधर दौड़ने लगे। मुसलमान अफसर की अन्तिम चेतावनी के बावजूद गाँववाले अब भी अपनी-अपनी सलाहें देते जा रहे थे। अपने घबराए हुए स्वधर्मियों से घिरा मुसलमान अफसर अपने सिख सहकर्मी के पास पहुँचा, "इनके बचे हुए सामान की जिम्मेदारी किसी को सौंपने का इन्तजाम तुम कर सकते हो?"

सिख अफसर के जवाब से पहले ही चारों तरफ से आपत्तियों की झड़ी लग गई। अफसर कन्नी काटता चुप खड़ा रहा।

मुसलमान अफसर तेजी से मुड़ा और चीखते हुए बोला—

"खामोश!"

बुड़बुड़ाहट एकदम ही थम गई।

हर शब्द पर जोर देते हुए उसने कहा, "मैं तुम लोगों को सिर्फ पाँच मिनट का वक्त देता हूँ। जितना सामान उठा सको, बस उतना ही लेकर चुपचाप ट्रकों में जा बैठो।"

"सब कुछ तय हो गया है," सिख अफसर ने अपने सहकर्मी से नर्मी के साथ पंजाबी में कहा, "मैंने इन्तजाम कर लिया है। बगलवाले गाँव के ये लोग पशुओं, बैलगाड़ियों और इनके घरों की तब तक देखभाल करते रहेंगे जब तक हालात बदस्तूर नहीं हो जाते। मैं इनकी चीजों की लिस्ट बनाकर तुमको भिजवा दूँगा।"

मुसलमान अफसर ने जवाब नहीं दिया। उसके चेहरे पर एक कटु मुस्कान उभरी। मनो-माजरा के सिखों और मुसलमानों ने लाचार नजरों से एक-दूसरे की ओर देखा।

कुछ करने-कराने का वक्त ही कहाँ था। यहाँ तक कि एक-दूसरे को अलविदा कहने का भी उन्हें मौका नहीं मिला। ट्रकों के इंजन चालू कर दिए गए थे। पठान कैदियों ने मुसलमानों को उनकी बैलगाड़ियों के पास जमा किया और फिर उन्हें ट्रकों में ठूँसने लगे। चारों तरफ कीचड़-ही-कीचड़ और ऊपर से पड़ती बारिश। बन्दूकों के कुन्दे पीठों पर गड़ा-गड़ाकर फौजी लोगों को इकट्ठा करने में लगे थे। ऐसी भगदड़ मची थी कि ट्रकों पर चढ़ने के बाद ही लोग चीख-चीखकर छूटे हुए लोगों से विदा ले सके। मुसलमान अफसर ने अपनी जीप से काफिले का एक चक्कर काटकर देखा कि सब ठीक-ठाक है, तो फिर अपने सिख प्रतिपक्षी से विदा लेने आया। दोनों ने भावहीन चेहरों से बिना मुस्कराए एक-दूसरे से हाथ मिलाया। जीप ट्रकों की कतार के आगे हो ली। कूच की उद्घोषणा करते हुए माइक्रोफोन ने फिर गरजना शुरू कर दिया। अफसर ने चिल्लाकर नारा लगाया, "पाकिस्तान!" उसके सिपाहियों ने समवेत स्वर में हुंकारा, "जिन्दाबाद!" काफिला कीचड़-मिट्टी में रास्ता बनाता आगे बढ़ने लगा। आँखों से ओझल होने तक वहाँ खड़े सिख उन्हें देखते रहे। अपनी आँखों से आँसू पोंछते भरे दिल से धीरे-धीरे वे अपने-अपने घरों को लौटने लगे।

मनो-माजरा के दुखों का प्याला अभी पूरी तरह नहीं भरा था। सिख अफसर ने लम्बरदार को बुलवा भेजा। गाँववाले भी साथ हो लिए क्योंकि कोई भी कहीं अकेला छूट जाना नहीं चाहता था। सिख फौजी चारों ओर से उन्हें घेरकर खड़े हो गए। अफसर ने गाँववालों को बताया कि उसने मल्ली को निकाले गए मुसलमानों की सम्पत्ति का वाली-वारिस बना दिया है अगर कोई भी उसके या उसके सिपाहियों के किसी भी काम में दखल देने की कोशिश करेगा तो उसको गोली मार दी जाएगी।

तब मल्ली के साथियों तथा पाकिस्तान से आए शरणार्थियों ने बैलगाड़ियों से बैलों को खोल लिया, उनमें रखे सामान को लूटा और गाय-भैंसों को खोल हाँकते हुए गाँव से बाहर ले चले।

सारी सुबह लोग अपने-अपने घरों के भीतर बैठे खुले दरवाजे के बाहर ताकते रहे। उन्होंने मल्ली और उसके साथियों तथा पाकिस्तान से आए शरणार्थियों को मुसलमानों के घरों को लूटते देखा। बीच-बीच में गश्त लगाते सिख

फौजियों को भी वे देख रहे थे। अपने घरों में बैठे-बैठे वे पीट-पीटकर खींचते हुए ले जाई जा रही गाय-भैंसों का हृदय-विदारक रँभाना सुनते रहे। पालतू मुर्गे-मुर्गियों के चाकुओं की धार पर शान्त होते कुकड़ू-कूँ भी उन्होंने सुने। किन्तु वे कुछ भी नहीं कर सके, सिवाय आहें भरने और वैसे ही चुपचाप पड़े रहने के।

भैंसें चरानेवाला एक लड़का कुकुरमुत्ते तोड़ने नदी की तरफ गया तो उसने लौटकर खबर दी कि नदी काफी ऊपर चढ़ आई है। किसी ने उसकी बात पर ध्यान नहीं दिया। वे तो अब यही मनौती मना रहे थे कि नदी में बाढ़ आ जाए और बेशक उनके बीवी-बच्चों और ढोर-डांगरों समेत सारे मनो-माजरा को बहा ले जाए, बशर्ते कि इसमें मल्ली और उसके गिरोह के लोग, पाकिस्तान से आए शरणार्थी तथा गश्त लगाते ये फौजी भी डूब मरें।

इधर लोग कराह-कराहकर आहें भर रहे थे, उधर मूसलाधार बारिश से नदी चढ़ती जा रही थी। सर्दियों के दिनों में नदी का पानी पुल के बीच काले खम्भों के बीच ही सिमटा रहता था, पर अब बाकी के स्तम्भों से भी होता हुआ चौड़ी नदी का रूप धारण किए हुए पुल को पार करता बाँध को भी छूने लगा था। नदी की तलहटी के छोटे-छोटे टापुओं पर उगी झाड़ियों के सिवा सभी कुछ जलमग्न हुआ दिख रहा था। पनकौओं और कुररियों (जलपक्षी) के झुंड भी वहाँ से अपने बसेरे छोड़ नदी तट पर और फिर वहाँ से भी उड़, सुनसान पड़े पुल पर जा बसे थे। इधर कई दिनों से पुल पर से कोई भी गाड़ी नहीं गुजरी थी।

दोपहर के वक्त एक और आदमी भी घर-घर चिल्लाता फिरता दिखाई दिया, "ओए बन्ता सिंह, नदी चढ़ रही है। ओए दलीप सिंहा, नदी चढ़ आई है! ओए सुनो! पानी बाँध तक आ पहुँचा है।"

लोगों की मायूस आँखें ऐसे उठीं जैसे कह रहे हों, 'हम यह पहले भी सुन चुके हैं।'

थोड़ी देर बाद एक और आदमी ने वही खबर सुनाई, "नदी का पानी तेजी से चढ़ रहा है।" फिर तीसरे ने, फिर चौथे ने भी। सभी ने एक-दूसरे को बताना शुरू किया, "जानते हो, नदी में बाढ़ आनेवाली है।"

आखिरकार लम्बरदार खुद अपनी आँखों से देखने के लिए नदी पर पहुँचा। ठीक ही था। नदी काफी चढ़ी हुई थी। यह सिर्फ दो दिनों की बारिश

की करामात नहीं हो सकती थी। बर्फ के पिघलने से पहाड़ों पर खूब बारिश हुई होगी। पानी के फैलने के डर से शायद नहरों के जलकपाट बन्द कर दिए गए हों, इसीलिए नदी के पानी को बहने का रास्ता नहीं मिल रहा होगा। वह चिर-परिचित पतली-सी मटमैली धारा फैलकर बहुत भयावह नदी बनी खतरे का संकेत देने लगी थी। केवल पुल के स्तम्भ ही नदी की आक्रामकता की अवज्ञा करते अपनी जगह पर जमकर खड़े थे। पानी की चादर से लौंग की शक्ल में ऊपर उठते स्तम्भों के नुकीले कोनों से पड़ती पानी की बूँदें उस तरल विस्तार पर मानो फुंसियाँ-ही-फुंसियाँ उठा रही हों। सचमुच, सतलज की भयावहता देखते ही बनती थी।

शाम होते-होते मनो-माजरा के लोगों को मुसलमानों के जाने और मल्ली के गिरोह के काले-कारनामे जैसे बिसर से गए थे। वार्तालाप का मुख्य विषय अब नदी पर सिमट आया था। एक बार फिर औरतें अपने घरों की छतों पर खड़ी होकर पच्छिम की ओर देखने लगी थीं। मर्द स्थिति का जायजा लेने के लिए एक-एक करके पुल पर जाने-आने लगे थे।

शाम ढलने के पहले लम्बरदार एक बार फिर नदी को देखने गया। दोपहर के मुकाबले नदी काफी चढ़ आई थी। थोड़ी देर पहले पानी से ऊपर उठे पैंपास घास के गुच्छे अब काफी कुछ पानी में डूब चुके थे। उनकी डंडियाँ ढीली पड़कर फूल गई थीं और एक झक सफेद पिच्छ बिखरकर पानी पर तैर रहे थे। इतने कम समय में नदी का ऐसा चढ़ाव लम्बरदार ने अपनी जिन्दगी में पहली बार देखा था। फिर भी इस बाढ़ के मनो-माजरा तक पहुँचने में अभी बहुत देर थी। मिट्टी का बाँध अपनी जगह काफी मजबूत और सुरक्षित लग रहा था। एहतियात के तौर पर उसने रात भर नदी की पहरेदारी करने का बन्दोबस्त करवा दिया था। तीन-तीन आदमियों की चार टोलियाँ बनाकर उन्हें बारी-बारी से चौकसी रखने को तैनात कर दिया गया। उनको ताकीद की गई है कि वे सुबह से लेकर शाम तक पुश्ते पर बने रहें और घंटे-घंटे पर आकर लम्बरदार को रपट देते रहें। बाकियों को अपने-अपने घरों के भीतर ही रहने की ताकीद की गई थी।

लम्बरदार के निर्णय की छत्रछाया में सारा गाँव बेधड़क होकर सोया पड़ा था। पर लम्बरदार की पलकों में नींद नहीं थी। आधी रात के ठीक बाद पहरेदारी करनेवाले आदमी बड़े आवेश में जोर-जोर से बातें करते गाँव को

लौटे। चाँद की धुँधली रोशनी में वे यह तो नहीं जान पाए कि उस समय तक नदी का पानी कितना चढ़ आया था, लेकिन वे घबराए हुए थे, क्योंकि उन्होंने मदद को पुकारती लोगों की कुछ अजीब-सी आवाजें नदी की तरफ से आती सुनी थीं। आवाजें या तो नदी के ऊपर से आ रही थीं या परली तरफ से। लम्बरदार अपनी टॉर्च लेकर उनके साथ चल पड़ा।

चारों जन पुश्ते पर खड़े होकर सतलज का पर्यवेक्षण करने लगे। नदी पानी की काली चादर-सी लग रही थी। लम्बरदार ने टॉर्च की रोशनी नदी की सतह पर फेंकी। भँवर खाते पानी के सिवा उन्हें कुछ दिखाई नहीं दिया। उन्होंने साँस रोककर सुनने की कोशिश की पर पानी की गिरती बूँदों के शब्द के अतिरिक्त और कुछ भी सुनाई नहीं पड़ रहा था। लम्बरदार बार-बार उन तीनों आदमियों से यही पूछता रहा कि क्या उन्हें पूरा विश्वास था कि उन्होंने इनसानों की आवाजें सुनी थीं! कहीं सियारों, वगैरह की तो नहीं?

वे भी शायद अपने कानों सुनी आवाजों के बारे में भ्रम में पड़ गए थे। उन्होंने आपस में ही पूछना शुरू कर दिया, "सुना तो साफ-साफ था, क्यों करनैला?"

"हाँ, साफ-साफ ही तो सुना था—'हाय-हाय', जैसे कोई दर्द से कराह रहा हो।"

चारों एक पेड़ के नीचे लालटेन के इर्द-गिर्द बैठ गए। बरसातियों की तरह पहने उनके बोरे पानी से भीगकर बुरी तरह चू रहे थे। उनके सारे कपड़े भीगे हुए थे। करीब घंटा-भर बाद बादल कुछ छँटे और बारिश का वेग कम होकर बूँदा-बाँदी में बदल गया। थोड़ी देर बाद पानी बरसना बिलकुल थम गया। पश्चिम के क्षितिज से बादलों को चीर चाँद भी उभरने लगा था। चाँद के प्रतिबिम्ब ने नदी के पानी पर परले किनारे से लेकर पेड़ के नीचे बैठे आदमियों तक मानो पिघली चाँदी की एक चौड़ी पर्त ही पसार दी हो। चाँदनी के इस चमकते हुए पथ पर पानी पर पड़ती सिलवटें तक साफ-साफ दृष्टिगोचर हो रही थीं।

उन्होंने देखा कि एक काली-सी गोलाकार चीज पुल के स्तम्भ से टकराकर नदी की धार के साथ मनो-माजरा की तरफ पुल के पुश्ते की ओर बढ़ी चली आ रही थी। लग रहा था जैसे एक बड़ा-सा ड्रम हो, जिसके कोनों से डंडियाँ-सी निकली हुई हों। आगे-पीछे और इधर-उधर लुढ़कते हुए पानी

के बहाव के साथ यह चाँदनी के उस पथ पर आ पहुँचा, जिसके निकट लम्बरदार और वे तीन आदमी बैठे हुए थे। उन्होंने नजदीक से देखा कि यह तो एक मरी हुई गाय थी जिसका पेट पानी भर जाने से किसी बड़े-से ड्रम की तरह फूल आया था और अकड़ी हुई टाँगें ऊपर उठ गई थीं।

उसके बाद पुआल के कुछ गट्ठर बहते हुए आए, फिर कपड़ों की कुछ पोटलियाँ!

लम्बरदार ने कहा, "लगता है जैसे कोई गाँव बाढ़ में बह गया हो।"

"चुप, ध्यान से सुनो!" एक आदमी ने फुसफुसाते हुए कहा। किसी के कराहने की दबी-दबी-सी आवाज पानी के पार से उभरी।

"सुना तुमने?"

"चुप!"

अपनी साँसें रोके उन्होंने सुनने की कोशिश की।

नहीं, यह इनसानों की आवाजें नहीं थीं। यह तो कोई गड़गड़ाहट-सी थी। हाँ, गड़गड़ाहट ही थी। यह तो रेलगाड़ी की गड़गड़ाहट थी। उसके इंजन की फूत्कार स्पष्ट होने लगी थी। अब तो इंजन की बहिरेखा भी दिखाई पड़ने लगी थी, पर इंजन में कोई बत्ती नहीं जल रही थी, हेडलाइट भी नहीं। इंजन की चिमनी से फुलझड़ियों की तरह चिनगारियाँ उड़ रही थीं। रेल के पुल पर पहुँचने तक पनकौए उड़कर पुनः नदी पर जा बैठे और कुररियाँ जोर-जोर से चिंचियाती हुई ऊपर आकाश में उड़ चलीं। ट्रेन मनो-माजरा के स्टेशन पर जाकर रुक गई। दिशा से ही स्पष्ट था कि पाकिस्तान से आई है।

"अरे, गाड़ी में कोई बत्ती नहीं जल रही!"

"इंजन ने सीटी भी नहीं बजाई!"

"बड़ी भुतहा-सी लग रही है गाड़ी।"

"परमात्मा के वास्ते ऐसी बातें न करो," लम्बरदार ने कहा, "शायद मालगाड़ी होगी। तुमने जो आवाज सुनी थी, वह इसी के इंजन की होगी। गाड़ियों के ये नए अमेरिकी इंजन ऐसे चीखते हैं जैसे किसी को हलाल किया जा रहा हो।"

"नहीं, लम्बरदारा! हमने तो वह आवाज घंटे-भर पहले सुनी थी और फिर दोबारा वही आवाजें गाड़ी के आने के पहले सुनीं।"

एक आदमी बीच में टोककर बोला, "अब तो नहीं सुनाई दे रहीं। ट्रेन

खड़ी जो है, अब उसमें से क्या आवाज आएगी?''

रेलवे लाइन के उस पार से, जहाँ अभी कुछ दिन पहले ही हजार से भी अधिक लाशों को जलाया गया था, किसी सियार के जोर-जोर से हुआने की आवाज आई। थोड़ी देर में सियारों का झुंड-का-झुंड ही हुआने लगा। चारों आदमी भय से काँप उठे।

''वे भी सियारों की ही आवाजें होंगी। हुआते हैं तो ऐसे लगता है जैसे कोई औरत किसी की लाश पर बैठी सियापा कर रही हो!''

''नहीं, नहीं,'' दूसरे आदमी ने प्रतिवाद किया, ''हरगिज नहीं, वह तो इनसानों की ही आवाजें थीं, बिलकुल साफ-साफ। आदमी की ही आवाजें!''

वे वहीं बैठे रहे। उन्होंने पानी पर ऐसी अजीबोगरीब चीजें बहती देखीं जो उनकी पहचान में भी नहीं आ रही थीं। चाँद अचानक लुप्त होने लगा था। थोड़ी देर अँधेरा रहा, फिर पूर्व के क्षितिज से धुँधला-सा प्रकाश छिटकना शुरू हुआ। चमगादड़ों की लम्बी पंक्तियाँ निःशब्द उड़ती हुई उधर से निकल गईं। कौओं ने काँव-काँव करना शुरू कर दिया। पेड़ों के झुरमुट से कोयल की कर्णभेदी कुहुक भी सुनाई पड़ी। लोग नींद से जाग उठे थे।

बादल धीरे-धीरे उत्तर की तरफ उड़ चले थे और सूरज निकल आया था। पानी से भीगी धरती पर सन्तरी रंग की छटा फैल गई। नदी का चढ़ाव जारी था।

लम्बरदार और उसके साथियों ने देखा कि नदी के गँदले पानी में तैरती बैलगाड़ियों के साथ उनसे जुते बैलों के फूले हुए पंजर अभी तक जुड़े हुए थे। घोड़ों के कंकालों की पीठें एक-दूसरे से ऐसे रगड़ खा रही थीं जैसे वे आपस में एक-दूसरे को खुजला रहे हों। आदमी-औरतों के शव भी तैरते हुए आ रहे थे। पेट फूल जाने के कारण उनके कपड़े बदन से चिपके थे। नन्हे-नन्हे बच्चे मानो पानी को हथेलियों से पकड़े पेट के बल सोए पड़े हों। आकाश चीलों और गिद्धों से भर गया। उड़-उड़कर वे तैरते हुए कंकालों पर बैठने लगे। शवों को नोच-नोचकर वे तब तक खाते रहे जब तक कि वे शव उलटकर अपने आप सीधे नहीं हो जाते और हवा में तने उनके हाथ डरा-डराकर उन गिद्धों-चीलों को भगा नहीं देते।

''लगता है, रात कोई गाँव बाढ़ की चपेट में आ गया!'' लम्बरदार ने संजीदगी से कहा।

"रात में कौन बैलों को जोतकर रखता होगा?" साथियों में से एक बोला।

"हाँ, यह बात है। किसने जोता होगा बैलों को...?"

पुल की मेहराबों से और भी बहुत-सी लाशें बहकर आती दिखाई दीं, इनसानों की लाशें; खम्भों से टकराकर वे कुछ देर को रुकतीं, फिर भँवर में चक्कर काटती हुई नदी के उतार की तरफ बह आतीं।

किनारे की तरफ आती लाशों को अच्छी तरह देखने के लिए वे पुल की तरफ बढ़े। वहाँ खड़े होकर उन्होंने गौर से देखा।

"लम्बरदारा, ये डूबे नहीं हैं, इनका कत्ल किया गया है!"

सफेद दाढ़ीवाला एक बूढ़ा किसान पानी पर सीधे मुँह तैर रहा था। उसकी बाँहें ऐसे फैली थीं जैसे क्रूस पर चढ़ाया गया हो। मुँह पूरा-का-पूरा खुला था, मुँह में एक भी दाँत नहीं था। आँखें धुँधलाई-धुँधलाई-सी। चेहरे के चारों ओर बिखरे बालों का प्रभामंडल बन आया था। उसके गले से छाती तक जाता एक गहरा घाव दिखाई दे रहा था। बूढ़े की काँख में एक छोटे बच्चे का सिर फँसा हुआ था। सिर में पीछे छेद बना हुआ था।

मैदानों में पहुँचाने के लिए पहाड़ी नदियों में गिराए लकड़ी के लट्ठों की तरह नदी में अनगिनत शव बहते चले आ रहे थे। पुल के बीचोबीच के मेहराब से होकर आती लाशें तेजी से आगे बढ़ी जा रही थीं। जो पुल के खम्भों से टकराती उलट-पलट रही थीं, उनके घावों को साफ-साफ देखा जा सकता था। किसी के हाथ-पैर कटे थे, तो किसी के पेट चिरे हुए थे। औरतों के शवों से स्तन कटे हुए थे। धूप में चमकती नदी में वे डूबते-उतराते बहे चले जा रहे थे और उनके ऊपर मँडराती हुई उड़ रही थीं अनगिनत चीलें और गिद्ध।

लम्बरदार और बाकी तीनों ने अपनी पगड़ियों के लटकते सिरों से अपने मुँह ढँक लिए। "गुरु हमारी रक्षा करें!" उनमें से कोई बुदबुदाया, "कहीं मार-काट हुई है। हमें तुरन्त पुलिस को खबर करनी चाहिए।"

"पुलिस?" नाटे-से आदमी ने तिक्तता से कहा, "वे क्या करेंगे? एफ. आई.आर. लिखेंगे इस वारदात की?"

भरे दिल से वे चारों मनो-माजरा को लौट पड़े। लौटते हुए वे सोच रहे थे कि लोगों को क्या बताएँगे! नदी का पानी और ऊँचा चढ़ आया है? या, किसी गाँव में बाढ़ आ गई है? या बता दें कि उस पार मार-काट हुई लगती

है और सतलुज पर सैकड़ों लाशें तैर रही हैं? या फिर चुपचाप मुँह को सिए ही बैठे रहें?

जब वे गाँव लौटे तो उनकी बातें सुनने के लिए वहाँ कोई नहीं खड़ा था। वे सब तो स्टेशन की तरफ देखते हुए अपनी-अपनी छतों पर खड़े थे। कई दिनों के बाद मनो-माजरा में दिन के वक्त कोई रेलगाड़ी आकर रुकी थी। इंजन का मुँह पूरब की तरफ था, तो इसलिए कोई शक नहीं था कि पाकिस्तान से ही आई थी। इस बार भी स्टेशन सेना और पुलिस के सिपाहियों से भरा था और स्टेशन की घेराबन्दी कर दी गई थी।

घरों की छतों से ही चीख-चीखकर लोग एक-दूसरे को नदी पर तैरते मुर्दों की खबर भी दे रहे थे। वे आपस में औरतों और बच्चों की कटी-फटी लाशों के बारे में बतियाने लगे। कोई भी यह जानने का इच्छुक नहीं था कि मरनेवाले कौन थे। न ही कोई नदी तक जाकर उन्हें देखने का इच्छुक था। स्टेशनवाली घटना के प्रति लोगों की उत्सुकता अधिक थी, क्योंकि यहाँ से और ज्यादा डरावनी खबरें मिलने की सम्भावना थी।

गाड़ी में क्या आया होगा, इस बारे में किसी के भी मन में कोई शंका नहीं थी। उन्हें पक्का विश्वास था कि सिपाही तेल और लकड़ी की माँग करने आएँगे। उनके पास अब देने के लिए तेल तो था ही नहीं, जो थोड़ी-बहुत लकड़ी बची थी वह भी बारिश से इतनी सील गई थी कि जलाने लायक रही ही नहीं थी।

लेकिन सिपाही उनके पास नहीं आए। उसके बदले वहीं पर एक बुलडोजर मँगाया गया। स्टेशन के बाहर, मनो-माजरा की तरफ की जमीन को बुलडोजर ने अपने निचले दाँतों से खोदना शुरू किया। घंटों मिट्टी खोदते रहने के बाद लगभग पचास गज लम्बी एक खाई खोदकर तैयार कर दी गई। दोनों तरफ मिट्टी के ऊँचे-ऊँचें ढेर लग गए। फिर कुछ देर के लिए काम बन्द रहा। बुलडोजर के काम की निगरानी करते सुस्ती से इधर-उधर खड़े सिपाहियों को प्लेटफार्म पर पहुँचने का आदेश मिला। वे दो पंक्तियों में कैनवास के स्ट्रेचर उठाए चले जा रहे थे। स्ट्रेचर में पड़ी लाशों को गड्ढे में उलटाकर वे पुनः और लाशें लाने स्टेशन चले जाते। यह क्रम शाम तक चलता रहा। बुलडोजर जैसे फिर जगा। उसके दाँत फिर खुले। उठा-उठाकर परे की गई मिट्टी को वापस डालते हुए अपने खाई को पाटना शुरू कर

दिया। पटी हुई खाई भरे हुए घाव के दाग की भाँति लग रही थी। इस सामूहिक कब्र को सियारों और बिज्जुओं से बचाने के लिए दो सिपाहियों को इसकी निगरानी करने को यहीं छोड़ दिया गया।

उस शाम सारा गाँव अरदास के लिए गुरुद्वारे में उमड़ आया था। गुरुपर्व अथवा बैसाखी वाले दिन को छोड़ ऐसा कभी नहीं हुआ था। गुरुद्वारे में नित्य प्रति आनेवालों में तो केवल औरतें और वृद्धजन ही होते थे। बाकी लोग तो बच्चों के नामकरण, अमृत चखना, शादी-ब्याह या क्रिया-कर्म आदि के अवसरों पर ही गुरुद्वारे आते थे। लाला के कत्ल के बाद से गुरुद्वारे में आनेवालों की संख्या धीरे-धीरे बढ़ने लगी थी। लोग अपने घरों में अकेले पड़ने से डरने लगे थे। मुसलमानों के जाने के बाद से तो और भी अधिक। उनके वीरान घरों के भड़भड़ाते हुए खिड़कियाँ-दरवाजे भुतहा और भयोत्पादक लगने लगे थे। ग्रामवासी उधर से निकलते तो उनकी ओर बिना देखे ही तेजी से गुजर जाते। आसरे की एक यही जगह अब उनके पास बची थी जहाँ वे बिना किसी विशेष स्पष्टीकरण के आ-जा सकते थे। मर्द इसलिए जाते कि वहाँ उनकी जरूरत पड़ सकती थी, औरतें इसलिए कि वे अपने मर्दों के साथ-साथ रह सकें और बच्चे तो उनके साथ जाते ही। बाबाजी (गुरुग्रन्थ साहिब) वाला मुख्य कक्ष और उसके अगल-बगल के दोनों कमरे शरणार्थियों और गाँव के लोगों से खचाखच भरे रहते थे। चौखट के दूसरी तरफ उनकी चप्पलें, जूते पंक्तियों में करीने से सजे रखे रहते।

मीत सिंह ने लालटेन के प्रकाश में सान्ध्यकालीन गुरुवाणी का पाठ पढ़ा। उसके पीछे खड़ा एक आदमी चँवर डोला रहा था। पाठ समाप्त हुआ तो संगत ने सबद गाने शुरू कर दिए और मीत सिंह ने शनील के चमकीले रूमाला साहिब में गुरुग्रन्थ साहिब को रखकर रात के विश्राम के लिए सन्तोख (सुला) दिया। संगत उठकर हाथ जोड़ खड़ी हो गई। मीत सिंह ने सबके सामनेवाला अपना स्थान ग्रहण किया। उसने दसों पादशाहों, सिख शहीदों और सिखों के तीर्थस्थलों के नामों का जाप किया और फिर उनके आशीर्वादों का आह्वान किया। हर अर्ज के बाद संगत ऊँची आवाज में 'वाहे गुरु' कहकर अपनी आमीन कहती। फिर सबने घुटनों के बल झुककर अपना माथा टेका और इसी के साथ अनुष्ठान समाप्त हुआ।

मीत सिंह आकर लोगों के बीच बैठ गया। यह एक गम्भीर किस्म की बैठक थी। सिर्फ बच्चे ही बेधड़क होकर खेल रहे थे, हँसते-खिलखिलाते और कमरे में एक-दूसरे के पीछे दौड़ते हुए। बड़ों ने उनको शरारतें करने से टोका, तो वे उदास होकर एक-एक कर अपनी-अपनी माँओं की गोदियों में आकर सो गए। मर्द-औरतें भी अलग-अलग कोनों में पसरकर सोने लगे।

सुबह की घटनाएँ सोकर भुलाई जानेवाली नहीं थीं। कइयों को तो नींद आई ही नहीं। जिनको किसी तरह आई भी वे भी ऐसे तनाव में सोए कि पासवाले व्यक्ति का हाथ या पाँव लगते ही घबराकर चीखें मारते उठ बैठते। घोड़े बेचकर सोनेवालों को भी सपनों में दिन के दृश्य पुनर्जीवित होकर दिखने लगे थे। सोते-सोते भी उन्हें मोटरगाड़ियों की आवाजें, गाय-भैंसों का रँभाना और लोगों का करुण चीत्कार सुनाई देता रहा। नींद में ही उन्हें सुबकियाँ आती रहीं और उनकी दाढ़ियाँ आँसुओं से भीगती रहीं।

कुछ अधजगे लोगों ने जब सचमुच ही बाहर किसी मोटरगाड़ी के हॉर्न की आवाज एक बार और सुनी, तो भी उन्होंने यही सोचा कि शायद वे सपना ही देख रहे थे। जो सचमुच सपने देख रहे थे, उन्होंने सोचा कि यह हॉर्न भी सपनेवाला ही होगा। सपनों में ही जैसे उन्होंने यह भी सुना कि कोई उनसे पूछ रहा है, 'क्या तुम सब मर चुके हो?' और उन्होंने 'हाँ-हाँ' में हामी भरी!

आधी रात को आनेवाला यह वाहन एक जीप थी, वैसी ही जिसमें सवेरे फौजी अफसर आए थे। यह जीप गाँव के रास्तों से पूर्व परिचित लग रही थी। जीप दरवाजे-दरवाजे होती हुई पूछ रही थी, 'घर में कोई है क्या?' जवाब में सिर्फ कुत्ते ही भौंकते रहे।

सब जगह घूम-घामकर जीप गुरुद्वारे में पंहुँची और ड्राइवर ने इंजन बन्द कर दिया। दो आदमी उतरकर अहाते में आए और चिल्ला-चिल्लाकर पूछने लगे—"कोई है क्या? कि सबके सब मर गए हो?"

लोग हड़बड़ाकर उठ बैठे। कुछ बच्चे घबराकर रोने लगे। मीत सिंह ने लालटेन की बत्ती तेज की। वह और लम्बरदार दोनों उठकर आगन्तुकों से मिलने बाहर आए।

आगन्तुकों ने देखा कि उनके आने से उपस्थित जनसमूह में खलबली-सी मच गई थी। लम्बरदार और मीत सिंह को दरकिनार कर वे दोनों मुख्य कक्ष

की चौखट पर पहुँचे। उनमें से एक ने घबराए हुए लोगों को सम्बोधित करते हुए पूछा–

"क्या तुम सब मर चुके हो?"

"तुममें से कोई जिन्दा भी है?" दूसरे ने साथ देते हुए पूछा।

लम्बरदार ने गुस्से में भरकर जवाब दिया, "इस गाँव में कोई नहीं मरा है। तुम्हें क्या चाहिए? बोलो!"

आगन्तुकों के जवाब देने से पहले ही उनके दो और आदमी आकर खड़े हो गए। सबके सब सिख थे। सबने खाकी वर्दियाँ पहन रखी थीं और कन्धे से बन्दूकें लटकाई हुई थीं।

अपने साथियों को जोर-जोर से सम्बोधित करते हुए एक आगन्तुक ने कहा, "यह गाँव तो निरा मुर्दा लग रहा है!"

"इस गाँव पर गुरु की मेहरबानी है। यहाँ कोई नहीं मरा है।" मीत सिंह ने निःशब्द गरिमा के साथ कहा।

"ठीक है। अगर मरा नहीं है तो मर जाओगे। इस गाँव को तो चुल्लू-भर पानी में डूब मरना चाहिए। यहाँ के लोग नामर्द हैं!" आगन्तुक ने हाथ हिला-हिलाकर बड़ी उग्रता से कहा।

उन्होंने अपने जूते खोलकर गुरुद्वारे के मुख्य कक्ष में प्रवेश किया। लम्बरदार और मीत सिंह भी उनके पीछे-पीछे भीतर चले आए। अजनबियों को देखकर मर्दों ने अपनी पगड़ियाँ पहननी शुरू कीं। औरतों ने अपने-अपने बच्चों को गोद में डाल लिया और उन्हें हिला-हिलाकर सुलाने लगीं।

आनेवालों में से अगुआ से लग रहे युवक ने लोगों को बैठ जाने का संकेत किया। सभी लोग बैठ गए। नवयुवक का हाव-भाव बड़ा आक्रामक लग रहा था। बीस-बाईस साल का लगता था। छोटी-छोटी दाढ़ी को ब्रिलियंटाइन से ठुड्डी से चिपकाया हुआ था। देखने में तनिक नाटा, कुछ दुबला-पतला और स्त्रैण-सा लग रहा था। गहरे नीले रंग की पगड़ी के नीचे माथे पर लाल फीता लगा रखा था। खाकी फौजी कमीज उसके गोलाकार कन्धों पर झूल रही थी। पैरों में 'सैम ब्राउन' के काले जूते थे। छाती पर कारतूसों से भरी पेटी लटक रही थी। पतली कमर पर कसी चौड़ी बेल्ट के एक तरफ रिवाल्वर लटक रही थी और दूसरी तरफ एक छोटी-सी कृपाण।

लड़के ने रिवाल्वर के खोल को सहलाते हुए कारतूसों की नोकों पर हाथ

फेरा। पूर्ण आश्वस्ति के साथ उसने अपने चारों ओर नजर मारी।

"यह क्या सिखों का गाँव है?" उसने बड़ी अभद्रता से पूछा। गाँववाले समझ गए थे कि वह पढ़ा-लिखा शहरी अफसर था। ऐसे लोग किसानों से बातें करते हुए अपनी श्रेष्ठता जतलाने की कोशिश करते रहते हैं। ऐसे लोगों को दूसरे की उम्र या ओहदे का भी कोई लिहाज नहीं होता।

"जी, हुजूर," लम्बरदार ने जवाब दिया, "यह तो सदा-सर्वदा से ही सिखों का गाँव रहा है। हमारे काश्तकार मुसलमान थे, पर वे सब यहाँ से चले गए हैं।"

"तुम लोग कैसे सिख हो?" लड़के ने अपने प्रश्न को स्पष्ट करते हुए आँखों में आँखें मिला घूरकर कहा, "मर्द कि नामर्द?"

किसी की समझ में न आया कि क्या जवाब दे! किसी को इतना विरोध करने का भी साहस नहीं हुआ कि उनसे पूछे कि इस प्रकार की भाषा वे एक गुरुद्वारे के भीतर औरतों और बच्चों की उपस्थिति में किस प्रकार बोल रहे थे।

"तुम्हें पता है कि ट्रेन में कितने हिन्दुओं और सिखों की लाशें आई हैं? तुम्हें रावलपिंडी, मुल्तान, शेखूपुरा और गुजराँवाला के कत्लेआमों के बारे में खबर है? जानते हो तो बोलो, इसके लिए क्या कर रहे हो? अब भी तुम खा-पीकर आराम से सोए पड़े हो और अपने आपको सिख कहते हो? बहादुर सिख? योद्धा?" उसकी चमकदार आँखें चारों ओर उठीं कि देखें किसकी मजाल है कि उसकी बात को काट सके।

लोगों ने शर्म से अपनी गर्दनें झुका लीं।

"हम क्या कर सकते हैं, सरदार जी?" लम्बरदार ने पूछा, "अगर हमारी सरकार पाकिस्तान के खिलाफ लड़े तो हम भी लड़ने को तैयार हैं। यहाँ मनो-माजरा में बैठे हम क्या कर सकते हैं भला?"

"सरकार?" नवयुवक विरक्ति से मुँह सिकोड़ते हुए बोले, "तुम सरकार से भी कोई उम्मीद रख सकते हो? कायर बनियों की इस सरकार से? पाकिस्तान के मुसलमान क्या अपनी सरकार से हुक्म लेकर तुम्हारी माँ-बहनों की अस्मत लूट रहे हैं? वे क्या अपनी सरकार को अर्जी देकर ट्रेनों को रोक रहे हैं और उनमें आने-जानेवाले बूढ़ों, बच्चों, औरतों और मर्दों सभी को बिना सोचे-समझे मौत के घाट उतार रहे हैं? और तुम इसके लिए उम्मीद

कर रहे हो अपनी सरकार से? वाह! शाबाश, शाबाश!'' अपनी रिवाल्वर के खोल पर उसने जोर का एक हाथ मारा।

''लेकिन, सरदार साहिब!'' लम्बरदार ने हकलाते हुए कहा, ''आप ही बताओ हमें क्या करना चाहिए!''

''यह हुई न बात,'' लड़के ने जवाब दिया, ''अब हम बात आगे बढ़ा सकते हैं। आप लोग ध्यान से सुनो।'' थोड़ी देर रुककर उसने चारों तरफ देखा और फिर हवा में तर्जनी हिलाते हुए, हर वाक्य पर जोर देते हुए धीरे-धीरे कहना शुरू किया–

''वे एक हिन्दू या सिख को मारें, तो तुम दो मुसलमानों को मारो। वे हमारी एक औरत की इज्जत लूटते हैं तो तुम उनकी दो की लूटो। वे हमारे एक घर को लूटें तो तुम उनके दो को लूटो। वे एक गाड़ी लाशों की भेजें, तो तुम उनकी तरफ दो गाड़ियाँ भेजो। वे हमारे एक काफिले पर हमला करें तो तुम उनके दो पर करो। तभी उधर मार-काट रोकी जा सकेगी। उनको तभी सबक मिलेगा कि हमें भी कत्ल और लूट का खेल आता है।''

लोगों पर अपनी बातों के असर का जायजा लेने के लिए वह पल-भर को रुका। लोग मुँह बाए उसकी बातों को पूरी तवज्जो के साथ सुन रहे थे। केवल मीत सिंह ही नजरें नीची किए बैठा रहा। कुछ कहने के लिए उसने अपना गला खँखारा भी, लेकिन फिर जैसे कुछ सोचकर चुप ही बैठा रहा।

''अच्छा, भाइयो! आप लोग खामोश क्यों बैठे हो? कुछ बोलो तो सही।'' लोगों को ललकारते हुए उसने कहा।

''मैं कह रहा था कि...'' मीत सिंह ने लड़खड़ाते हुए कहना शुरू किया, ''मैं कह रहा था कि...यहाँ के मुसलमानों ने क्या किया है कि पाकिस्तान में मुसलमानों के किए अत्याचारों का बदला उनके साथ लिया जाए? जिन लोगों ने कुकर्म किए हैं, सजा तो उन्हीं को मिलनी चाहिए।''

नवयुवक ने मीत सिंह को क्रोध से घूरा, ''पाकिस्तान में हिन्दुओं और सिखों ने क्या किया था कि उनको कत्ल कर दिया गया? वे क्या बेकसूर नहीं थे? उनकी औरतों ने क्या जुर्म किया था कि उनकी इज्जत लूट ली गई? छोटे-छोटे बच्चों ने क्या किसी का खून किया था कि उनके माँ-बाप के सामने उन्हें चीर डाला गया?''

पराजित से हुए मीत सिंह ने फिर गर्दन घुमा ली। नौजवान उसको

और भी लताड़ना चाहता था, "क्यों भाई? अब बोलो, तुम क्या करना चाहते हो?"

"मैं तो एक बूढ़ा भाई हूँ। मैं तो किसी पर भी हाथ नहीं उठा सकता, न ही लड़ाइयों में हिस्सा ले सकता हूँ या कातिलों को मार सकता हूँ। पर इतना जरूर जानता हूँ कि बेगुनाह लोगों को मारने में कोई बहादुरी की बात नहीं। रही औरतों की बात, तो तुम्हें भी पता ही होगा कि हमारे आखिरी गुरु गोविन्द सिंह ने हिदायत दी थी कि कोई भी सिख किसी मुसलमान औरत को छुएगा तक नहीं। और परमात्मा ही जानता है कि मुसलमानों के हाथों हमारे गुरु पर कितना अत्याचार हुआ था। उन्होंने उनके चारों बेटों को भी मार डाला। फिर भी..."

"सिख धर्म की ये बातें तुम किसी और को सिखाओ," नवयुवक ने उपेक्षा से उसकी बात काटते हुए कहा, "तुम जैसे लोग ही इस मुल्क के लिए अभिशाप हैं। औरतों के बारे में तुमने गुरु का कहा तो बता दिया, वह क्यों नहीं बताते जो गुरु ने मुसलमानों के बारे में कहा था। गुरु ने कहा था कि इन तुर्कों से तभी यारी करो जब बाकी की सारी जातें मर-मुर चुकी हों। क्यों, ठीक है न?"

"हाँ," मीत सिंह ने नर्मी से जवाब दिया, "पर कौन कहता है कि इनसे दोस्ताना करो। लेकिन गुरु की अपनी फौज में भी तो मुसलमान सिपाही..."

"और उन्हीं में से एक ने उन्हें सोते में ही छुरा घोंप दिया?"

मीत सिंह बेचैन-सा हुआ, "ठीक है, पर अच्छे-बुरे लोग तो हर धर्म में..."

"तो मुझे किसी एक अच्छे मुसलमान का नाम ही बताकर दिखाओ..."

मीत सिंह उसकी बातों का जवाब दे पाने में असमर्थ था। वह नजरें नीची किए उसके पैरों की ओर देखने लगा। उसका मौन ही उसकी हार की स्वीकृति का प्रतीक था।

"इसको जाने दो। यह तो एक बुजुर्ग भाई है। इसको अपने पाठ पर लगा रहने दो।" कइयों ने समवेत स्वर में कहना शुरू किया।

नौजवान को खुशी हुई। बैठक को पुनः सम्बोधित करते हुए उसने ऐंठते हुए कहा, "याद रखो," जैसे कोई किसी वेद-वाक्य को दोहरा रहा हो, "याद रखो, और कभी न भूलो कि मुसलमान तलवार को छोड़कर कोई

दलील नहीं समझता।''

मजलिस ने फुसफुसाहटों में ही जैसे हामी भरी।

''यहाँ कोई गुरु का प्यारा है? क्या कोई है जो सिख कौम के लिए अपना बलिदान करने को तैयार हो? कोई हिम्मती मर्द?'' उसके हर वाक्य में एक ललकार थी।

ग्रामवासियों में बेचैनी-सी फैलने लगी। इस जोशीले भाषण ने उनके रोष को जगा दिया था और वे अपनी मर्दानगी जताने को बेकरार होने लगे थे। पर साथ ही मीत सिंह का वहाँ होना उन्हें कुछ परेशान भी कर रहा था कि कहीं वे उसके प्रति वफादारी से चूक तो नहीं रहे थे।

लम्बरदार ने शिकायती स्वर में नौजवान से पूछा, ''फिर बताओ, हमें क्या करना होगा?''

''मैं बताता हूँ कि हमें क्या करना होगा,'' लड़के ने अपनी ओर इशारा करके कहा, ''अगर तुम्हारे अन्दर हिम्मत है तो,'' कुछ रुककर वह बोला, ''कल मुसलमानों से भरी एक ट्रेन पाकिस्तान जाने के लिए पुल से गुजरेगी। अगर तुम लोग मर्द हो तो गाड़ी उतनी ही लाशों को लेकर पाकिस्तान जाएगी, जितनी लेकर वह यहाँ आई थी!''

एक सर्द चिपचिपी-सी अनुभूति उपस्थित जनसमूह में फैल गई। लोग व्याकुलता से खाँसने-खँखारने लगे।

''गाड़ी में मनो-माजरा के मुसलमान होंगे'' मीत सिंह ने ऊपर देखे बिना ही कहा।

''भाई, लगता है तुम्हें सब कुछ पता है। क्यों?'' नवयुवक आवेश में भरकर चिल्लाया, तुमने उनके टिकट काटे हैं क्या? या कि तुम्हारा लड़का रेलवे का बाबू लगा हुआ है? मैं नहीं जानता कि ट्रेन में जानेवाले मुसलमान कहाँ के हैं। न ही मुझे इस बात की कोई फिकर है कि वे कहाँ के हैं! मेरे लिए इतना ही काफी है कि वे मुसलमान हैं। वे जीते-जी नदी पार नहीं कर सकते। अगर तुम लोग मेरी बातों से सहमत हो तो हम बात आगे बढ़ा सकते हैं। लेकिन अगर तुम लोग डर रहे हो तो बोल दो। हम लोग तुम्हें सत श्री अकाल कहकर चले जाएँगे और मर्दों की तलाश करने किसी दूसरी जगह जाएँगे।''

खामोशी का एक और लम्बा आलम।

नवयुवक ने अपनी रिवाल्वर के खोल को फिर थपथपाया और लोगों के चेहरे पढ़ने के लिए नजर दौड़ाई।

"पुल पर तो मिलिट्री का पहरा है।" आवाज मल्ली की थी। वह बाहर अँधेरे में खड़ा-खड़ा सब सुन रहा था। यद्यपि मनो-माजरा में अकेले आने की हिम्मत वह नहीं कर सकता था, पर वह मनो-माजरा में उपस्थित था और अपने दल-बल के साथ इतनी दिलेरी से गुरुद्वारे जैसी जगह में घुसा आ रहा था।

"मिलिट्री या पुलिस की फिकर करने की जरूरत नहीं। कोई कुछ नहीं कहेगा। इसका जिम्मा हमारा!" युवक ने उसकी तरफ देखकर पूछा, "कौन आगे आ रहा है?"

"आपके मकसद के लिए अपनी जान हाजिर है!" मल्ली ने शौर्य में भरकर जवाब दिया। जग्गा से उसके पिटने की बात पूरे गाँव में फैल चुकी थी। अपनी प्रतिच्छवि सुधारने का अच्छा मौका उसके सामने था।

"शाबाश," नौजवान ने कहा, "चलो एक तो आगे आया। सिखों को बनाते वक्त गुरु ने पाँच प्यारों का बलिदान माँगा था। वे सिख अति-मानव थे। आज हमें पाँच से कहीं ज्यादा गुरु के प्यारों की जरूरत है। आज कौन-कौन अपनी जान कुर्बान करने को आगे आ रहा है?"

मल्ली के चार साथी चौखट पार कर भीतर घुसे। उनके पीछे कई और आगे बढ़े, जिनमें से ज्यादातर पाकिस्तान से आए शरणार्थी थे। गाँव के कुछ लोग भी उठकर खड़े हो गए, जो थोड़ी देर पहले ही मुसलमान साथियों के जाने का शोक मना रहे थे।

युवक हर आगे आनेवाले को शाबाशी देते हुए अलग बैठाता जा रहा था। पचास से भी ऊपर की संख्या में लोग आगे आ चुके थे।

"बस, काफी हैं," लड़के ने हाथ ऊपर उठाकर कहा, "अगर मुझे और लोगों की जरूरत पड़ेगी तो मैं कहूँगा। आओ, हम सभी इस जोखिम भरे काम की सफलता के लिए प्रार्थना करें।"

सभी उठकर खड़े हो गए। औरतें भी अपने बच्चों को जमीन पर लेटाकर मर्दों के साथ उठ खड़ी हुई। लोग पालकी पर रूमाल में लिपटे गुरुग्रन्थ साहिब की ओर अरदास की मुद्रा में हाथ जोड़कर खड़े हो गए। नौजवान मीत सिंह की ओर मुड़ा और व्यंग्यपूर्वक बोला–

"अरदास शुरू करवाओ, भाई जी!"

"मकसद आपका है," भाई ने विनम्रतापूर्वक कहा, "आप ही शुरू करो न!"

लड़के ने गला साफ किया और आँखें मूँदकर वह दसों पातशाहों के नाम का जाप करने लगा। अन्त में उसने अपने जोखिम की सफलता के लिए गुरुओं के आशीर्वाद का आह्वान किया। संगत ने घुटनों के बल झुककर जोर-जोर से उद्घोषणा करते हुए माथे टेके—

"नानक नाम
चढ़दी कलाँ
तेरे भाणे
सर्वत दा भला।"

संगत ने फिर खड़े होकर अलापना शुरू किया—

"राज करेगा खालसा
आकी रहे न कोय
खुआर होए सब मिलेंगे
बचे शरण जो होय।"

'सत श्री अकाल' के जोशीले स्वरों के साथ यह छोटा-सा समारोह समाप्त हुआ। अगुआ लड़के को छोड़कर बाकी सब लोग बैठ गए। प्रार्थना ने जैसे उस पर नम्रता का मुलम्मा चढ़ा दिया हो। हाथ जोड़कर वह लोगों से क्षमा-याचना करने लगा—

"बहनो और भाइयो! रात के इस पहर आपको परेशान करने के वास्ते मैं माफी चाहता हूँ। भाई जी, आप से भी। और लम्बरदार साहिब, आप भी इस तकलीफ के वास्ते और गुस्से में मैं जो कुछ बोल गया, उसके वास्ते हमें माफ करें। पर हम जो कुछ भी कर रहे हैं, गुरु की सेवा में कर रहे हैं।" फिर अलग बैठाए लोगों की ओर रुख करके उसने कहा, "सभी स्वयंसेवक दूसरे कमरे में आ जाएँ। बाकी सब लोग आराम करें। सत श्री अकाल!"

"सत श्री अकाल!" कुछ लोग जवाब में बोले। अहाते की तरफवाले मीत सिंह के कमरे से औरतों और बच्चों को दूसरे कमरे में भेज दिया गया। सभी आगन्तुक स्वयंसेवकों के साथ उस कमरे में घुस आए। कमरे में कुछ और दीया-बत्तियों का इन्तजाम किया गया। युवक ने खटिया पर एक नक्शा

फैलाया और उस पर लालटेन की रोशनी डाली। नक्शे को ध्यान से देखने के लिए स्वयंसेवकों ने उसे घेर लिया।

"तुम सबको अपनी जगह से पुल और नदी की स्थिति दिखाई दे रही है न?"

"हाँ, हाँ!" सभी ने अधीर होते हुए कहा।

"तुममें से किसी के पास बन्दूकें हैं?"

सब एक-दूसरे का मुँह ताकने लगे। बन्दूकें तो किसी के पास भी नहीं थीं।

"खैर, कोई बात नहीं', अगुआ ने कहा, "हमारे पास छह-सात रायफलें होंगी और हो सकेगा तो कुछ स्टेनगनों का भी इन्तजाम कर लेंगे। अपनी तलवारें और भाले तुम सब भी लेते आना। वे बन्दूकों से ज्यादा काम आएँगे।" थोड़ी देर मौन रहने के बाद वह फिर बोला, "योजना इस तरह है कि कल सूरज डूबने के बाद, जब अँधेरा घिर आए, हम लोग पुल के पहले बिस्ते पर एक सिरे से लेकर दूसरे सिरे तक एक रस्सा बाँध देंगे, इंजन की चिमनी से कोई एक हाथ ऊपर को। जब गाड़ी वहाँ से गुजरेगी तो उसकी छत पर बैठे सभी लोग साफ हो जाएँगे, कम-अज-कम चार-पाँच सौ तो होंगे ही।"

श्रोताओं की आँखें प्रशंसा से चमक उठीं। एक-दूसरे की ओर सिर हिलाते हुए उन्होंने चारों तरफ नजर दौड़ाई। लम्बरदार और मीत सिंह दरवाजे पर खड़े सब सुन रहे थे।

अगुआ युवक गुस्से में भरकर उनकी तरफ घूमा, "भाई जी, आपको इससे क्या लेना-देना? आप जाकर अपना पाठ क्यों नहीं करते?"

लम्बरदार और मीत सिंह दोनों शर्मिन्दा से हुए मुड़ पड़े। लम्बरदार जानता था कि अगर वह रुका रहता तो उसे भी वहाँ से जाने को कह दिया जाता। और हुआ भी ऐसा ही। लड़के ने पीठ-पीछे से ही व्यंग्य-बाण छोड़ा, "और लम्बरदार साहिब, आप रपट लिखवाने के लिए पुलिस स्टेशन हो आइए!"

सभी ठहाके लगाने लगे।

युवक ने हाथ उठाकर सबको चुप होने का संकेत किया और कहने लगा–

"गाड़ी आधी रात के बाद चन्दन नगर से चलेगी। इसमें कोई बत्ती नहीं होगी। इंजन पर भी नहीं। हम रास्ते में हर सौ-सौ गज पर टॉर्चों के साथ एक-एक आदमी को खड़ा कर देंगे। जैसे ही ट्रेन एक के सामने से गुजरेगी, वह आगेवाले दूसरे को संकेत दे देगा। वैसे भी तुम्हें सुनाई तो दे ही जाएगा। तलवारें और भाले लिए लोग पुल पर तैनात रहेंगे जो गाड़ी की छत से गिरनेवालों को मार-मारकर नदी में फेंकते जाएँगे। बन्दूकोंवाले आदमी थोड़ा और आगे खड़े होंगे। वे खिड़कियों से लोगों पर गोलियाँ दागेंगे। गाड़ी के भीतर से मुकाबले का सवाल ही नहीं उठता। गाड़ी में सिर्फ दर्जन-भर ही पाकिस्तानी सिपाही होंगे। फिर अँधेरे में उन्हें पता भी नहीं चल पाएगा कि गोली किधर को चलाएँ। बन्दूकों में कारतूसें भरने का उन्हें मौका भी तो नहीं मिलेगा। अगर उन्होंने गाड़ी रोक भी दी, तो भी हम उन्हें ठिकाने लगा लेंगे। उनके मुकाबले हम लोग कई गुना ज्यादा लोगों को मार सकेंगे।"

योजना उम्दा थी, एकदम पक्की। जवाबी हमले के खतरे की सम्भावना न के बराबर थी। सभी सन्तुष्ट नजर आ रहे थे।

"आधी रात बीत चुकी है," लड़के ने नक्शे को तहाते हुए कहा, "तुम सब थोड़ा-थोड़ा सो लो। कल हम लोग पुल पर चलेंगे और तय करेंगे कि कहाँ किसको तैनात करना है। वाहे गुरु दा खालसा, वाहे गुरु जी दी फतह!"

"वाहे गुरु दी फतह!" बाकियों ने भी दोहराया।

सभा विसर्जित हुई। आगन्तुकों ने गुरुद्वारे में ही अपने सोने के लिए जगह बना ली। मल्ली और उसके गिरोह के लोग भी वहीं टिक गए। कई गाँववाले यह सोचकर अपने घरों को लौट गए कि कहीं साजिश के वक्त गुरुद्वारे में उपस्थित होने के जुर्म में लपेट न लिए जाएँ।

लम्बरदार अपने साथ दो आदमियों को लेकर चन्दन नगर थाने की तरफ चल दिया।

"वेल, इंस्पेक्टर साहिब! मारने दो उनको," हुकुमचन्द ने उकताते हुए कहा, "मारने दो जो जिसको मारता है। बस, दूसरे थानों को मदद के लिए सन्देश भेजते रहो और उनके रिकॉर्ड रखते रहो। हमारे पास इस बात के सबूत होने चाहिए कि हमने अपनी ओर से उन्हें रोकने की भरसक कोशिश की थी।"

हुकुमचन्द बेहद शिथिल से लग रहे थे। हफ्ते-भर के ही अन्दर वे ऐसे बुढ़ा गए थे कि पहचान में ही नहीं आ रहे थे। बालों की जड़ों में सफेदी और बढ़ आई थी। हर दिन हड़बड़ी में हजामत बनाने के कारण ठुड्डी जगह-जगह से कटी पड़ी थी। गालें लटक आई थीं और ठुड्डी से मांस की कितनी ही ढीली परतें झूल रही थीं। आँखें बिलकुल सूखी थीं, फिर भी वे कीचड़ पोंछने के बहाने उन्हें हर वक्त मलते रहते।

"मैं क्या करूँ?," वे बिलख पड़े, "सारी दुनिया पर पागलपन सवार है। क्या फर्क पड़ता है अगर एक हजार और मर जाएँ तो! बुलडोजर मँगवाकर औरों की तरह उन्हें भी दफना देंगे। और अगर ये सब नदी पर ही होने जा रहा है तो अबकी बुलडोजरों की भी जरूरत नहीं पड़नी। उठाकर लाशों को नदी में ही फेंक देंगे। चालीस करोड़ लोगों के बीच चारेक सौ की बिसात ही क्या है? महामारियों में तो इसके दस-दस गुने मरते हैं, तब क्या किसी को फिक्र होती है?"

सब-इंस्पेक्टर जानता था कि यह हुकुमचन्द का असली रूप नहीं था। वे तो सिर्फ अपनी आत्मा से विषाद का भूत उतारने के वास्ते ही ऐसे कह रहे थे। काफी देर तक धैर्यपूर्वक इन्तजार करने के बाद उनकी टोह लेते हुए सब-इंस्पेक्टर ने कहा, "जी सर, मैं सभी घटनाओं का रिकॉर्ड रख रहा हूँ और इसका भी कि हमने क्या-क्या किया। कल रात हमने चन्दननगर के भी मुसलमानों को निकालकर कैम्पों में भेज दिया। मुझे फौज पर और खुद अपने ही सिपाहियों पर भरोसा नहीं था। हमले करनेवालों को मैं अब तक यही कहकर रोकता रहा था कि शहर में पाकिस्तानी फौजें भी हैं। इसी डर से वे लोग शहर में नहीं घुसे और मैं ऐन मौके पर मुसलमानों को सही-सलामत वहाँ से निकाल सका।

हमलावरों को जैसे ही मेरी चालाकी का पता चला, उन्होंने मुसलमानों के घरों को लूटना और जलाना शुरू कर दिया। कुछ लोगों ने तो मुझे पकड़ने के लिए थाने में आने की भी योजना बना ली थी, पर मौके पर पता लगने के कारण मैं बच गया। लेकिन, आपको क्या बताऊँ, सर, मुसलमान फिर भी मुझ पर तोहमत लगा रहे हैं कि मैंने उन्हें उनके घरों से निकलवाकर उनके घर-बार लुटवा दिए। उधर सिख कोस रहे हैं कि मैंने उन्हें मनचाही लूटपाट नहीं करने दी। और अब मैं सोचता हूँ कि सरकार भी मुझ पर कोई न कोई

इल्जाम लगाकर गालियाँ ही देगी। पर मुझे भी किसी की परवाह नहीं पड़ी।" सब-इंस्पेक्टर ने अपना अगूँठा तानकर नचाते हुए मुस्कराकर कहा।

हुकुमचन्द का मन उस दिन अपने आपे में नहीं था। लगता था कि उन्हें सब-इंस्पेक्टर की रिपोर्ट का असली संकेत समझ में नहीं आ पाया था।

"हाँ, इंस्पेक्टर साहिब, हमें और आपको बदनामी के सिवा और कुछ नहीं मिलनेवाला। हम भी कर ही क्या सकते हैं? सभी को गोलियाँ दागने का शौक चर्रा आया है। लोग खचाखच भरी गाड़ियों पर, सड़क चलते काफिलों पर, मोटरगाड़ियों पर, ऐसे रायफलें खाली कर रहे हैं जैसे लाल रंग से होली ही खेल रहे हों। हाँ, खून की होली ही तो है यह। वहाँ पर जाने का मतलब ही क्या है जहाँ गोलियाँ उड़ रही हों। गोलियों के पास रुककर सोचने के लिए दिमाग नहीं होता कि ये मिस्टर हुकुमचन्द हैं, इनको नहीं छूना है; न ही किसी गोली पर यह लिखा होता कि यह फलाँ या फलाँ ने चलाई। अगर पता चल भी जाए कि किसने चलाई तो भी, एक बार लग जाए तो क्या फर्क पड़ेगा। नहीं इंस्पेक्टर साहिब, पागलखाने में कैद एक तन्दुरुस्त आदमी की भलाई तो इसी में है कि वह पागलों के बीच पागल ही बना रहे और मौका पाते ही दीवार फाँदकर बच निकले।"

सब-इंस्पेक्टर ऐसे उपदेश सुनने का अभ्यस्त हो चुका था और जानता था कि इनसे मजिस्ट्रेट के आन्तरिक रूप का कोई वास्ता नहीं था। उसे हैरानी तो इस बात की हो रही थी कि मजिस्ट्रेट साहब उसके इशारे को समझ क्यों नहीं पा रहे थे। वे तो खुद ही बातों को घुमा-फिराकर कहने के लिए प्रसिद्ध थे। किसी बात को सीधे-सीधे कह देने को वह बेवकूफी समझते थे। उनके कायदे से तो किसी सपाट बात को भी घुमा-फिराकर कहना ही व्यवहार-कुशलता है। इससे आदमी किसी मुसीबत में फँसने से बचा रहता है। किसी को कहने को मौका नहीं मिलता कि फलाँ ने यह कहा, वह कहा। साथ ही, लोग ऐसे आदमी को समझदार और बुद्धिमान भी समझते हैं। हुकुमचन्द लोगों की वक्रोक्तियों को भी उतनी ही सहजता से पकड़ने में माहिर थे, जितनी सहजता से अपनी उन्हें समझाने में। आज तो लगता था जैसे उन्होंने अपने दिमाग को सोने ही भेज दिया हो।

"कल आप चन्दननगर में होते तो देखते!" सब-इंस्पेक्टर घुमा-फिराकर बातचीत को फिर उसी बिन्दु पर ले आया था जो उसके लिए सिरदर्द का

कारण बना हुआ था। "अगर मैं वहाँ पाँच मिनट भी देर से पहुँचता तो एक भी मुसलमान जिन्दा न बचा होता। लेकिन असलियत यह है कि एक भी मुसलमान मारा नहीं गया और मैं उन सबको सही-सलामत निकाल बाहर ले गया।" सब-इंस्पेक्टर ने 'एक भी नहीं' और 'सब' शब्दों को खासा जोर देकर कहा और हुकुमचन्द की प्रतिक्रिया की प्रतीक्षा करने लगा।

लगता था उसके तीर का असर हुआ था। आँखों के कोनों को मलना बन्द करके हुकुमचन्द ने कुछ और जानकारी लेने के बहाने पूछना शुरू किया, "तुम्हारे कहने का मतलब है कि चन्दननगर में अब कोई भी मुस्लिम परिवार नहीं बचा है।"

"नहीं, सर। एक भी नहीं।"

"मैं समझता हूँ," गला साफ करते हुए हुकुमचन्द ने कहा, "कि इस मुसीबत के गुजर जाने पर लोग वापस लौट आएँगे।"

"हो सकता है," सब-इंस्पेक्टर ने जवाब दिया, "पर लौटने के लिए लोगों के पास बचा ही क्या है? उनके घरों को या तो जला डाला गया या फिर लोगों ने उन पर कब्जे कर लिए हैं। और अगर कोई लौटकर आ भी जाएगा तो कौड़ियों की इज्जत नहीं होगी उसकी।"

"नहीं, ऐसी बात नहीं है। हालात हमेशा ऐसे ही नहीं रहेंगे। देखना, कैसे चीजों का रुख बदलता है। हफ्ते-भर के अन्दर-अन्दर ये सब चन्दननगर लौट आएँगे और सिख-मुसलमान एक ही घड़े से पानी पीते नजर आएँगे।" हुकुमचन्द ने कह तो दिया, लेकिन अपनी ही आवाज में वे झूठी आशाओं की छाप को ताड़ सकते थे। सब-इंस्पेक्टर ने तो भाँप ही लिया था—

"हो सकता है आपकी बात ठीक हो सर, लेकिन उसमें भी तो एक हफ्ते से कुछ ज्यादा का ही वक्त लग जाएगा। पर चन्दननगर के मुसलमानों को आज रात की ही गाड़ी से पाकिस्तान भेजा जा रहा है। परमात्मा ही जानता है कि कितने पुल को जीते-जागते पार कर सकेंगे; जो कर भी लेंगे वे ऐसी जल्दी में तो यहाँ वापस लौटने के नहीं।"

सब-इंस्पेक्टर की चोट फिर ठिकाने पर लगी थी। हुकुमचन्द का मुँह पीला पड़ गया। अपने मन की हालत की असलियत वे अब नहीं छुपा पा रहे थे, "तुम्हें कैसे पता कि चन्दननगर के रिफ्यूजी आज रात की गाड़ी से जा रहे हैं?" उन्होंने पूछा।

''मुझे कैम्प-कमांडर ने बताया। कैम्प पर ही हमला होने का अन्देशा था, इसीलिए उसने पहली ही गाड़ी से रिफ्यूजियों को वहाँ से निकालने का इन्तजाम कर लिया। अगर वे नहीं जाते हैं तो शायद उनमें से एक भी जिन्दा न बचे। चले जाएँ और गाड़ी तेज रफ्तार से चल रही हो तो शायद कुछ तो बच ही जाएँगे। गाड़ी को पटरियों से उतारने का लोगों का इरादा नहीं है, उनका इरादा तो उसे लाशों से भरकर पाकिस्तान भेजने का है।''

हुकुमचन्द ने हिलते हुए अपनी कुर्सी के हत्थे को कसकर पकड़ लिया, ''कैम्प कमांडर को जाकर क्यों नहीं चेता देते? वह उनका कल का जाना तो रोक ही सकता है!''

''गरीब परवर,'' सब-इंस्पेक्टर ने धैर्यपूर्वक उन्हें समझाने की भरसक कोशिश की, ''मैंने उसको ट्रेन पर होनेवाले हमले की बाबत नहीं बताया, क्योंकि अगर कहीं वह जाना टाल देता है तब तो सारा कैम्प ही उजाड़ दिया जाएगा। बीस-तीस हजार हथियार-याफ्ता लोगों का हुजूम खून का प्यासा ताक लगाए बैठा है। मेरे पास सिर्फ पचास सिपाही हैं और उनमें से एक भी किसी सिख पर गोली नहीं चलाएगा। लेकिन हुजूर के प्रभाव से भीड़ बात मान जाए तो मैं कैम्प कमांडर को कह दूँगा कि गाड़ी पर हमला होने की सम्भावना है और समझा दूँगा कि जाना अभी टाल दें।''

सब-इंस्पेक्टर ने वार छुपकर किया था।

''नहीं, नहीं,'' मजिस्ट्रेट हकलाते हुए बोला, ''मजिस्ट्रेट हो या कोई भी। हथियारबन्द भीड़ किसी के कहने पर कहाँ रुकती है! नहीं, नहीं, हमें कोई और तरीका सोचना होगा।''

हुकुमचन्द अपनी कुर्सी में वापस धँस गए। उन्होंने अपने चेहरे को हाथों से ढाँप लिया। फिर माथे पर धीरे-धीरे मुक्के मारने लगे; बालों को ऐसे नोचने लगे जैसे उससे कुछ होने-हवाने ही वाला था।

''उन दोनों का तुमने क्या किया जिनको लाला के कत्ल की बाबत गिरफ्तार किया था?'' कुछ देर बाद उन्होंने पूछा।

सब-इंस्पेक्टर को इस वक्त उनके बारे में पूछे जाने का कोई तुक नहीं नजर आ रहा था।

''अभी लॉक-अप में ही है। आपने ही हुक्म दिया था कि इस मुसीबत के टलने तक उनको यहीं रखा जाए। हालात ऐसे ही बने रहे तो शायद

उनको महीनों लॉक-अप में ही रखना पड़ेगा।''

''कोई ऐसा मुसलमान मर्द या औरत पीछे रह गए हैं जो मनो-माजरा छोड़कर जाने से इनकार कर रहे हों?''

''नहीं, सर! एक भी नहीं! आदमी, औरतें, बच्चे सब चले गए हैं।'' सब- इंस्पेक्टर ने जवाब दिया। पर अब भी वह यह समझने में असमर्थ था कि हुकुमचन्द के मन में क्या उमड़-घुमड़ रहा था।

''जग्गा की माशूका–उस जुलाहे की बेटी की क्या खबर है, जिसके बारे में तुमने मुझे बताया था? क्या नाम बताया था उसका?''

''नूराँ!''

''हाँ, नूराँ! वह कहाँ है?''

''वह भी चली गई है। उसका बाप एक तरह से मनो-माजरा के मुसलमानों का अगुआ था। लम्बरदार ने मुझे उसके बारे में काफी कुछ बताया। उसकी बस यही एक औलाद थी–नूराँ। इसी लड़की के साथ जग्गा डाकू का इश्क चल रहा था।''

''और यह दूसरा? तुमने बताया था कि कोई पोलिटिकल वर्कर है?''

''जी, सर, पीपुल्स पार्टी का, या ऐसा ही कुछ...मुझे तो लगता है, मुस्लिम लीग का मेम्बर है और नकली पहचान बताता घूम रहा था। मैंने तो खुद उसे नंगा करके देखा है कि...''

''ऑर्डर निकालने के लिए तुम्हारे पास सादे ऑफिशियल पेपर हैं?'' हुकुमचन्द ने बेताबी से उसे टोका।

''जी सर!'' सब-इंस्पेक्टर ने जवाब दिया और छपे हुए पीले कागजों के कई पन्ने निकालकर हुकुमचन्द की ओर बढ़ा दिए।

हुकुमचन्द ने अपना हाथ बढ़ाकर सब-इंस्पेक्टर की जेब से उसकी कलम निकाली और कागजों को मेज पर फैलाते हुए पूछने लगा, ''कैदियों के नाम क्या हैं?''

''जग्गा बदमाश और...''

''जग्गा बदमाश'' हुकुमचन्द ने टोका और कागज के रिक्त स्थानों को भरकर नीचे अपने हस्ताक्षर कर दिए।

''जग्गा बदमाश और...?'' दूसरा कागज सामने करते हुए उन्होंने फिर पूछा।

"इकबाल मोहम्मद या मोहम्मद इकबाल...कुछ पक्का नहीं कह सकता।"

"इकबाल मोहम्मद नहीं इंस्पेक्टर साहिब! और मोहम्मद इकबाल भी नहीं! उसका नाम है इकबाल सिंह!" बड़ी सफाई से लिखते हुए उन्होंने कहा।

सब-इंस्पेक्टर को हैरानी हो रही थी कि हुकुमचन्द को कैसे पता चला। कहीं मीत सिंह तो आकर इनसे नहीं मिला?

"सर, आपको हर किसी की बात पर विश्वास नहीं कर लेना चाहिए। मैंने उसे नंगा करवाकर अपनी आँखों से..."

"तुम क्या समझते हो कि कोई पढ़ा-लिखा मुसलमान ऐसी गड़बड़ी के दिनों में इस इलाके में आने की हिम्मत कर सकता था। और इंस्पेक्टर साहिब! तुम क्या सोचते हो कि कोई पार्टी इतनी बेवकूफ होगी कि मुसलमानों के खून के प्यासे सिखों के गाँव में सिख किसानों को शान्ति का उपदेश देने एक मुसलमान वर्कर को भेजेगी? तुम्हारी सोचने की ताकत को क्या हो गया है?"

सब-इंस्पेक्टर हारा हुआ-सा चुप लगा गया।

बात सही लग रही थी—भला कौन पढ़ा-लिखा इनसान किसी भी ऐसे मकसद के लिए अपनी जान जोखिम में डालना चाहेगा। और फिर इकबाल की दाईं कलाई में उसने स्टील का कड़ा भी तो देखा था।

"हुजूर का सोचना सही ही होगा। पर इसका ट्रेन पर होनेवाले हमले को रोकने से क्या वास्ता?"

"मैं जानता हूँ कि मैं सही हूँ," हुकुमचन्द ने जोश के साथ कहा, "और तुम्हें भी जल्दी ही पता चल जाएगा कि कैसे! चन्दननगर जाते-जाते जरा इस पर गौर करना। वहाँ पहुँचते ही दोनों को रिहा कर देना और देखना कि वे तुरन्त मनो-माजरा पहुँच जाएँ। अगर हो सके तो उन्हें एक ताँगा कर देना। शाम तक उनका गाँव में पहुँच जाना बहुत जरूरी है।"

सब-इंस्पेक्टर ने कागजों को सँभालकर सलाम ठोंका और अपनी साइकिल तेजी से थाने की ओर बढ़ा ली। शनैः-शनैः उसके मस्तिष्क से शंका के बादल छँटने लगे। हुकुमचन्द की योजना भारी वृष्टिपात के बाद धुले हुए आकाश की तरह बिलकुल साफ-साफ उसकी समझ में आने लगी।

"तुम्हें मनो-माजरा कुछ बदला हुआ-सा लगेगा!" मेज के उस तरफ खड़े इकबाल और जग्गा को सम्बोधित करते हुए सब-इंस्पेक्टर ने कहा।

"बाबू साहिब, आप बैठ क्यों नहीं जाते!" सब-इंस्पेक्टर ने इस बार इकबाल से सीधे-सीधे बात की, "आप बैठ जाइए। ओए, क्या नाम है तेरा? बाबू साहिब के लिए कुर्सी क्यों नहीं लाता?" उसने किसी सिपाही को आवाज दी और फिर इकबाल की ओर मुखातिब हो गया, "मैं जानता हूँ कि आज मेरे से नाराज होंगे। पर मेरा कसूर उसमें जरा भी नहीं था। मुझे भी अपनी ड्यूटी करनी होती है। आप तो पढ़े-लिखे हैं। आप समझ सकते हैं कि अगर हम, लोगों के साथ दूसरी तरह का व्यवहार करने लगे तो फिर कैसे काम चले!"

सिपाही इकबाल के लिए कुर्सी ले आया।

"बैठ जाइए न! जाने के पहले आप कुछ पीएँगे? चाय या कुछ और...?" बड़ी मिठास से सब-इंस्पेक्टर ने पूछा।

"आपकी बड़ी मेहरबानी! मैं खड़ा ही ठीक हूँ! जेल की कोठरी में इतने दिन बैठा ही तो रहा हूँ। अगर कोई एतराज न हो तो आप जरा जल्दी ही अपनी फॉरमेलिटीज़ पूरी कर लीजिए, ताकि मैं तुरन्त यहाँ से जा सकूँ।" उसकी मुस्कराहट का प्रत्युत्तर दिए बिना ही इकबाल ने कहा।

"आप जहाँ जाना चाहो और जब जाना चाहो, जा सकते हो। मैंने आपको मनो-माजरा ले जाने के वास्ते ताँगा मँगवा भेजा है। एक हथियार-याफ्ता सिपाही भी मैं आपके साथ कर दूँगा। इन दिनों चन्दननगर में आपका होना या अकेले सफर करना खतरे से खाली नहीं है।"

सब-इंस्पेक्टर एक पीला-सा कागज उठाकर पढ़ने लगा—

"जगत सिंह, वल्द—आलम सिंह, उम्र—चौबीस साल, जाति—सिख, गाँव—मनो-माजरा, दस नम्बरी बदमाश..."

"जी हुजूर!" जग्गा ने मुस्कराते हुए टोका। पुलिस द्वारा किए गए व्यवहार का उस पर कोई असर नहीं पड़ा दिख रहा था। सत्ता के साथ उसका समीकरण बहुत सरल था। वह उसके बिलकुल दूसरे छोर पर पड़ता था। उसे लोगों की विशिष्टताओं से कोई मतलब नहीं था। सब-इंस्पेक्टर और सिपाही—उसके लिए दोनों एक जैसे ही थे। दोनों उसको आए दिन गिरफ्तार किया करते थे, उससे गाली-गलौज करते थे और मारते-पीटते थे।

चूँकि ये लोग भावनारहित होकर उसे मारते-पीटते थे, इसलिए उसके तई इनके कोई खास नाम नहीं थे। ये सभी केवल सिपाही थे—पुलिस। ये लोग उसके लिए सिर्फ एक वर्ग का प्रतिनिधित्व करते थे, जिनको झाँसा देना उसका लक्ष्य बन गया था, अगर कभी नहीं बन पाता तो यह उसकी बदकिस्मती थी।

"तुमको रिहा किया जा रहा है। पर तुम्हें मिस्टर हुकुमचन्द—डिप्टी कमिश्नर के सामने पहली अक्तूबर, 1947 को दस बजे हाजिर होना जरूरी है। यहाँ अपना अँगूठा लगाओ!"

जगत सिंह का अँगूठा अपने हाथ में पकड़ स्याही के गीले पैड पर रगड़कर सब-इंस्पेक्टर ने उससे कागज पर अँगूठे के निशान लगवाए।

"मुझे अब जाने का हुक्म हो?" जग्गे ने पूछा।

"तुम भी बाबू साहिब के साथ ताँगे में जा सकते हो, नहीं तो शाम के पहले घर नहीं पहुँच सकोगे।" जग्गा की ओर देखते हुए उसने वही बात जग्गा से भी दोहराई, "मनो-माजरा तुम्हें अब पहले जैसा नहीं लगेगा।"

इकबाल और जग्गा, दोनों ने ही मनो-माजरा के मुतल्लिक सब-इंस्पेक्टर की टिप्पणी पर अधिक ध्यान नहीं दिया।

सब-इंस्पेक्टर ने अब दूसरा कागज अपने सामने फैलाया और पढ़ने लगा, "मिस्टर इकबाल, सोशल वर्कर!"

इकबाल ने रुखाई से कागज की ओर देखा, "मुस्लिम लीग का मेम्बर मोहम्मद इकबाल नहीं? आप तो अपनी मनमर्जी से ही असलियतों और दस्तावेजों को तोड़ने-मरोड़ने में माहिर मालूम होते हैं?"

सब-इंस्पेक्टर ने खीसें निपोरीं, "गलतियाँ तो सभी से होती हैं। टु एर्र इज़ ह्यूमन, टु फ़ारगिव डिवाइन', उसने अंग्रेजी में कहा, मैं अपनी गलती कबूल करता हूँ।"

"बड़ी मेहरबानी है, आपकी," इकबाल ने जवाब दिया, "मेरा तो यह खयाल था कि हिन्दुस्तानी पुलिस कभी गलती कर ही नहीं सकती।"

"आप चाहें तो मेरा मजाक उड़ा सकते हैं। पर शायद आपको इस बात का अहसास नहीं है कि अगर आप, जैसा कि आप चाहते थे, मनो-माजरा में भाषण देते हुए फिरते और कहीं सिखों के हाथ पड़ जाते तो उन्होंने आपकी कोई भी दलील नहीं सुननी थी। उन्होंने आपको नंगा करके देखना था कि

आपकी सुन्नत हुई थी कि नहीं। आजकल बगैर दाढ़ी और केशोंवालों के मुसलमान होने या न होने का पता लगाने का बस यही तरीका लोगों ने अपना रखा है और पता लगते ही मार डालते हैं। आपको तो मेरा अहसानमन्द होना चाहिए।''

इकबाल ज्यादा बातें करने के मूड में नहीं था। और फिर इस विषय पर तो वह किसी से भी बात करना नहीं चाहता था। जिस तरीके से सब-इंस्पेक्टर ने इस बात को छेड़ा था, उससे भी वह खासा नाराज नजर आ रहा था।

''आप लोगों को मनो-माजरा में बड़ा बदलाव नजर आएगा।'' सब-इंस्पेक्टर ने तीसरी बार उसे चेताया था, पर फिर भी, न तो इकबाल ने और न ही जग्गा ने कोई प्रतिक्रिया जाहिर की। इकबाल ने देर से हाथ में पकड़ी हुई किताब को मेज पर रख दिया और बिना धन्यवाद या अलविदा का एक शब्द भी कहे मुड़ पड़ा।

जग्गा ने अपने जूते टटोलने के लिए फर्श पर पैर घुमाए!

''मनो-माजरा से सारे मुसलमान चले गए हैं।'' सब-इंस्पेक्टर ने नाटकीयता से कहा।

जग्गा के पैर जहाँ के तहाँ थमकर रह गए, ''कहाँ चले गए हैं!''

''कल उनको रिफ्यूजी कैम्प में ले जाया गया था। आज रात वे सब ट्रेन से पाकिस्तान चले जाएँगे।''

''क्यों, क्या गाँव में कोई फसाद हो गया था, इंस्पेक्टर साहिब? क्यों जाना पड़ा उनको?''

''अगर वे नहीं जाते तब जरूर हो जाता फसाद। बाहर से बहुत से आदमी बन्दूकें लेकर आए हुए हैं जो चुन-चुनकर मुसलमानों को मार रहे हैं, मल्ली और उसके गिरोह के साथी भी उनके साथ मिल गए हैं। अगर मुसलमान मनो-माजरा छोड़कर न गए होते तो अब तक मल्ली ने उनका सफाया कर दिया होता! उसने उनका सारा माल-सामान भी लूट लिया है—गायें, भैंस, बैल, घोड़े-घोड़ियाँ, मुर्गे-मुर्गियाँ, बर्तन-भाँड़े—सारा कुछ। मल्ली ने ठीक ही किया।''

सब-इंस्पेक्टर ने अपने होंठों को गोल करते हुए व्यंग्य कसा, ''तू बातें ही बड़ी-बड़ी करता है, सरदारा! गफलत से उसके केश तेरे हाथों में आ गए

और तूने उसे पीट डाला। बस, तू उतने से ही अपने को शेर समझने लगा। मल्ली भी कोई जनानी नहीं है कि हाथों में मेंहदी लगा के या चूड़ियाँ पहन के बैठा रहेगा। वह तब मनो-माजरा में ही था और उसने लोगों की सारी चीजें लूट लीं। वह अब भी मनो-माजरा में ही है। जब तुम वहाँ पहुँचोगे तो मिलेगा वह तुम्हें!''

''मेरा नाम सुनते ही वह गीदड़ की नाई भाग खड़ा होगा।''

''उसके साथ उसके गिरोह के लोग भी हैं। और भी बहुत सारे लोग उसके साथ हैं, सब बन्दूकों और पिस्तौलोंवाले। अपनी जान प्यारी हो तो अकल से काम लेना।''

जग्गा ने अपना सिर हिलाया, ''अच्छा, इंस्पेक्टर साहिब, फिर मिलेंगे। तब पूछना मुझसे मल्ली के बारे में।'' उसका गुस्सा काबू से बाहर होता दीख रहा था, ''उसके चूतड़ों में थूकूँ ना तो मेरा नाम जगत सिंह नहीं।'' इस बार जगत सिंह ने अपने हाथ पर ही थूक दिया और जाँघ से उसे पोंछ डाला। गुस्से में तमतमाता, छाती फुलाता हुआ वह कहने लगा, ''अगर पुलिस की वर्दी में आपके सिपाहियों ने मुझे न पकड़ा होता तो मैं भी देखता कि कौन माई का लाल इस जगत सिंह के सामने पलक भी झपका सकता था।''

''अच्छा, अच्छा, सरदार जगत सिंह। मान लिया कि तू बड़ा बहादुर आदमी है। चल तू अगर सोचता है तो मान लेते हैं'', सब-इंस्पेक्टर मुस्कुराया, ''शाम से पहले ही घर पहुँच जा। बाबू साहिब को भी साथ लेते जाना। बाबू साहिब, आपके लिए डर की कोई बात नहीं। आपका खयाल रखने के लिए जिले का सबसे बहादुर आदमी आपके साथ है।''

जगत सिंह सब-इंस्पेक्टर के कटाक्ष का जवाब देने की सोच ही रहा था कि सिपाही ने आकर खबर दी कि वह ताँगा ले आया है।

''सत श्री अकाल, इंस्पेक्टर साहिब, जब मल्ली मेरे खिलाफ रिपोर्ट लिखवाने के वास्ते आपके पास रोता हुआ आएगा, तब आप समझ जाओगे कि जग्गा सिर्फ बातों का ही राजा नहीं है।''

सब-इंस्पेक्टर हँसा, ''सत श्री अकाल, जगत सिंह, सत श्री अकाल, इकबाल सिंह।''

ताँगा चन्दन नगर से दोपहर को चला था। रास्ता लम्बा था, पर सफर बिना

किसी गड़बड़ी के ठीक कट गया। इस बार जग्गा सिपाही और कोचवान के साथ आगे बैठा था और इकबाल पीछे। बातें करने की इच्छा किसी को भी नहीं हो रही थी। ताँगेवाले भोला को पुलिस ने ऐसे वक्त पर काम में लगाया था जब घर से बाहर निकलना भी खतरे से खाली नहीं था। अपना गुस्सा भोला अपने मरियल से घोड़े पर निकाल रहा था, उसे चाबुक मार-मारकर और गालियाँ दे-देकर! जग्गा सहित सभी अपने-अपने खयालों में खोए बैठे थे।

रास्ते का माहौल खामोशी भरा था। चारों तरफ पानी-ही-पानी भरा पड़ा था और खेत-मैदान सब बिलकुल सपाट दिख रहे थे। खेतों में न कोई मर्द काम कर रहा था न कोई औरत। यहाँ तक कि कोई जानवर तक नहीं चर रहा था। जिन दो गाँवों से होकर वे गुजरे थे, कुत्तों को छोड़कर, वे पूरी तरह सुनसान पड़े थे। बीच में एकाध बार दीवारों के पीछे से या किसी कोने से झाँकते किसी व्यक्ति की झलक-भर मिलती और हर ऐसे व्यक्ति के हाथ में भाला या बन्दूक होती।

इकबाल को अहसास हो चला था कि जग्गा और सिख सिपाही के साथ होने के कारण उसे रोककर पूछताछ नहीं की जा रही थी। उसका जी हो रहा था कि ऐसी जगह से कहीं भाग जाए, जहाँ जान बचाने के लिए उसे अपने सिख होने का प्रमाण देना जरूरी हो रहा था। मनो-माजरा से अपना सामान उठाकर वह पहली ही गाड़ी से यहाँ से निकल जाएगा। उसे खयाल आया कि पता नहीं गाड़ियाँ चल भी रही होंगी या नहीं। और अगर चल भी रही हों तो क्या उनमें सफर करना खतरे से खाली था? उसने अपने आपको कोसा कि क्यों उसका नाम 'इकबाल' था, क्यों उसकी...! हिन्दुस्तान को छोड़कर दुनिया में कौन-सी ऐसी जगह थी जहाँ आदमी की जिन्दगी इस बात पर निर्भर करती हो कि उसकी सुन्नत हुई थी या नहीं? यह बात दुखद नहीं तो हास्यास्पद अवश्य ही थी। उसे पता नहीं कितने दिन मनो-माजरा में ही रहना पड़ेगा और अपने बचाव के लिए मीत सिंह के ही साथ रहना पड़ेगा–उसी अस्त-व्यस्त मीत सिंह के साथ जो पाखाने के लिए दिन में दो बार मैदान जाता था। सोचते ही उसे घिन हो आती। काश, वह यहाँ से निकलकर दिल्ली पहुँच जाता–वापस सभ्यता के बीच। जाते ही वह अखबारों को अपनी गिरफ्तारी के बारे में बताएगा। अपनी पार्टी का अखबार तो मुखपृष्ठ पर उसकी फोटो समेत इस खबर को सुर्खियों में छापेगा–अव्यवस्था पैदा

करने के लिए आंग्ल-अमरीकन पूँजीवादी षड्यंत्र। कामरेड इकबाल की सीमा पर गिरफ्तारी। इसके छपते ही उसके नेता बनाए जाने में कोई सन्देह नहीं रह जाता था।

जग्गा की सबसे बड़ी फिक्र थी—नूराँ! उसने न तो अपने साथ ताँगे में बैठे लोगों की ओर देखा, न ही रास्ते में पड़ते गाँवों को। यहाँ तक कि वह मल्ली को भी भूल गया था। उसके मन में रह-रहकर यही सोच जागती थी कि नूराँ मनो-माजरा में ही हो। इमामबख्श को किसने जाने दिया होगा। अगर अन्य मुसलमानों के साथ वह चला भी गया होगा तो भी नूराँ नहीं गई होगी। हाँ, कहीं बेबे ने ही उसे वापस न भगा दिया हो? अगर उसने ऐसा किया होगा तो उसे भी पता चलेगा। वह घर छोड़कर चला जाएगा और लौटकर उसके पास वापस नहीं आएगा। तब जिन्दगी के बाक़ी दिन बैठी रोती-पछताती रहे।

जग्गा अपने खयालों में खोया था, कभी गुस्से से तमतमाता, तो कभी फिक्र में डूबा। ताँगा धीमी गति से गली में घुसकर गुरुद्वारे की ओर बढ़ रहा था। ताँगे के रुकने से पहले ही जग्गा कूदकर नीचे उतरा और बिना किसी से विदा लिए अँधेरे में विलीन हो गया।

इकबाल ने ताँगे से उतरकर जँभाई ली। सिपाही और ताँगेवाले में आपस में धीमे स्वर में कोई गुप्त मशविरा हुआ। "बाबू साहिब, आपको अब मेरी कुछ और जरूरत है?" सिपाही ने पूछा।

"नहीं, नहीं, शुक्रिया! मैं बिलकुल आराम से हूँ। बहुत-बहुत मेहरबानी आपकी!" इकबाल गुरुद्वारे में अकेला ही दाखिल होना नहीं चाह रहा था पर संकोच के मारे वह सिपाही या ताँगेवाले को अपने साथ भीतर चलने के लिए नहीं कह पा रहा था।

"बाबू जी, हमें वापसी का लम्बा सफर तय करना है। मेरा घोड़ा सवेरे से खाए-पीए बगैर दौड़ रहा है और आपको तो मालूम है कि हालात कैसे चल रहे हैं!"

"अच्छा, तुम चले जाओ। शुक्रिया! सत श्री अकाल!"

"सत श्री अकाल!"

गुरुद्वारे के प्रांगण में जगह-जगह लालटेनों की लौ के वृत्त बने हुए थे और औरतें तुरत-फुरत बनाए कामचलाऊ चूल्हों पर रोटियाँ सेंक रही थीं।

बाबा जी (गुरुग्रन्थ साहिब) वाले कमरे में लोग मीत सिंह को घेरे बैठे थे। वह शाम का गुरुवाणी का पाठ कर रहा था। जिस कमरे में इकबाल का सामान पड़ा था, उसमें ताला लगा हुआ था। इकबाल अपने जूते खोल, सिर पर रूमाल रखकर लोगों के बीच आ बैठा। कुछ लोगों ने खिसककर उसके लिए जगह बनाई। इकबाल ने लक्ष्य किया कि लोग उसकी ओर देख-देखकर फुसफुसाहटों में बतियाने लगे थे। उनमें से ज्यादातर लोग बड़ी उम्र के थे जो पहनावे से शहरी लग रहे थे। पाठ खत्म हुआ तो मीत सिंह ने बृहदाकार गुरुग्रन्थ साहिब जी को शनील के रूमाले में लपेट पालकी पर रख रात-भर के लिए सन्तोख (सुला) दिया और लोगों के इकबाल से कुछ पूछने के पहले ही उससे बातें करने लगा, ''सत श्री अकाल, इकबाल सिंह जी! बड़ी खुशी हुई आप वापस आ गए हैं। आपको भूख लगी होगी?''

इकबाल समझ गया कि मीत सिंह ने जान-बूझकर उसका पूरा नाम लिया था। उसने पाया कि इससे लोगों में फैला तनाव कम हो गया था। संगत में से कुछ लोगों ने उसकी ओर मुड़कर 'सत श्री अकाल' कहा।

''सत श्री अकाल,'' इकबाल ने जवाब दिया और मीत सिंह के पास जाने के लिए उठ खड़ा हुआ।

''सरदार इकबाल सिंह', मीत सिंह ने लोगों से उसका परिचय करवाते हुए कहा, ''एक सामाजिक कार्यकर्त्ता हैं। कई सालों तक इंग्लैंड में रहकर आए हैं।''

कई दर्जन प्रशंसक आँखें इकबाल की ओर उठीं, ''इंग्लैंड रिटनूर्ड!'' उन्होंने फिर से 'सत श्री अकाल' कहा। इकबाल को अटपटा-सा महसूस होने लगा था।

''आप सिख हो, इकबाल सिंह जी?'' एक ने पूछा।

''जी हाँ'' पखवाड़े-भर पहले अगर किसी ने यही सवाल उससे पूछा होता तो इकबाल ने जोर देकर कहा होता, 'नहीं' या कहता, 'मेरा कोई धर्म नहीं है,' या फिर कहता, 'धर्म मेरे लिए कोई मायने नहीं रखता।' पर अब हालात फर्क थे। और फिर यह भी तो सच था कि वह सिखों के घर पैदा हुआ था।

''आपने इंग्लैंड में ही अपने केश कटाए होंगे?'' उसी आदमी ने फिर पूछा।

"नहीं जी," इकबाल ने घबराकर कहा, "मैंने तो कभी लम्बे केश रखे ही नहीं। मैं सिख हूँ पर दाढ़ी-केश तो मैंने कभी रखे ही नहीं।"

"तुम्हारे माँ-बाप आजाद खयालों के लोग होंगे?" मीत सिंह ने उसके बचाव में आते हुए कहा। मीत सिंह की बात से लोगों की शंका तो शान्त हो गई पर इकबाल की अन्तरात्मा पर बेचैनी छाने लगी।

मीत सिंह ने अपने कच्छे के नाड़े से लटका चाबियों का गुच्छा निकाला और गुरुग्रन्थ साहिब के पास पड़ी लालटेन उठा ली। अहाते से होता हुआ वह इकबाल को उसके कमरे तक ले गया।

"मैंने आपका सामान कमरे में बन्द कर रखा था। अब आप ले लो। मैं आपके वास्ते कुछ खाने को लाता हूँ।"

"नहीं, भाई जी, आप खाने-पीने की फिक्र मत करो। आप तो यह बताओ कि मेरे जाने के बाद गाँव में क्या हो गया है? यह सब लोग जो गुरुद्वारे में बैठे हैं, कौन हैं?"

भाई ने दरवाजे पर ताला खोलकर भीतर आले में एक दीयाबत्ती जला दी। इकबाल ने अपना किटबैग खोला और चारपाई पर ढेरी कर लिया। छुरियाँ, काँटे, चम्मच और कप-प्लेटों के अलावा ताम्बई और सुनहरी रंग के डिब्बाबन्द मछलियों, पनीर और मक्खन के टिन खटिया पर बिखर गए।

"भाई जी, गाँव में मेरे पीछे क्या होता रहा?"

"पूछते हो क्या हुआ? अरे पूछो कि क्या नहीं हुआ? मनो-माजरा में लाशों की भरी गाड़ियाँ उतरीं। एक गाड़ी की लाशों को हमने जलाया, दूसरी की लाशों को दफनाया। नदी में लाशों की बाढ़ आई। उसके बाद मुसलमानों को यहाँ से निकाला गया और उनकी जगह पाकिस्तान से लौटे रिफ्यूजी आए। और भी कुछ जानना चाहते हो?"

इकबाल ने सेलुलाइड की एक प्लेट और गिलास को अपने रूमाल से पोंछा। फिर अपने चाँदी के हिपफ्लास्क को निकालकर हिलाया। हाँ, भरा हुआ था।

"इस बोतल में क्या है?"

"ओह, यह? दवाई है दवाई!" इकबाल ने हकलाते हुए कहा, "इससे मुझे भूख लगती है!" मुस्कराते हुए फिर उसने जोड़ा।

"और फिर इसको पचाने के लिए गोलियाँ खाते हो!"

इकबाल हँस पड़ा, "हाँ!" फिर बोला, "अच्छा बताओ कि क्या गाँव में कोई मार-काट की वारदातें भी हुईं?"

"नहीं," भाई ने अनौपचारिकता से कहा। वह इकबाल को गद्दे में हवा भरते देखने में व्यस्त था, "लेकिन अब होंगी...इस पर सोने में तो बड़ा मजा आता होगा? इंग्लैंड में लोग इसी पर सोते हैं क्या?"

"आपका क्या मतलब है? यहाँ मार-काट होगी?" इकबाल ने हवा भरने के बाद गद्दे के छिद्र में प्लग लगाते हुए पूछा, "मुसलमान तो यहाँ से जा चुके हैं। ठीक है न?"

"हाँ, पर लोग आज रात पुल पर से गुजरनेवाली गाड़ी पर हमला बोलने जा रहे हैं। इसमें चन्दन नगर और मनो-माजरा के मुसलमानों को पाकिस्तान भेजा जा रहा है...आपके तकिए में भी हवा भर गई?"

"हाँ!...कौन लोग हमला बोलेंगे? गाँववाले तो नहीं?"

"मैं सभी को तो नहीं जानता। कुछ लोग वर्दियाँ पहने मिलिट्री की मोटरों में आए थे। उनके पास पिस्तौलें और बन्दूकें थीं। रिफ्यूजी भी उनके साथ मिल गए। डकैत मल्ली और उसका गिरोह और गाँव के भी कुछ लोग उनका साथ दे रहे हैं।" मीत सिंह ने गद्दे को थपथपाते हुए पूछा, "अगर कोई मोटा आदमी इस पर लेट जाए तो यह फट नहीं जाएगा?"

"अच्छा, तो यह बात है!" इकबाल ने मीत सिंह की जिज्ञासा की उपेक्षा करते हुए कहा, "मुझे अब सारी चाल समझ में आ गई है। इसीलिए पुलिस ने मल्ली को छोड़ा। अब, मेरा खयाल है जग्गा भी उनके साथ लग जाएगा। यह सब पहले से ही सोच-समझकर तय कर लिया गया होगा।"

गद्दे पर लेटकर उसने तकिए को अपनी बगल के नीचे दबा लिया, "भाई जी, आप इनको क्यों नहीं रोकते? आपकी बात तो ये सुनते हैं।"

गद्दे को हाथ से सहलाता मीत सिंह फर्श पर बैठ गया।

"बुड्ढे भाई की कौन सुनता है? बुरे दिन आए हुए हैं, इकबाल सिंह जी, बहुत बुरे दिन। किसी का कोई धर्म-ईमान नहीं रह गया है। अब तो आदमी बस यही कर सकता है कि तूफान के गुजर जाने तक किसी निरापद कोने में पड़ा रहे!"

इकबाल उत्तेजित हो उठा था, "ऐसा नहीं होने दिया जा सकता।"

"आपने उनको कहा नहीं कि ट्रेन पर जानेवाले लोग वही हैं जिन्हें कभी

वे चचा, चची, भाई या बहन कहकर पुकारा करते थे?''

मीत सिंह ने आह भरी और आँखों के आँसू कन्धे पर लटके साफे से पोंछ लिए।

''मेरे कहने से उन पर क्या असर पड़ना है। वे जानते हैं कि वे क्या करने जा रहे हैं। उन्हें मार-काट करनी है। अगर सफल हो जाते हैं तो गुरुद्वारे में शुक्रिया अदा करने आएँगे। अपने पापों को धोने के वास्ते चढ़ावा भी चढ़ा जाएँगे। इकबाल सिंह जी, आप अपने बारे में बताओ। आप ठीक-ठीक रहे? थाने में आपके साथ उन्होंने कैसा सलूक किया? ठीक-ठाक?''

''हाँ, हाँ, मैं ठीक-ठाक रहा,'' इकबाल ने अधीरता से बात काटी, ''आप कुछ करते क्यों नहीं? आपको कुछ तो जरूर करना चाहिए।''

''मैं जो कर सकता था, मैंने कर लिया। मेरा फर्ज है लोगों को बताना कि क्या सही है, क्या गलत। अगर उन्होंने खुराफात ही करने की धुन लगा रखी हो तो मैं कर ही क्या सकता हूँ, सिवाय परमात्मा से उनकी तरफ से माफी माँगने के। मैं सिर्फ प्रार्थना कर सकता हूँ, बाकी तो पुलिस और मजिस्ट्रेट पर मुनहसर करता है या फिर आप पर!''

''मुझ पर? मुझ पर, कैसे?'' इकबाल ने अनजान-सा बनते हुए हैरान होकर पूछा, ''मेरा इससे क्या वास्ता है? मैं तो उन लोगों को जानता तक नहीं। किसी परदेशी की बात वे भला क्यों सुनने लगे?''

''जब आप आए थे तो उनको कुछ कहना चाहते थे न! अब क्यों नहीं कहते?''

इकबाल फिक्र में पड़ गया, ''भाई जी, जब लोग भाले और बन्दूकें लेकर आते हैं तो उनको जवाब सिर्फ भालों और बन्दूकों से ही देना होता है। अगर आप वैसा नहीं कर सकते तो बेहतर है उनके सामने ही न पड़ें।''

''यही तो मैं भी कहना चाहता हूँ। मैंने तो सोचा कि आप विदेशों से पढ़े-लिखे हैं, आप कोई और ही उपाय सुझाएँगे। मैं आपके लिए पालक का गरमागरम साग लाता हूँ।'' मीत सिंह ने उठते-उठते कहा।

''नहीं, नहीं, भाई जी, मेरे इन डिब्बों में सब कुछ है। अगर कुछ चाहिए होगा तो मैं खुद आपसे माँग लूँगा। खाने से पहले मुझे कुछ काम करना है।''

मीत सिंह ने लालटेन को बिस्तर के पास एक तिपाई पर रख दिया और स्वयं बाहर निकल गया।

इकबाल ने अपनी प्लेटें, काँटे, चम्मच, छुरियाँ, और टिन वापस झोले में डाल दिए। उसे अपने भीतर एक ज्वार-सा उमड़ता मालूम हुआ। ऐसा ज्वार जो अपने प्यार का इजहार करते वक्त इनसान को महसूस होता है। किसी-न-किसी इजहार का वक्त तो आ ही गया था, पर इकबाल को यही समझ में नहीं आ रहा था कि किस तरह का इजहार उसे करना था।

क्या वह बाहर निकलकर भीड़ का मुकाबला करते हुए उन्हें साफ-साफ शब्दों में कहे कि जो वे करने जा रहे थे वह सब गलत था, बिलकुल अनैतिक? हथियारों से लैस भीड़ की आँखों में आँखें डाले बिना कतराए, बिना मुड़े, सीधा उन तक चला जाए, कैमरे की आँख के सामने चलते, सिनेमा के पर्दे पर बड़े पर बड़ा होते दिखते नायक की तरह? फिर उनके लात-मुक्के के प्रहारों से अथवा बन्दूकों की गोलियों की बौछारों से घायल होकर बड़ी गरिमा के साथ धराशायी हो जाए?

एक सर्द-सी सिहरन इकबाल की रीढ़ से होती हुई गुजर गई।

अगर वह ऐसा करे भी, तो उसके महान बलिदान को देखनेवाला कौन होगा? भीड़ उसको भी वैसे ही मार डालेगी जैसे औरों को मारती है। उनकी नजरों में तो वह निष्पक्ष नहीं था। वे उसे नंगा करके देखेंगे। खतना हुआ है, तो बस मुसलमान ही होगा।

एक जिन्दगी की बर्बादी के सिवा यह और कुछ नहीं होगा। और इससे भला मिलना-मिलाना भी क्या है? इनसानों की कुछ अमानवीय जातियाँ अपने ही जैसे इनसानों का संहार करने जा रही हैं। होगा क्या? हर साल जनसंख्या में होनेवाली चालीस लाख की बढ़ोतरी में थोड़ी-सी कमी ही तो! ऐसा भी नहीं हो सकता था कि आप छाँट-छाँटकर अच्छे लोगों को बचा लें और बुरों को मरने दें। और फिर उधरवाले क्या मौका मिलने से वही नहीं करेंगे? दरअसल वे तो कर ही रहे हैं, नदी के उस पार, थोड़ी ही दूर। अव्यवस्था की ऐसी स्थिति में अपने आपको बचाना ही व्यक्ति का परम कर्तव्य हो जाता है।

हिप-फ्लास्क का ढक्कन खोलकर इकबाल ने व्हिस्की का एक बड़ा-सा

पैग भरा और बिना पानी मिलाए गटागट पी गया।

गोलियाँ चल रही हों और आप अपना सिर आगे कर दें और मारे जाएँ। क्या तुक है भला इसमें? गोली का कोई धर्म-ईमान नहीं होता। यह लगने से पहले अच्छे या बुरे की, नामी या नकारे की पहचान नहीं करती। अगर आत्म-बलिदान को सिनेमा के पर्दे पर दिखाई जानेवाली फिल्मों की तरह लोगों को दिखाया जा सकता तो भी कोई बात होती; लोगों को कोई नैतिक सन्देश तो पहुँचता। लेकिन होगा दरअसल यह कि अगर वह भीड़ के सामने पहुँच गया तो बस, दूसरे दिन सवेरे बाकी हजारों लाशों के बीच एक उसकी भी लाश मिलेगी, बिलकुल उन्हीं की तरह दिखती, कटे हुए केश, मुन्नी हुई दाढ़ी और यहाँ तक कि उन्हीं की तरह सुन्नत भी...कौन कहेगा कि तुम कत्लेआम के शिकार मुसलमानों में से एक नहीं? यह कौन जान पाएगा कि तुम एक सिख हो, जो परिणाम को जानते हुए भी गोलियाँ दागते दस्ते के सामने यह प्रमाणित करने चल पड़ा था कि बुराई पर बुराई की नहीं, बल्कि अच्छाई की विजय होनी चाहिए। और ईश्वर...न न, ईश्वर की बात इसमें कहाँ से आ गई। ईश्वर की बात तो यहाँ बिलकुल अप्रासंगिक होगी।

इकबाल ने एक पैग और भरा। लगा, अब उसका मस्तिष्क अधिक सुस्पष्ट होने लगा था।

उसने सोचा, असली अभिप्राय तो यह होना चाहिए कि बलिदान किस कोण से किया जा रहा है। और अभिप्राय के लिए केवल यही जरूरी नहीं कि चीज आन्तरिक रूप से अच्छी हो; उसकी अच्छाई का सर्वविदित होना भी जरूरी है। केवल यही आवश्यक नहीं कि कोई मन-ही-मन यही सोचता रहे कि वह सही है क्योंकि इसका सन्तोष तो शायद उसे मरणोपरान्त ही मिल पाए। इसकी तुलना इस बात से नहीं की जा सकती कि बचपन में किसी मित्र को बचाने के लिए उसकी गलती की सजा आपने भुगती हो, क्योंकि इसमें तो ऐसा करने से मन को केवल तसल्ली ही नहीं मिलती, बल्कि आदमी इस कुर्बानी का लुत्फ उठाने के लिए जिन्दा भी होता है। पर जिस कुर्बानी की वह सोच रहा था उसमें जान गँवाकर भी समाज का कोई भला नहीं होनेवाला था; समाज को तो पता भी नहीं चलनेवाला था। खुद उसका भला भी क्या होना था? खुद को तो मर ही जाना था। लेकिन परदे पर उभरती उस आकृति को देखो जिसके सामने हजारों आतुर और उत्तेजित

लोग उसे सुनने के लिए बैठे हैं। वे बेचैनी से उससे सबक सीखने को उत्सुक हुए बैठे हैं। यही मूल प्रश्न है, दाता को तभी कुछ देना चाहिए, जब प्राप्तकर्ता लेने के लिए झोली फैलाए बैठा हो। नहीं तो देने का कोई मतलब ही नहीं बनता।

उसने गिलास को फिर भरा। अब तो सारी बातें और अधिक साफ होने लगी थीं।

अगर आप सचमुच यह सोचने लगे हो कि स्थिति इतनी गलीज हो गई है कि आपका पहला कर्तव्य विनाश ही बनने जा रहा है तो फिर स्लेट का सब कुछ मिटाकर साफ कर लीजिए—तब विनाश के छोटे-छोटे कृत्य करने से आपको नहीं घबराना चाहिए। और तब आपका फर्ज बन जाता है कि आप ध्वंसात्मक तत्त्वों के साथ गुप्त समझौते कर लें, न कि उनकी ओर नैतिकता के ऐसे होज़पाइप फेंकें कि स्वार्थ, असहिष्णुता, लोभ, फूट और चापलूसी आदि की गन्दगी को बहाने के चक्कर में ऐसी भारी अव्यवस्था पैदा हो जाए कि बात खून-खराबे तक आ पहुँचे।

हिन्दुस्तान को छल-कपट के कब्ज की बीमारी है। धर्म को ही लें। हिन्दुओं के लिए धर्म का मतलब जाति-पाँति और गोरक्षा के सिवा और क्या है? मुसलमान के लिए सुन्नत और शुद्ध मांस के सिवा इसके क्या मायने हैं? सिखों का धर्म से तात्पर्य है लम्बे केश रखना और मुसलमानों से नफरत करना। और क्रिस्तानों के लिए? क्रिस्तानों का धर्म ऐसे है जैसे हिन्दू धर्म के सिर पर सोला टोपी लगी हो। पारसियों के लिए अग्निपूजा और अपने मृतकों को गिद्धों के हवाले करना ही धर्म का पर्याय है। सदाचार अथवा नैतिकता, जिसे किसी भी धर्म की नियम-संहिता का सार होना चाहिए, इन सभी धर्मों द्वारा बड़े आराम से ताक पर धर दी गई हैं। चलिए, दर्शनशास्त्र को ले लीजिए, जिसको लेकर दुनिया-भर का हो-हल्ला मचा है—रहस्यवाद की नकाबपोशी में छिपी भ्रष्टबुद्धिता के सिवा यह क्या है भला? और योग? खासकर वह योग जो अन्धाधुन्ध डॉलरों की कमाई करनेवाला एक धन्धा बना हुआ है? शीर्षासन—यानी सिर के बल खड़े हो जाओ। पद्मासन—यानी पैर मोड़कर एक खास मुद्रा में बैठो और सिर को झुकाकर नाक से अपनी नाभि में गुदगुदी करो। अपनी इन्द्रियों को पूरी तरह वश में कर लो और औरतों को तब तक सन्तुष्ट करते रहो जब तक कि वे चिल्लाने न लगें कि

'अब बस' और आप फिर भी आँखें बन्द किए-किए ही कह सकें 'नेक्स्ट प्लीज़'। और दुनिया-भर के अवतारों की निरर्थक पूजा का भी क्या करें? आदमी को एक के बाद एक चौरासी लाख योनियों में जन्म लेना पड़ता है; कभी साँड का, तो कभी बन्दर का, तो कभी कीड़े का। पूछा कि प्रमाण क्या है इसका, तो कहेंगे—हम लोग ऐसी बेकार की बातों में अपना समय व्यर्थ नहीं बर्बाद करते! यह सब पश्चिम में ही होता होगा! हम तो रहस्यमय पूरब के वासी हैं! हम प्रमाणों में विश्वास नहीं करते, हमारा विश्वास तो केवल श्रद्धा में है, आस्था में है। हम तर्क नहीं करते, केवल निष्ठा रखते हैं। चिन्तन, जो कि किसी भी दर्शन- संहिता की एक अनिवार्य शर्त होता है, हम इसके बिना ही काम चला सकते हैं। कल्पना की उड़ानें भरकर ही हम उदात्त ऊँचाइयों पर पहुँच जाते हैं। सक्रिय जीवन के सभी क्षेत्रों में हमें 'सीढ़ियों के सहारे' वाली चालें चलने में निपुणता प्राप्त है। जब तक दुनिया बिना किसी सन्देह के हमारे आकाश तक सीढ़ी लगाने की योग्यता पर विश्वास करती रहेगी और छोटे से छोटा बच्चा भी इसका सहारा लेकर दृष्टि से ओझल होने तक ऊपर चढ़ता रहेगा, तब तक हमारी किस्म का यह छल-कपट फलता-फूलता रहेगा।

कला और संगीत को ही लें। समकालीन भारतीय चित्रकला, संगीत, वास्तुकला और मूर्तिकला क्यों इतनी असफल मानी जाती है? क्योंकि हम अतीत में ही भटकते रहते हैं। अतीत के पुनरावर्तन में कोई हर्ज नहीं, बशर्ते यह हमारे पैरों में बँधे पत्थर की तरह का एक पैटर्न न बन जाए। अगर ऐसा ही होता रहा तो हम कला-विधाओं के क्षेत्र में बन्द गलियों तक पहुँचने से नहीं बच सकते। अनाकर्षक चीजों की व्याख्या हम उन्हें गूढ़ और रहस्यमय बतलाकर करते हैं। और अगर इनसे विलग होते हैं तो फिर पूरी तरह ही कट जाते हैं। उदाहरण के लिए भारतीय फिल्मों के आधुनिक संगीत को ही ले लीजिए। पश्चिम की निरी नकल—हावइयन गिटारों, वायलिनों, एकार्डियनों और सुषिर वाद्यों की ताल पर बजते टैंगो, रम्बा या सम्बा ही तो है सब! एकदम वाहियात, फूहड़! फिल्मों से अगर शास्त्रीय संगीत को समाप्त कर दिया गया है तो इसको भी हटा देना चाहिए।

अपने ही विचार इकबाल को गड्ड-मड्ड होते लगने लगे थे। उसने थोड़ी और व्हिस्की गिलास में उँडेली।

बुराई के बारे में सजग होना अच्छाई के परिवर्धन की एक अनिवार्य शर्त है। पहले तल्ले की कच्ची दीवारों पर दूसरी मंजिल उठाने का कोई तुक नहीं। बेहतरी इसी में है कि उसे गिरा दिया जाए। अगर एक समाज विशेष और उसके निर्धारित नियमों में आपका विश्वास न हो, तो अनिच्छा से उसके सामने झुकना कायरता भी है और दुस्साहस भी। उनकी मजबूती आपकी कायरता सिद्ध होती है और उनकी कायरता आपका साहस बढ़ाती है। ये सब केवल नाम-तन्त्र की बातें हैं। कोई कह सकता है कि कायर बनने के लिए भी आदमी में हिम्मत होनी चाहिए। निश्चय ही यह एक पहेली है, पर यह सचमुच एक उद्धरणीय पहेली है। चाहो तो बेशक इसे कहीं दर्ज कर रखो।

और एक व्हिस्की लो न! व्हिस्की तो पानी जैसी होती है। इसमें कोई स्वाद नहीं। इकबाल ने फ्लास्क को हिलाकर देखा थोड़ी-सी बाकी बची थी। थैंक गॉड, चलो खत्म तो नहीं हुई।

उसने अपने आप से कहा—अगर आप चीजों को ज्यों-का-त्यों देखें तो आप पाएँगे कि न तो इनसान के लिए और न ही भगवान के सम्बन्ध में कोई निश्चित नियम-संहिता कहीं मौजूद है जिस पर हम अपने चरित्र-निर्माण को निर्धारित कर सकें। अच्छाई पर बुराई की भी उतनी ही विजय होती देखी गई है जितनी की बुराई पर अच्छाई की। कभी-कभी तो बुराई की ही अधिक विजय होती दिखाई देती है। ऐसी परिस्थितियों में मूल्यों के प्रति पूर्ण उदासीनता दिखाने के सिवाय आप और कर ही क्या सकते हैं! कुछ भी करते रहो, कोई फर्क नहीं पड़ने का।''

गिलास हाथ में थामे-थामे ही इकबाल को नींद आ गई। उसके बगलवाली तिपाई पर लैम्प अब भी जल रहा था।

गुरुद्वारे के अहाते में जलते चूल्हों की आग बुझने को थी। हवा के झोंके बीच-बीच में बुझते हुए अंगारों को फिर से हवा दे जाते। लालटेनों की बत्तियाँ मन्द कर दी गई थीं। आदमी, औरतें और बच्चे बाबाजीवाले कमरे में पसरकर सो रहे थे। मीत सिंह जाग चुका था और चारों तरफ फैली अस्त-व्यस्तता को ठीक-ठाक करता हुआ झाड़ू लगा रहा था।

तभी किसी ने फाटक पर मुक्कों से खटखट करनी शुरू की। मीत सिंह

बुहारना छोड़कर 'कौन है?' करता फाटक पर आया। कुंडी खोली तो देखा, जगत सिंह था। अँधेरे में वह और भी विशालकाय लग रहा था। उसके आकार ने पूरा दरवाजा ही रोक रखा था।

"क्यों, जगत सिंह जी, इस वक्त इस तरफ कैसे आना हुआ?" मीत सिंह ने पूछा।

"भाई," उसने फुसफुसाहटों में कहा, "मुझे गुरु का आशीर्वाद चाहिए। आप गुरुग्रन्थ साहिब से कुछेक लाइनें पढ़कर मुझे सुना दोगे?"

"मैंने तो गुरुग्रन्थ साहिब को रात के लिए सन्तोख दिया है," मीत सिंह ने कहा, "क्या काम है तुमको ऐसा जो...?"

"काम-कूम से तो कोई मतलब नहीं," जग्गा ने अधीरता से मीत सिंह के कन्धे पर अपना भारी-भरकम हाथ रखते हुए कहा, "दो-चार लाइनें जल्दी से पढ़कर सुना दो ना...!"

मीत सिंह बुड़बुड़ाता हुआ उसको भीतर ले गया। बोला, "ऐसे तो तुम कभी गुरुद्वारे में फटके भी नहीं, और अब जबकि बाबा जी आराम कर रहे हैं तो तुम मुझसे गुरुवाणी सुनना चाहते हो! यह तो ठीक बात नहीं है। मैं तुमको 'जपजी' (सुबह की प्रार्थना) में से ही थोड़ा कुछ सुना देता हूँ।"

"चलो, कोई बात नहीं। कुछ भी सुना दो।"

मीत सिंह ने लालटेन की बत्ती ऊँची की। उसकी धुएँ से भरी चिमनी से रोशनी फूटने लगी। वह गुरुग्रन्थ साहिब की पालकी के साथ बैठ गया। जग्गा ने पालकी के नीचे से चँवर को निकालकर मीत सिंह के ऊपर डोलना शुरू किया। मीत सिंह ने एक छोटी-सी प्रार्थना की किताब निकाली और अपने माथे से लगाई। फिर जो भी पन्ना खुल गया, वहीं से पढ़ना शुरू कर दिया—

"राती रुती थित्ती वार
पवन पानी अगनी पाताल
तिस बिच धरती थापि रखी धर्मसाल
तिस बिच जीअ जुगति के रंग
तिनके नाम अनेक अनन्त
कर्मी कर्मी होय विचार
सच्चा आप सच्चा दरबार

तित्थे सोहन पंच परवाण
कच पकाई ओत्थे पाई
नानक गया जापै जाई।''

मीत सिंह ने प्रार्थना की पुस्तक को बन्द करके पुनः माथे से लगाया और 'जपजी' के उपसंहार का जाप करने लगा–

''धरत महत्त
दिवस रात दोइ दायी दाया
खेलै सकल जगत
चंगियाइयाँ बुरियाइयाँ
वाचै धरम हुदूर
करमी आपौ आपनै
के नेडै के दूर
जिन्नी नाम धयाया
गए मसक्कत घाल
नानक ते मुख उज्जलै
केती छुट्टी नाल।''

उसका स्वर धीमा होता-होता फुसफुसाहट में बदल चुका था। जगत सिंह ने चँवर अपने स्थान पर वापस रखकर फर्श पर बाबा जी के सामने मत्था टेका।

''यह जो आपने सुनाया है, अच्छा है क्या?''

''गुरु की वाणी तो सारी ही अच्छी है।'' मीत सिंह ने गम्भीरता से कहा।

''जरा इसका मतलब तो समझा दो!''

''तुमको मतलब से क्या वास्ता? मतलब तो गुरु के सन्देश से होता है। अगर तुम कुछ अच्छा करने जा रहे हो तो गुरु मदद करेंगे। कुछ बुरा करने जा रहे हो तो गुरु तुम्हारे रास्ते में आ खड़े होंगे। अगर तुम फिर भी बुरे रास्ते चलते जाओगे तो फिर गुरु तुम्हें तब तक सजा देते रहेंगे जब तक पछताकर तुम माफी न माँग लो। और माफी माँगने पर वे माफ भी कर देते हैं।''

''हाँ, हाँ, मुझे मतलब से क्या लेना-देना! ठीक है भाई जी! सत श्री अकाल!''

जग्गा ने फिर भूमि पर अपना मत्था टेका और उठ खड़ा हुआ। सोए हुए लोगों में से रास्ता बनाते हुए वह बाहर निकला और अपने जूते पहनने लगा। एक कमरे में बत्ती जल रही थी। जग्गा ने भीतर देखा। तकिए पर लेटा बिखरे बालोंवाला सिर उसको जाना-पहचाना लग रहा था। इकबाल अपने हिप-फ्लास्क को छाती पर रखे-रखे ही सोया हुआ था।

''सत श्री अकाल, बाबू जी!'' उसने धीरे से कहा। कोई जवाब नहीं मिला, ''सो रहे हो क्या, बाबू जी?''

''उनको परेशान मत करो,'' मीत सिंह ने फुसफुसाकर टोका, ''उनकी तबीयत ठीक नहीं है। दवाई लेकर सोना पड़ा है।''

''अच्छा भाई जी, मेरी तरफ से बाबू जी से 'सत श्री अकाल' कह देना।

'पुराना पापी, पुराना पापी'—बार-बार हुकुमचन्द के दिमाग में यही वाक्य उमड़ता- घुमड़ता रहा। उन्होंने इसे भुलाना चाहा, पर बार-बार उन्हें यही याद आता रहा, 'पुराना-पापी, पुराना पापी।' पचास से ऊपर की उम्र में शादी-शुदा आदमी के लिए ऐसे औरतों के पीछे भागना तो बुरी बात ही है। अपनी बेटी की उम्र की लड़की, और वह भी मुसलमान वेश्या, ऐसी औरत के साथ भावनात्मक लगाव होना? निश्चय ही हास्यास्पद बात थी। लगता था अब वे सठियाने लगे थे।

उत्कर्ष का जो भाव उनकी चेतना ने उनके भीतर सवेरे जगाया था, अब धीरे-धीरे लुप्त होने लगा था। अब तो उनके मन में सिर्फ चिन्ता का भाव था, अनिश्चितता का और वृद्धावस्था के भय का। बदमाश जग्गा और सोशल वर्कर इकबाल को उन्होंने रिहा कर दिया था, बिना उनके बारे में पूरी जानकारी लिए। क्या गारंटी थी कि उन दोनों में स्थिति को बदल पाने की ताकत उनसे अधिक होगी? कुछ वामपंथी सामाजिक कार्यकर्ता निश्चय ही बहुत निडर समझे जाते थे, लेकिन यह तो निरा बुद्धिजीवी किस्म का आदमी था, जिनको लोग अक्सर 'घर-घुस्सू' अथवा 'अव्यावहारिक' कहा करते हैं। वह और करेगा क्या? सिर्फ लोगों की आलोचना ही तो—कि उन्होंने अपना फर्ज नहीं निभाया? बदमाश जग्गा गाँव का बदनाम गुंडा था। उसने रेलों में डकैतियाँ, मोटरों को रोककर लूटना, डाके और कत्ल जैसे जुर्म किए हुए थे; या तो पैसे के वास्ते या फिर दुश्मनी निकालने के लिए। उससे सिर्फ यही

अपेक्षा की जा सकती थी कि वह मल्ली के साथ अपना हिसाब बराबर करने की कोशिश करेगा। अगर कहीं जग्गा के छूटने की खबर सुनकर मल्ली भाग खड़ा हुआ तब तो जग्गा का सारा उत्साह ही जाता रहेगा। या फिर हो सकता है कि वह भी लोगों के साथ लूटमार में शामिल हो जाए! उसके जैसे लोग किसी माशूका के लिए सिर कटाने को नहीं बढ़ते! नूराँ मारी गई तो और किसी को उठा लाएगा।

हुकुमचन्द अपने कर्तव्य को लेकर भी चिन्तित थे। दूसरों के कन्धों पर रखकर बन्दूक चलाना ही क्या काफी था? कानून और व्यवस्था बनाए रखना मजिस्ट्रेट की जिम्मेवारी थी, पर व्यवस्था बनाए रखने के लिए सत्ता के सहारे की आवश्यकता होती है। उसका विरोध करके व्यवस्था को बनाए नहीं रखा जा सकता। और सत्ता कहाँ थी? दिल्ली में बैठे लोग क्या कर रहे थे? असेम्बली में बैठे लम्बे-चौड़े भाषण दे रहे होंगे! लाउडस्पीकर चीख-चीखकर उनके अहम का विस्तार कर रहे होंगे और खूबसूरत विदेशी औरतें 'विजिटर्स गैलरी' में बैठी प्रशंसक निगाहों से उन्हें देख रही होंगी : 'ही इज़ ए ग्रेट मैन, दिस मिस्टर नेहरू ऑफ योर्स! मैं तो समझती हूँ कि नेहरू आज दुनिया के सबसे महान व्यक्ति हैं। और खूबसूरत कितने हैं! कितनी उम्दा बात कही है आपने!...बरसों पहले हमने नियति से मिलने का वादा किया था और अब वक्त आ गया है कि हम अपने वचन को पूरा करें, सिर्फ पूरा ही नहीं बल्कि पूरे दिलो-जाँ से पूरे करें।...जी हाँ, मिस्टर प्राइम मिनिस्टर, आपने मिलने का वादा किया था, पर मिलने के वादे तो और भी बहुत से लोगों ने किए थे।...

> हुकुमचन्द का एक दोस्त—प्रेम सिंह अपनी घरवाली के जेवर-गहने लाने लाहौर गया था। उसने भी वहाँ के फ्लेटी होटल में किसी से मिलने का वादा कर लिया। इस होटल में अंग्रेज साहब लोग एक-दूसरे की बीवियों के साथ रंगरेलियाँ मनाया करते थे। यह होटल पंजाब असेम्बली की इमारत के बिलकुल बगल में ही है, जहाँ पाकिस्तानी सांसद कानून बनाते हैं और प्रजातन्त्र की बातें करते हैं। प्रेम सिंह बीयर पी-पीकर इन्तजार की घड़ियाँ गुजार रहा था और होटल में ठहरे अंग्रेजों को भी पेश कर रहा था। सदाबहार झाड़ियों की हेज़ के पीछे तुर्की टोपियाँ और पठानी पगड़ियाँ पहने दर्जन-भर

सिर उसकी तरफ ताक लगाए छिपकर खड़े थे। प्रेम सिंह ने काफी बीयर पी ली थी और अपने अंग्रेज दोस्तों और ऑरकेस्ट्रा के लोगों को भी वह खूब पिलाता जा रहा था। हेज़ के पीछे खड़े उसके आशिक बड़े सब्र के साथ उसका इन्तजार करते रहे। अंग्रेजों ने जी भरकर बीयर पी और कहा कि प्रेम सिंह बहुत बढ़िया आदमी था, पर डिनर के लिए उन्हें देर हो रही थी, इसलिए उन्होंने कहा, "गुड नाइट, मिस्टर...क्या नाम बताया था आपने अपना? हाँ, ऑफकोर्स, मिस्टर सिंह। थैंक यू वेरी मच मिस्टर सिंह। फिर मिलेंगे?"

"...खासा पियक्कड़ है। काफी चढ़ा लेता है," उन्होंने खाने के कमरे में जाकर कहा। ऑरकेस्ट्रा बजानेवालों ने भी जरूरत से ज्यादा चढ़ा ली थी। "सर, आप क्या सुनना चाहते हैं?" मेंडोज़ा नाम के गोवानी बैंड लीडर ने कहा, "काफी देर हो चुकी है, अब हम लोग जाने ही वाले हैं।" पाश्चात्य संगीत के बारे में प्रेम सिंह को अधिक जानकारी नहीं थी। उसने बहुत सोचा तब जाकर याद आया कि किसी अंग्रेज ने 'बनानाज़' जैसा कुछ सुनाने की फरमाइश भेजी थी। "बनानाज़? आज तो हमारे यहाँ बनानाज़ नहीं मिल सकते, सर, जी हाँ!" मेंडोज़ा, डिमेलो, डिसिल्वा, डिसारम और गोम्स आदि सभी ने अनाड़ियों की तरह बनानाज़ को केला समझ लिया था।

प्रेम सिंह लॉन को पार करके फाटक तक पहुँचा। उसके आशिक भी हेज़ के पीछे चुपके-चुपके चलते फाटक तक आ पहुँचे। बैंडवालों ने प्रेम सिंह को लड़खड़ाकर ढेर होते देखा, तो उन्होंने 'गॉड सेव द किंग' बजाना शुरू कर दिया।

हुकुमचन्द के अर्दली की बेटी सुन्दरी ने अपनी नियति के साथ मिलने का वादा गुजराँवाला को जाती सड़क पर किया था।

अभी उसकी शादी को चार दिन ही हुए थे। दोनों बाँहें चूड़े से भरी थीं। हथेलियों की मेंहदी का रंग अभी तक गाढ़ा कत्थई ही था। अभी वह मंसाराम के साथ सोई भी नहीं थी। उसके रिश्तेदारों ने एक पल को भी उन्हें अकेला नहीं छोड़ा था। घूँघट की ओट से बेचारी ने उसके चेहरे की एक झलक-भर देखी थी। अब वह उसे गुजराँवाला लेकर जा रहा था जहाँ उसकी चपरासी की नौकरी थी

और सेशन कोर्ट के कम्पाउंड में उसे एक छोटा-सा कमरा मिला हुआ था। वहाँ रिश्तेदारों का घेरा नहीं होगा। और निश्चय ही वह अपनी बीवी को ऐसे ही नहीं छोड़ेगा। लेकिन फिर भी वह उस 'भावी मिलन' के प्रति उदासीनता दर्शाता अपनी दुलहिन को छोड़ बाकी मुसाफिरों के साथ जोर-जोर से बातें कर रहा था। मर्द लोग तो दिखावे के लिए ऐसी उदासीनता दिखाते ही हैं। और रही दुलहिन की बात! तो लग रहा था कि उसे भी अपने दूल्हे की क्या चाह थी? घूँघट में ढँका चेहरा। होंठों पर एक शब्द भी नहीं। "चूड़े की एक भी चूड़ी ना निकालना। अपशुगन होता है," उसकी सहेली ने उसे कहा था, "जब वह तुझे प्यार करेगा और मसले-कुचलेगा तभी उतरें तो शगुन होता है।" कलाइयों से लेकर कोहनी तक उसने दर्जनों की संख्या में पहन रखी थी। उसने चूड़ियों को अँगुलियों से छूकर देखा। ये तो काफी कड़ी थीं। इन्हें चटकाने के लिए तो उसे बहुत जोर से कस-कसकर उसका आलिंगन करना पड़ेगा।

बस अचानक ही झटका खाकर रुकी तो उसकी तन्द्रा टूटी। सड़क पर बड़े-बड़े पत्थर पड़े थे। सैकड़ों लोगों ने उनकी बस को घेर रखा था। सबको बस से नीचे उतरने को कहा गया। सिखों के तो देखते ही टुकड़े कर दिए गए। मोन्नो को नंगा कर-करके देखा गया। जिनकी सुन्नतें की हुई थीं, उन्हें छोड़ दिया गया। जिनकी नहीं हुई थीं, उनकी कर दी गई। सिर्फ सुन्नत ही नहीं, पूरा लिंग काट डाला गया। जिस नई-नवेली ने अपने पति की शक्ल तक ठीक से नहीं देखी थी, उसने उसे अलफ नंगा देखा। उन्होंने उसे बाँहों और टाँगों से पकड़ा और एक आदमी ने उसका लिंग काटकर दुलहिन को थमा दिया। फिर भीड़ ने दुलहिन के साथ मुँह काला किया। उसे अपनी एक भी चूड़ी नहीं उतारनी पड़ी। सारी-की-सारी अपने आप टूटी थीं, जब लोगों ने एक-एक कर सड़क पर पड़ी उस नई-नवेली की इज्जत के साथ खेला। यह भी कैसा शगुन हुआ?

सुन्दर सिंह का मामला कुछ और ही तरह का था। हुकुमचन्द ने उसे सेना में भर्ती करवाने में मदद की थी। उसने काफी तरक्की की। बड़ा बहादुर सरदार था। बर्मा, इरित्रा और इटली में लड़ी

लड़ाइयों में उसने ढेरों पदक जीते थे। सरकार ने उसे सिन्ध में मुरब्बे दिए थे। किस्मत के साथ उसका मिलन हुआ था जब वह अपनी बीवी और तीन बच्चों के साथ ट्रेन में सफर कर रहा था। चालीस जनों के बैठने और बारह जनों के सोने के लिए बनाए गए डिब्बे में करीब पाँच सौ आदमी-औरतें ठुँसे पड़े थे। कोने में एक छोटा-सा शौचालय था। सिस्टर्म में पानी भी नहीं था। जहाँ से गाड़ी गुजर रही थी उस जगह का तापमान छाया में 115 डिग्री था। पर वहाँ छाया कहीं थी ही कहाँ? मीलों दूर तक एक झाड़ी भी नहीं। सिर्फ धूप और रेत!...पानी एकदम नहीं था। हर स्टेशन पर भालों से लैस आदमी पटरियों के पास खड़े मिलते। एक स्टेशन पर आकर गाड़ी ऐसी रुकी कि चार दिन तक वहीं खड़ी रही। किसी को उतरने नहीं दिया गया। सुन्दर सिंह के बच्चे 'पानी-पानी' करते रोते रहे और खाने को माँगते रहे। यही हाल बाकियों का था। सुन्दर सिंह ने उनकी प्यास बुझाने के लिए उनको अपना पेशाब तक पिलाया। फिर उसका पेशाब भी सूख गया। तब उसने अपनी पिस्तौल निकाली और उन सबको गोली मार दी। छह साल का उसका बड़ा बेटा शंगारा सिंह, जिसके सुनहरी भूरे केश गुट्टी के आकार में सिर के ऊपर बँधे थे; मुड़ी हुई पलकोंवाली चार साल की दीपो और अपनी माँ की सूखी छातियों में मुँह गड़ाए मात्र चार महीने की अमरो, रोते-रोते जिसके मुँह पर अनगिनत सिकुड़नें पड़ गई थीं। सुन्दर सिंह ने सबको गोली मार दी। अपनी घरवाली को भी। उसके बाद उसकी हिम्मत जवाब देने लगी। उसने रिवाल्वर अपनी कनपटी पर धरा, लेकिन गोली नहीं चला सका। अपने आपको मारने का कोई तुक नहीं, उसने सोचा। अपने बीवी और बच्चों की लाशों से गुजरकर वह खुद हिन्दुस्तान आ गया। वह अपना वादा नहीं निभा सका, सिर्फ उसके बीवी और बच्चों ने ही निभाया।

हुकुमचन्द अपने आपको बेहद लाचार महसूस कर रहे थे। रात घिर आई थी। नदी में मेंढकों की टरटराहट का शब्द उठ रहा था। बरामदे के पास लगी बेला की झाड़ियों पर जुगनू टिमटिमा रहे थे। बैरा व्हिस्की लेकर आया था, पर हुकुमचन्द ने उसे वापस भेज दिया। बैरे ने उनके लिए खाना

लगाया, वह भी उन्होंने नहीं खाया। कमरे के लैम्प को हटवाकर वे अँधेरे में ही शून्य में ताकते बैठे रहे।

उन्होंने लड़की को चन्दन नगर जाने ही क्यों दिया? आखिर क्यों? मुट्ठियों से अपना माथा पीटते उन्होंने खुद से ही पूछा। अगर वह यहाँ रेस्ट हाउस में उनके पास होती तो उन्हें बाकी दुनिया की चिन्ता करने की जरूरत ही नहीं थी। लड़की इस समय रेलगाड़ी पर होगी। गाड़ी की गड़गड़ाहट उन्हें सुनाई दे रही थी।

हुकुमचन्द ने अपनी आरामकुर्सी सरकाई, बाँहों से अपना चेहरा ढँका और रोने लगे। फिर उन्होंने ऊपर आकाश की ओर देखकर प्रार्थना करनी शुरू की।

ग्यारह बजे के कुछ बाद का समय होगा। चाँद ऊपर उठ आया था, पर जैसे बेहद थका-थका-सा। मैदानी इलाके पर फैलती इसकी पीली-सी चाँदनी में सब कुछ धुँधला-धुँधला-सा दिखाई दे रहा था। पुल के पास तो चाँदनी न के बराबर ही पड़ रही थी। रेलवे के पुल के ऊँचे पुश्तों के साए की गहरी दीवारें नीचे बिछी थीं। सिगनल के पास मशीनगनों के लिए लगाया रेत के बोरों का टीला रेल की पटरियों के दोनों तरफ बिखरा पड़ा था। सिगनल का ढाँचा मानो ऊँचे-चौड़े सन्तरी की तरह दृश्य की चौकसी करता खड़ा था। दो लम्बी अंडाकार आँखें लाल-लाल चमक रही थीं। सिगनल के दोनों हाथ एक-दूसरे के समानान्तर तने खड़े थे। नदी के किनारे के झाड़-झंखाड़ जंगलों से प्रतीत हो रहे थे। नदी के पानी में तनिक भी चमक नहीं थी। नदी स्लेटी चादर-सी सपाट फैली थी। बीच-बीच में कभी एकाध सिलवट दिख जाती।

पुश्ते से काफी दूरी पर पैंपास घास के घने झुरमुटों के पीछे खड़ी जीप का इंजन हल्की-हल्की आवाज के साथ चालू था। जीप में कोई था नहीं।

सारी रेलवे लाइन पर एक-दूसरे से कुछ-कुछ फीट की दूरी पर एक के बाद एक आदमियों को तैनात किया गया था। अपनी-अपनी रायफलें और भाले सँभाले वे कूल्हों के बल बैठे थे। पुल के लोहे के पहले बिस्ते पर, भूमि से करीब बीस फीट की ऊँचाई पर रेलवे लाइन के समानान्तर एक छोर से दूसरे छोर तक एक मोटा रस्सा बाँध दिया गया था।

अँधेरे के कारण आदमियों को एक-दूसरे की पहचान नहीं हो रही थी,

इसलिए वे जोर-जोर से बोलकर बातें कर रहे थे।

"खामोश, सुनो!"

उन्होंने कान लगाकर सुनने की कोशिश की। कुछ तो नहीं था। नरकटों की झाड़ियों पर हवा चल रही थी।

"फिर भी चुप करके रहो," दल के अगुआ का आदेश हुआ, "तुम लोग ऐसे बातों में लगे रहोगे तो गाड़ी की आवाज वक्त पर नहीं सुन सकोगे।"

उन्होंने अब फुसफुसाहटों में बोलना शुरू किया।

थोड़ी ही देर में एक सिगनल गिरा और स्टील की तारों के नाचने का शब्द हुआ। सिगनल की अंडाकार आँखें लाल से हरी हो गई। फुसफुसाहट एकदम थम गई। आदमी उठे और पटरियों से दस-दस गज की दूरी पर उन्होंने अपना-अपना मोर्चा सँभाल लिया।

गाड़ी की आवाज लगातार सुनाई दे रही थी। बीच-बीच में इंजन की 'फप-फप' भी सुनाई पड़ी। तभी एक आदमी पटरियों के पास पहुँचा और लोहे की लाइन पर अपना कान रखकर सुनने लगा।

"वापस आ, बेवकूफ!" अगुआ कर्कश स्वर में चिल्लाया।

"गाड़ी ही है!" आदमी जोश में बोला।

"वापस लौट!" अगुआ ने बौखलाकर फिर कहा।

सभी की आँखें अँधेरे में उसी ओर लगी थीं जिधर से गाड़ी की गड़गड़ाहट आ रही थी। फिर उन्होंने ऊपर रस्से की तरफ देखा—स्टील के डंडे की तरह बिलकुल तना हुआ था। अगर ट्रेन की रफ्तार तेज हुई तो पता नहीं कितने लोग गाजर-मूलियों की तरह कट जाएँगे। सोचकर उनका कलेजा काँप उठा।

स्टेशन से काफी दूरी पर, रोशनी का एक बिन्दु दिखा। वह ओझल हुआ तो फिर दूसरा, उसके ओझल होने पर फिर तीसरा, फिर चौथा और फिर एक के बाद एक...। जैसे-जैसे ट्रेन नजदीक आती गई रोशनी के वे बिन्दु एक-एक कर निकट आते दिखाई पड़ने लगे। आदमी रोशनियों की ओर देखते और फिर गाड़ी की आवाज सुनने में तल्लीन हो जाते! पुल की तरफ वापस किसी का ध्यान गया ही नहीं।

कोई आदमी चुपके-चुपके पुल के लोहे के बिस्ते पर चढ़ रहा था। उसकी ओर लोगों का ध्यान तब पहुँचा जब वह ऊपर तक चढ़ चुका था

और जहाँ पर रस्सा बँधा था। उन्होंने सोचा कि वह रस्से को देखने ऊपर गया होगा कि ठीक से बँधा है कि नहीं। वह रस्से को खींचकर देख रहा था। बड़ी मजबूती से बँधा था; अगर इंजन की चिमनी इससे टकरा भी गई तो हो सकता था बीच से कट जाए, पर गाँठें तो इतनी अच्छी तरह बँधी थीं कि वहाँ से इसके खुलने का कतई डर नहीं था। आदमी रस्से पर लेट गया। उसके पैर गाँठ की तरफ थे, हाथ रस्से के बीचोबीच पहुँच रहे थे। आदमी काफी हट्टा-कट्टा लग रहा था।

गाड़ी नज़दीक आती जा रही थी। चिमनी से चिनगारियाँ उड़ाता इंजन दानवों-सा पटरियों पर बढ़ा चला आ रहा था। गाड़ी के शोर में इसकी 'फप-फप' दबी जा रही थी। धुँधली चाँदनी में भी पूरी-की-पूरी गाड़ी दिखाई दे रही थी। पहले डिब्बे से लेकर आखिरी डिब्बे तक इसकी छत इनसानों के हुजूम से पटी पड़ी थी।

आदमी अब भी रस्से पर लेटा पड़ा था।

दल के लीडर ने उठकर जोर-जोर से चिल्लाना शुरू किया, "अबे गधे, नीचे आ। मारा जाएगा। तुरन्त नीचे उतर!"

आदमी ने मुड़कर आवाज की ओर देखा। फिर अपनी कमर से एक छोटी-सी कृपाण निकाल, रस्से को काटने लगा।

"कौन है यह? क्या कर रहा है यह...?"

वक्त बिलकुल नहीं बचा था। उनकी नज़रें गाड़ी तक जातीं, फिर गाड़ी से लौट पुल पर। आदमी जोर-जोर से रस्से को काटने में लगा था।

लीडर ने बन्दूक अपने कन्धे पर चढ़ाई और उसकी ओर तान दी। गोली निशाने पर लगी थी। आदमी की एक टाँग रस्से से लटकती हुई हवा में झूलने लगी। पर दूसरी अब भी रस्से के साथ उलझी हुई थी। न जाने किस उन्माद भरी तेजी के साथ वह रस्से को काटे ही जा रहा था। सीटी के हर विस्फोट के साथ अपनी चिमनी से आकाश में अंगारे उड़ाता इंजन केवल कुछ गज दूर ही रह गया था। किसी ने एक और गोली दागी। आदमी का शरीर रस्से से फिसल पड़ा, लेकिन उसने अपने हाथों और ठुड्डी से अब भी रस्से को जकड़े रखा। अपने आपको ऊपर उछाल रस्से को उसने अपनी काँख में फँसा लिया और दाएँ हाथ से पुनः उसे काटने में जुट गया। रस्सा कटकर तार-तार हो चुका था, सिर्फ एक पतली-सी लेकिन मजबूत लड़ी ही

काटनी बाकी रह गई थी। वह अब भी उसको काटे जा रहा था, पहले कृपाण से, फिर अपने दाँतों से। इंजन उस पर आने ही वाला था। तभी जैसे गोलियों की एक बौछार ही उस पर हुई। वह काँपकर नीचे आ गिरा।

उसके नीचे गिरने के साथ ही रस्सा बीच से कटकर अलग हो गया। गाड़ी उसके ऊपर से गुजरती हुई पाकिस्तान चली गई।

●●●